“十二五”职业教育国家规划教材
经全国职业教育教材审定委员会审定
普通高等教育“十一五”国家级规划教材
职业技术院校教材

口才训练教程

第3版

主　编　张　波
副主编　张文玲
参　编（按姓氏笔画排列）
王　燕　刘　凯　张文光　张　倩
蒋祖国　廖　庆　廖善维
主　审　王晓峰

机械工业出版社

本书是在吸取欧美先进职业教育理论的基础上，以大语文观作指导，根据“按需施教”原则，利用近20年来我国职业教育语文课开发成果，由长期从事职业教育语文类课程教学的专家编写而成的。

本书在内容安排上注意了将口才理论“黑箱”化，而将每一能力训练点“白箱”化，即不讲为什么，少讲是什么，专练怎么做，试图纠正目前语文教学实践中用传授口才理论代替训练的偏差。

全书的训练分基础、演讲、论辩、实用策划等几部分，对心理、思维等与口头表达密不可分的能力也作了专项训练。

本书配有电子课件，凡使用本书作为教材的教师可登录机械工业出版社教材服务网 www.cmpedu.com 下载。咨询邮箱：cmpgaozhi@sina.com。咨询电话：010－88379375。

图书在版编目（CIP）数据

口才训练教程/张波主编．—3版．—北京：机械工业出版社，2014.6（2019.7重印）

普通高等教育“十一五”国家级规划教材．职业技术院校教材

ISBN 978-7-111-46637-6

Ⅰ．①口…　Ⅱ．①张…　Ⅲ．①口才学－高等职业教育－教材　Ⅳ．①H019

中国版本图书馆CIP数据核字（2014）第091710号

机械工业出版社（北京市百万庄大街22号　邮政编码100037）

策划编辑：王玉鑫　责任编辑：王玉鑫　张　芳

版式设计：常天培　责任校对：赵　蕊

封面设计：张　静　责任印制：李　昂

北京机工印刷厂印刷

2019年7月第3版第6次印刷

184mm×260mm · 12.75印张 · 314千字

12 801—14 700册

标准书号：ISBN 978-7-111-46637-6

定价：35.00元

凡购本书，如有缺页、倒页、脱页，由本社发行部调换

电话服务　网络服务

服务咨询热线：010-88379833　机 工 官 网：www.cmpbook.com

读者购书热线：010-88379649　机 工 官 博：weibo.com/cmp1952

教育服务网：www.cmpedu.com

封面无防伪标均为盗版　金 书 网：www.golden-book.com

第3版前言

本书原为机械工业部“九五”规划教材，1999年出版后重印了15次；2006年，经教育部遴选、审查、公示后，本书第2版被确定为“普通高等教育‘十一五’国家级规划教材”重印16次，畅销至今；2013年，经教育部遴选、审查后，又确定本书为“‘十二五’职业教育国家规划教材”立项选题。

本书从1999年出版以来，历经国家“九五”“十五”“十一五”与“十二五”上半段，一直为畅销书。为适应我国高等职业教育教学的需要，特别是为了吸收国内外最新的口才训练研究和实践成果，达到与时俱进，我们在本书前两版的基础上实施修订。与之配套的教材以后也将陆续修订。

当今世界，科技突飞猛进，国际政治多元化，世界经济一体化、全球化。和平、人本、平等、和谐、宽容、可持续发展已是人类社会最主流的理念，而这一切进步理念的确立，都离不开口才交流，所以我们说“沟通无极限”。

随着后知识经济时代的到来，我国社会主义市场经济体制日益完善，当代人才与市场的关系密不可分，口才作为我们走向市场与在市场中拼搏的必备素质，日益显现出不可缺少和替代的地位及作用。而随人类进入后知识经济时代，人才经济要求人力资源必须具有高素质，口才训练作为素质教育和就业前的教育内容，已被列为各级各类院校学生的必修课。开设口才训练课，必须坚持“按需施教”原则，并有与之配套的教材。

根据人才市场对人力资源的需要，本书的内容结合各院校的教学实际，吸取欧美高等职业教育中的先进教学理论；在编写中始终贯穿“轻理论讲解，重实际训练”的指导思想，对理论知识大都作“黑箱”处理，即“不讲‘为什么’，少讲‘是什么’，专练‘怎么做’”。本书编写时参考了大量资料，从中提取精华，加之参编者都一直工作在教学第一线，有丰富的实际教学经验，因此，本书既是在先进职业教育理论指导下，广泛吸取各种理论精粹编写，又是对实践经验的全面总结。同时，在编写过程中，我们也不断听取用人单位和学生意见，了解他们对本课程教学的要求。本书中的一些训练题，就是针对实际需要设计的，一些选文还是学生推荐的。总之，我们希望能做到求实创新，至于是否做到了，当然只能留待再实践后回答。

本书由全国机械职业教育管理类教学指导委员会委员兼应用文化学科组组长张波总策划并主编。

为实现“贴近学生”的编写目标，本书编写过程中，不断征求学生意见，从学生中收集训练素材。

为实现“贴近岗位”的目标，本书编写过程中，也不断征求用人单位的意见。国内外著名企业家如会展业人士李琦、电子商务业人士黄鑫刚不但无私提供案例，还提出许多建设性修订意见。因而本书也是企事业单位培训员工口头交流能力的教材。

本书由在海外从事对外汉语口语教学工作的王晓峰担任主审。本书近年来也成为许多中国留学生在留学国做汉语口语家教的选用教材。

本书编写中，除参考、选取了列举于书后的“参考文献”和排于选文后的书籍、报刊、教材、专著、网络文献中的有关资料外，还参考了其他著述和书报刊物的文章内容，由于篇幅所限，未能逐一注明，在此向已注明和未注明的教材、专著、报刊、文章的编著者和作者表示诚挚的谢意。

由于教材涉及面广，更重要的是受编者水平限制，错误和疏漏处一定存在，恳请专家、同行及广大读者批评指正。

编　者

第 2 版 前 言

本书原为机械工业部“九五”规划教材，自 1999 年出版以来，历经国家“十五”时期，一直热销，迄今已重印了 16 次。2006 年，经教育部遴选、审查、公示后，被确定为“普通高等教育‘十一五’国家级规划教材”。为适应我国高等教育教学的需要，特别是为了吸收国内外最新的口才训练研究和实践成果，达到与时俱进的目的，我们在原书基础上实施了修订。与其配套的教材以后也将陆续出版。

当今世界，科学技术突飞猛进，国际政治多元化，世界经济一体化、全球化。绿色、和平、人本、民主、自由、平等、和谐、宽容、可持续发展已是当今社会最主流的理念，而这一切进步理念的确立，都离不开交流，所以我们说“沟通无极限”。

随着我国社会主义市场经济体制的确立与完善，现代人才与市场的关系越来越密不可分，口才作为我们走向市场和在市场中拼搏的必备素质，日益显现出不可缺少和替代的地位和作用。而随着人类进入知识经济时代，这种人才经济要求人力资源必须具有更高的素质，口才训练作为素质教育和就业前的教育内容，已被列为各级各类院校学生的必修课。开设口才训练课，必须坚持“按需施教”原则，并有与之配套的教材。

根据人才市场对人力资源的需要，本书——《口才训练教程》内容结合各院校的教学实际，吸取欧美职业教育中的先进教学理论，在编写中始终贯穿“轻理论讲解，重实际目标训练”的指导思想，对理论知识大都作“黑箱”处理，即“不讲‘为什么’，少讲‘是什么’，专练‘怎么做’”。编写时参考了大量资料，从中提取精华，加之参编者都一直工作在教学第一线，有多年实际教学经验，因此，本教材既是在先进职业教育理论指导下，广泛吸取各种有关“精华”编写的，又是实践经验的总结。同时，在编写过程中，我们也不断听取用人单位和学生的意见，了解他们对本课教学的要求。教材中的一些训练题，就是针对实际需要设计的，一些选文还是由学生推荐的。总之，我们希望能做到贴近学生、贴近生活、求实创新，但是否做到了，当然只能继续进行再实践后回答。

本书由全国机械职业教育公共课教学指导委员会委员张波总策划并主编，教育部“普通高等教育‘十一五’国家级规划教材”《商务文化》的主编谌黔萍担任副主编。

为实现“贴近学生”的编写目标，本书编写过程中，我们不断征求学生意见，其中，四川工程职业技术学院计算机科学系 2005 级学生助教谭东海与电气信息工程系 2006 级学生助教吴晖在广泛收集同学建议的同时，还协助主编老师做了大量资料的寻找与文字录入工作。

为实现“贴近生活”的目标，本书编写过程中，我们也不断征求用人单位的意见，其中，一些国内外著名企业专家如金融业界“海归”王晓峰、会展业界人士李琦，不但无私地为我们提供了案例，还提出了许多建设性的意见。

本书由山东建筑大学张平担任主审，在审稿过程中，张平老师还建议我们采用并提供了一些鲜活的素材。

本书编写中，除参考、选取了列举于书后的“参考文献”和排于选文后的书籍、报刊、教材、专著、网络文献中的有关资料外，还参考了其他著述和书报刊物的文章内容，由于篇幅所限，未能逐一注明，在此向已注明和未注明的教材、专著、报刊、文章的编著者和作者表示诚挚的谢意。

由于教材涉及面广，更重要的是受编者水平限制，错误和疏漏之处在所难免，恳请专家、同行及广大读者批评指正。

编　者

目 录

概　述

一、口才训练的意义

世界上只有人类才有语言。列宁说："语言是人类最重要的交际工具"。人类学家L·李基通过考古发现，生活在距今1400万年前到800万年前的肯尼亚腊玛古猿，已经具有说话能力。而生活在四五十万年前的北京猿人，已开始有了口头语言。劳动创造了人，人们正是在劳动中创造了语言，口语就是人类语言的基本形态。人类在产生文字以前的相当长的一段时间里，仅有一种语言交际的方式，这就是口耳相传的口语。斯大林说："有声语言在人类历史上是帮人们脱离动物界、结成社会、发展自己的思维、组织社会生产、同自然力量作胜利的斗争并取得我们今天的进步力量之一。"人是利用语言来交流思想的，由此可见，口头语言是多么重要。学习语言，也应当从口语开始。

直至今日，在人类交流思想、传递信息的三种传播手段中，口语的利用率依然排在文字和声光电技术之前。口语以声音为物质外壳，以意义要素为内容，是书面语得以产生和发展的依据。口语交际是面对面的，它可以表现出语言的重音、语调、停顿、断续变化和说话者个人的语音特色及说话的感染力，还可以利用身姿、手势、面部表情等伴随语言来弥补口语交际的不足和表达一些特殊的态度和感情。语言使用者一般都能掌握口语，但不一定都能掌握书面语。书面语一般都是标准语（雅言）。口语可以是标准语，也可以是方言。本书所训练的口语是在汉语标准语即汉语普通话训练的基础上进行的。总之，在语言发展过程中，口语不断接受书面语的积极影响，日益生动、丰富、完善。在一定范围内，口语无须借助人自身以外的任何条件，开口说出后对方就能听到并作出反馈。而作为现代化传播载体的声光电技术（广播、影视、电话、录音、互联网等）又弥补了口语传播时空受限的不足。因此，口语成了使用最广泛、便利和重要的传播手段，口才的社会功能在当代与日俱增。

当今世界，科学技术突飞猛进，国际政治多元化，世界经济一体化、全球化。绿化、和平、人本、民主、自由、平等、和谐、宽容、可持续发展已是人类社会最主流的理念，而这一切进步理念的确立，都离不开交流，所以我们说"沟通无极限"。

欧美发达的工业化国家，人们普遍认为"能说会道"是人才必备的素质，他们认为"金钱、口才、计算机"是立国之本。在他们那里，从竞选总统到求职应聘，口才往往是他们不得不在竞争中使用的重要工具。

随着我国社会主义市场经济体制的确立，市场需要人才，人才必须走向市场。那么，今天的市场究竟需要我们培养什么样的人才呢？我国的职业教育以培养学生成为"四有"新人，并具有全面素质和综合职业技能的劳动者和专门人才为目标。口才既是一个人全面素质的体现之一，又是一个人综合职业能力的构成之一。因此，在培养和训练学生口才时，必须首先注重优化学生的思想品德、工作态度、合作精神、服务意识等，使他们具有为人民服务、为社会主义服务的思想。中华民族自古以来就注重口才与品德、行为的关系，祖先由此给我们留下了许多格言：言之成理；言必有中；言必信，行必果；言传身教；言而有信；言为心声；言行一致；言简意赅……同时，也给我们许多警言：言不由衷；言不及义；言不尽意；言而无信；言过其实；言行不一；言之无物；言者谆谆，听者藐藐……在本书的每一个训练程序中，都始终体现了“德为先”的“教之道”。近年来，教育部组织全国各地的专家学者，对人才市场作了大量调查研究和分析，得出以下结论：用人单位聘用人才重层次，不重专业；重面试，不重档案；择人往往依据面试取舍。口才对面试能否取得成功，往往起决定性作用。因为言语谈吐是人的门面，是一个人外部形象的一部分，更是一个人综合素质的外在展现。

发达国家经济发展对人力资源应具备的基本素质在下列5个方面的要求越来越高：

1. 随着服务业就业人员数量的增加，越来越多的人要与消费者直接打交道，人力资源必须具有良好的表达、理解能力和良好的文化教育基础。

2. 随着技术现代化进程加快，生产品种复杂多变和劳动力市场不稳定性的增加，从业者必须具有宽专多能和良好的适应性以及进一步接受教育和培养的能力。

3. 随着工作环境中各种交往和信息量的增加，要求从业者具有良好的理性思维和分析判断能力。

4. 随着新型工作组织和管理机制的出现，从业者必须具有良好的经营管理能力、社交能力和合作精神。

5. 随着个人在工作岗位上处理权限的扩大，从业者必须具有良好的责任感和敬业服务精神。

在以上5个要求中，可以说口才能力是贯穿始终的。

世界已迈向了全球化、一体化，中国正在和平崛起。高等院校的教师要做到“按需施教”，学生要做到“按需而学”，学习口语表达，练就一副好口才，是每一个人走向市场必须做好的准备。

二、口才训练程序与训练目标

口才不同于人的相貌，它可以通过训练获得并日臻完美，较强的口语表达能力，甚至可以弥补一个人在其他方面的先天不足。口才训练必须重实践轻理论。现今，谈论口才的各种书籍，可以说是五花八门，但大多是传播口才技巧和理论的，当然这对我们深入研究口才，无疑会有极大帮助。但技巧和理论传授决不能代替实际训练。

本书所安排的训练程序和训练所要达到的目标如下：

1. 练心理。欲练嘴皮，先练脸皮。口才训练要求进行心理训练，要训练学生在稠人广坐中，无论面对什么情况，都能大胆从容地表达自己的思想。学会察言观色，掌握听者心理，可以使口语表达更具针对性和美感。

2. 练听力。因为口才是口耳之学，练说必先练听，可以利用听来培养语感，解决语感问题，对学习语言会有很大帮助。善言者一定善听，只说不听的人，既无礼又无情；只说不听，再好的口才也只能用来自言自语。善听就是能听懂他人谈话的内容，听明观点、层次，听出弦外之音、言外之意。

3. 练“肚皮”。口才好的人，应该是博学的人。中国古代的苏秦、张仪之所以成为名震八方、声扬宇内的纵横家，就是因为他们求知若渴，“头悬梁，锥刺骨”使其才高八斗，学富五车，肚子里“有货”。今天，我们正在努力构建创新型的国家，我们的社会应该是学习型的社会，我们每一个当代人才，自然必须是终生的学习者。唯有学习，才能获取不断更新的更多的知识；也唯有学习，我们才能有更好的口才。

4. 练普通话。普通话是汉民族的共同语言，是全中国通行的口头语言。学练普通话，要掌握基本的现代汉语语音词汇语法知识，克服方音，掌握正确的发音、发声技巧，掌握作为汉语标准语的普通话词汇与语法。经过学习，能够将普通话讲得较为准确、流利。正因为如此，我们这次修订本书时，将原书仅有的两节普通话训练内容扩增为六节。

5. 练思维。能说会道是因为能思会想。口语传达的是人的思想，口才训练同时也需要对思维进行训练，要求思维有一定的敏捷度、清晰度和深度。为适应知识经济时代的需要，特别要培养学生的创新思维能力。

6. 练态势。口语传播不是单纯的有声语言传播，它常伴有态势语言传播，通过训练，要求态势自然得体，真正做到“此时无声胜有声”。

7. 练读诵。读诵是口语表达的基础训练，读诵既能获取信息，又能传播信息。读诵首先要求弄懂原文主旨，理解作者情感。朗读要做到不多字、不丢字、不把字音读错，语流通畅、字音清晰、声音洪亮、停顿正确、重音突出。朗诵是在朗读基础上的提高，朗读是读书的一种方式，朗诵是一种艺术形式。朗诵要求脱稿、感情表达得体、态势大方、能运用一定的声音技巧，做到声情并茂、富有美感。

8. 练演讲。无论是专题演讲还是即兴演讲，都要面对听众发表自己的意见。演讲要以讲为主，辅之以一定的演。要求克服朗诵腔、读讲稿和背讲稿的弊病。演讲内容要求观点鲜明、材料典型、结构清楚，注意做到与听众在思想与情感方面相互认同，注意自己的声音、语音、形象、表演、时空构成上的综合展现。

9. 练交谈。交谈是口语表达中最富色彩的形式，是交谈双方互为传播的主客体所进行的沟通。交谈要主题鲜明、条理清楚、谈话简明扼要、把握对方心理、气氛融洽、从容不迫、不卑不亢。

10. 练论辩。论辩是口语表达的最高形式。论辩双方就同一话题针锋相对地立论和驳论，从而辩明是非、曲直、利弊。要求双方运用准确的语言、严密的逻辑阐明事理。

口语训练，实际上就是运用语言的能力训练。口语表达能力即口才，是一个人智力和非智力因素综合的外在表现。换句话说，口才是一个人综合素质的重要组成部分和外化。因此，在口语训练的同时，还必须注重学习基础文化知识，培养和锻炼创意策划、组织能力和其他能力，了解和掌握一般的礼仪知识，只有这样，才能做到：站起来能说会道，坐下去能写会算，走出去能进能退。

三、对使用本书的几点建议

（一）以能力点为线索，训练落实到位

1. 先易后难，循序渐进。锻炼和培养口才，要努力借鉴和学习古今中外优秀的口语表达范例，多听善听，多读善读，多思善思。练习时注意按本书的程序由低到高、由简到繁，从读准每一个字、说清每一句话做起。

2. 结合实际、增删移换。本书共七章（板块），在教学中，教师应针对教学的实际需要，增加、删减、移动、更换训练题，如第七章的训练，就可以分解在前几章里完成。本书所排训练程序和所列的训练仅是给出一个示范，实施时一定要根据实际需要选用，我们坚信训练方法同样是“没有最好，只有更好”。

3. 教师应注意要以管理者的身份出现在训练中。现代教育理论要求教师成为Manager，而不再是传统的Teacher，因此本书即将过去只在教参、教案中才出现的内容展示在书中，又给使用者留足了可供发挥创造的空间，目的是让学生明白“学什么”和“怎么学”，书中所列“课堂训练”实际就是教法、学法建议。

（二）注意“6个创新”，把课堂作为学生今后工作的“第一现场”

在使用本书进行教学的过程中，必须注意创新教学理念、创新教学内容设置、创新教材使用方式、创新教学方法、创新教学控制手段和专业创新6个方面。

1. 创新教学理念就是师生要自觉成为不断创新的“学习型师生”，唯有不断学习，才会有创新的源泉。只要我们在理念中不断增强人本、忠诚、法制、民主、宽容、和谐这些进步元素，就不会丢掉创新意识和失去创新能力。

2. 创新教学内容设置就是要与市场经济同步或适当超前发展。学校作为教育产业实体，其生存、发展轨迹同样遵循市场机制的规律。把这种理念移植到高等院校，要在未来竞争中立于不败之地，师生就必须通过学习不断创新，并以最快的速度掌握先进的知识和技能，主动适应市场经济对人才不断变化的要求，使培养的专业人才“适销对路”“供为所需”。

3. 创新教材使用方式就是要注重以能力训练为中心，依据市场实际需要设置教学的知识点与训练的能力点，对每一能力点训练，均按要领归纳——范例展示——设题训练三步完成。教师须结合实际，对教材内容增删移换。由此，师生必须“用教材教（学）”而不能“教（学）教材”。由于教材永远落后于市场发展的实际，所以教材只是给师生提供一个必授与掌握的知识点与能力点的参考。在教学过程中，师生必须依据市场发展的实际，教学与训练最新的知识与技能。

4. 创新教学方法就是要建立开放教学体系，将教学课堂变为学生今后工作的“第一现场”。课程开课之初，就要给学生人手一套“软件包”，其中包括知识性的陈述性材料、学习指南等，结合专业教学实际，要求学生撰写求职书，以竞选演讲与面试的方式选拔2～3名学生担任“学生助教”，然后建立“学生助教小组”。学生分组后，以组为单位进行口才训练的管理与实施，教师按组施训，最大限度地增大课堂训练的时空范围，同时也就加大了对学生课后训练的组织性；教学过程中，要求学生以组为单位，开展组建模拟工厂、模拟车间、模拟生产流水线、模拟公司、模拟法庭、模拟会展等活动。在教学中，不但要训练学生的口才，还要教会学生了解相应工作的规范与流程、掌握工作方法、学会与人合作完成任务，以达到一举多得的教学目的。

5. 创新教学控制手段就是在对学生进行如普通话等项学业考核时，既要充分体现高等教育特点，强调学生在教师指导下自学自练，实施目标控制；又要充分体现职业教育特点，要求教师不断设计各种有针对性的大型口才训练活动于教学过程中，重点教会学生“做什么”“怎么做”，实施过程控制。

6. 专业创新是指师生在完成教学任务的同时，还应该立足于自己所学与教的专业，在专业知识与专业口才上有所拓展，如模拟新产品新技术发布、商务谈判等，始终站在技术、生产、服务和管理第一线上运用口才。

年轻的朋友们，成功永远只属于有准备的人，愿你练出一副构成你青春风采的、能助你成功与可持续发展的好口才。

【课堂训练】

阅读本书，口头回答：

1. 我们为什么要学习和训练口才？

2. 口才训练的程序和要达到的目标是什么？

【课后练习】

1. 根据本书所安排的训练程序，分组讨论，为每一程序设计一个训练方案。

2. 教学过程中，请经常利用以下网络资源以帮助训练。

（1）主编博客 http：//blog. sina. com. cn/zhangya4866。

（2）《口才与写作》精品课程 http：//course. scetc. net/kcxz/index. asp。

第一章　口语表达基础训练（一）

目前，语言科学家尚不能确定是否已经了解了地球上存在的所有语言，据估计最小存在值是 2500 ~ 3000 种独立种族语言，但最大值就无法精确统计了。为了真正达到交流交际的目的，我们首先要学习并掌握好自己的母语。因此，进行口才训练，首先要从现代汉语口语标准语——普通话开始。本章将对普通话与现代汉语的方言状况，普通话的声母、韵母与方音辨正，普通话声调，普通话音节与语流音变，普通话词汇与语法规范，普通话的发音技巧等一些口语表达的基本能力进行介绍和训练。

第一节　现代汉语的方言状况与普通话

一、现代汉语的方言状况

汉语是世界上最古老、最发达的语言之一。由于我国历史悠久，幅员辽阔，各地域语言发展不平衡，形成了分歧较大、种类繁多的方言。这些方言都是从古代汉语发展而来，是我国文化发展的宝贵财富，使我国人民的口头语言丰富多彩。但随着我国政治、经济、文化的高度统一、飞速发展，这些方言也在客观上严重阻碍了国内各地人们的交流，甚至影响了我们的国际交流。日本学者白川先生向我们进言："统一强大的中国，应当是一个语言统一的国家。"

方言是全民语言的分支，是在一个地域流行的一方之言，是同一种语言在时间和空间的共同作用下所形成的地域变体。汉族人多地广，在历史上，由于山川阻隔交通不便，加之封闭的小农经济使不同地域的人们很少交往，语言隔阂，甚至出现"十里不同音"的状况，形成了一个个方言区。汉语的方言体系十分复杂，每种方言都有各自的语音、词汇和语法系统。根据各自的特点，一般可以将汉语方言分为七大方言区：北方方言区、湘方言区、赣方言区、客家方言区、吴方言区、粤方言区和闽方言区（具体内容见表 1-1-1）。今天我们推广

表 1-1-1　七大方言区概况表

方言区	代表话	人口比例	主要分布地区	主要语音特点
北方方言区	北京话	73%	东北、华北、西北、西南和江淮一带	北方方言区按其语言特点主要可以分为 4 个次方言区：华北东北次方言、西北次方言、西南次方言（西南官话）和江淮次方言（下江官话）。北方方言的主要语音特点是：①古全浊声母字清化读成清声母；②声调分为 4 ~ 5 个调类，多数为 4 个调类
湘方言区	长沙话	3.2%	湖南、广东北部	湘方言的主要语音特点是：①古浊音系统在相当一部分地区保留得比较完整；②f/hu 相混；③一部分 n/l 相混；④无 zh、ch、sh；⑤大部分地区不分尖团；⑥鼻尾韵多-n 少-ng；⑦元音鼻化现象相当普遍；⑧声调一般为 5 ~ 6 个调类，很多地方有入声，但入声字无塞音韵尾
赣方言区	南昌话	3.3%	江西大部	赣方言的主要语音特点是：①古浊塞音、浊塞擦音不论平仄声都念送气清音；②一部分 n 读为 l；③声调一般为 6 个调类

（续）

方言区	代表话	人口比例	主要分布地区	主要语音特点
客家方言区	梅州话	3.6%	广东东部和北部、江西南部、福建西部、广西东南部、四川西部	客家方言的主要语音特点是：①送气音比较丰富，古全浊声母不分平仄一律变为送气清音；②z、c、s 和 zh、ch、sh 大都不分；③hu 变 f-；④一部分 f 读为 b、p；⑤把 j、q、x 三声母发成 g、k、h；⑥无撮口呼韵母；⑦声调一般为 6 个调类
吴方言区	上海话	7.2%	上海、江苏长江以南镇江以东地区，浙江的大部分地区	吴方言的主要语音特点是：①比较完整地保留了古浊塞音、浊塞擦音和浊擦音声母；②多数地方不分 z、c、h 和 zh、ch、sh；③单元音丰富而复元音缺少；④鼻韵尾大都只有-ng，而无-n；⑤保留了古入声；⑥声调一般为 5～8 个调类
粤方言区	广州话	4%	广东中部和西南部、广西东部和南部，香港、澳门地区	粤方言的主要语音特点是：①一部分 hu 声母读为 f；②zh、ch、sh 读为 z、c、s；③j、p、x 读为 g、k、h；④部分地区无撮口呼韵母；⑤鼻音韵尾保留-m、-n、-ng，塞音韵尾保留古-b、-d、-g；⑥声调一般为 8～10 个
闽方言区	闽北方言：福州话 闽南方言：厦门话	5.7%	福建和海南的大部分地区、广东潮汕地区、台湾大部分地区	闽方言的主要语音特点是：①没有 f 声母；②zh、ch 声母读为 d、t；③古浊塞音、塞擦音多变为不送气的清音；④大都只有 z、c、s 而无 zh、ch、sh；⑤部分地区无撮口呼韵母；⑥部分地区有丰富的鼻化韵；⑦有入声，声调一般为 6～8 个调类

普通话，绝不是要消灭方言，因为各方言之间无论差距有多大，在语音、词汇和语法系统方面都依然有诸多相通之处，都是汉语的一个分支。汉语方言作为我们国家的一种非物质文化遗产，是我们厚重的华夏文明不可或缺的一部分，也是中华五千年历史文化的积淀，它不仅应该受到足够的尊重，而且它本身也在不断地丰富着普通话词汇。

1987 年，《中国语言地图集》用新的分区标准从官话中分出晋语、徽语和平语，使汉语方言增为十区。根据方言的内部分歧特点，将汉语方言分为五个层次：大区、区、片、小片和点。例如，官话是大区，下面可以有冀鲁官话区、胶辽官话区，再分下去，一直可以分到村、镇区域的方言点。这一观点引起学术界的热烈讨论。

以上各大方言与普通话比较，差异最大的是闽、粤、客家方言，吴方言次之。北方方言及湘、赣方言与普通话距离较小。我们了解和研究汉语方言，目的是为了找出方言与普通话的对应规律，以便推广普通话。

二、普通话的含义

《中华人民共和国宪法》第 19 条规定："国家推广全国通用的普通话"，2000 年我国又颁布了《中华人民共和国国家通用语言文字法》，把普通话定为国家通用语言，并用法律形式将国家推广普通话的方针、任务固定下来。

什么是普通话？1956 年 2 月 6 日，国务院向全国发布了《关于推广普通话的指示》，明确提出"汉语统一的基础已经存在了，这就是以北京语音为标准音，以北方话为基础方言，以典范的现代白话文著作为语法规范的普通话"。这是有史以来关于汉民族共同语的最全面、最科学的论断，它从语音、词汇和语法三个方面对普通话作出了明确的界定。

1. 普通话"以北京语音为标准音"：指的是普通话以北京语音系统为标准音，包括北京语音的声母、韵母、声调，声母、韵母、声调的拼合规律，音变规律等。不包括北京的土音；也不包括北京土话。因此，学习普通话不能完全按照北京人特别是老北京人的语音、词语来说话，应该多听普通话广播和影视中的语音，以《现代汉语词典》（修订本）和《新华

字典》（修订本）中所标注的音作为普通话的标准音。

2. 普通话“以北方话为基础方言”：指的是普通话以北方话中普遍通用的词汇为标准词汇。北方话使用在我国北方方言区，由于政治、经济、文化、历史等多方面的原因，北方话使用人口最多（占汉族人口的70%以上，分布在东北、华北、西南、西北等地），具有广泛性和普遍性。因此，普通话是在北方方言的基础上形成和发展起来的，北方话的词汇是普通话词汇的基础和主要来源。但同时还注意从古今中外的语言中不断地吸收有特殊表现力的词汇。从古代汉语中吸收有生命力的词汇，如“诸如此类、若干、底蕴”等；从方言里吸收具有特殊表现力的词汇，如吴语的“尴尬、垃圾、瘪三”，粤语的“打的、买单”等；从外语中吸收一些汉语需要的词汇，如“麦克风、沙发、马达、幽默、休克、解构、博客”等音译或意译词，以及“卡拉OK、CT、AA制、CD、MBA、IT”等带有特定含义字母的外来词。

3. 普通话“以典范的现代白话文著作为语法规范”：指的是普通话的语法应以经过提炼加工的、流传广泛的、影响很大的，在语法上具有代表性的典范的现代白话文著作作为语法规范。例如，鲁迅、郭沫若、毛泽东、巴金、茅盾、老舍、丁玲、曹禺等一批作家的具有代表性的作品。

【训练】

1. 请学生分别用各自方言讲述：自己所讲的是哪种方言及其耳闻目睹的有关方言的故事。

2. 请学生用方言与普通话对比的方式，介绍自己熟悉的一种方言。

【课后练习】

请学生自行训练本节所学知识。

第二节　普通话的发音技巧

说话是人天赋的本能，但音色的自然优美是靠后天的练习而取得的。说话是艺术，也是技术。这门技术牵涉到人体发音器官的构造（见图1-2-1）、发音的技巧、速度的控制等。本节是培养发音技巧的基础训练。

一、气息控制

气息是声音的原动力。朗读、演讲时所需气息量比平时大得多，因此要想使朗读、演讲的声音运用自如、音色优美，就要学会控制气息，掌握呼吸和换气的技巧。

呼吸的紧张点不应放在整个胸部，而应放在丹田，以丹田、胸膛、后胸作为支点，即着力点。使劲儿有支点，声音才有力度。

1. 吸气。吸气时双肩放松，胸稍内含，腰腿挺直，像闻鲜花一样将气息吸入。要领是：气下沉，两肋开，横膈降，小腹收。随着吸气肌肉群的收缩和横膈的下降，胸腔和腹腔容积立刻扩张，有明显的腰部发涨、向后撑开的感觉，不要提肩，也不要让胸部塌下去。当气吸到七八成时，利用小腹收缩的力量控制气息，使之不外流。

【训练一】

1. 抬重物时，必须把气吸得很深，憋着一股劲，后腰膨胀，腰带渐紧。这正是正确的呼吸方法。多抬几次重物，找出以上感觉。

2. 包一枝鲜花在纸巾里，通过嗅觉品评出它的名字。吸气时深沉而安静，使五脏六腑都感到熨帖愉快。要舒适自如，避免紧张僵硬。

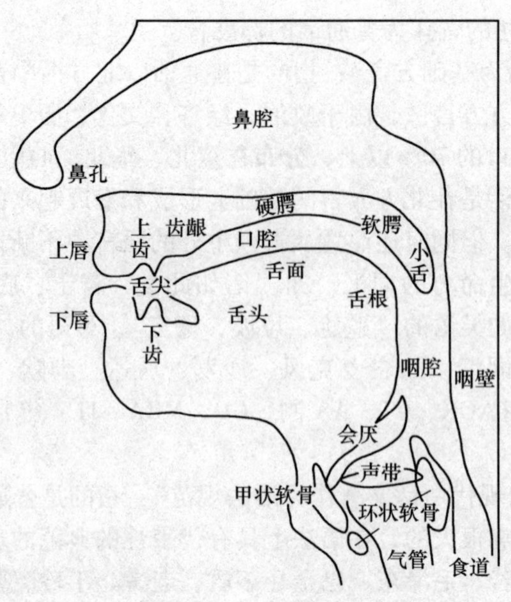

图 1-2-1　人体发音器官的构造

2. 呼气。呼气时，要保持吸气时的状态，两肋不要马上下塌。随着朗读、演讲的进行，大量的气流呼出，要有一种对抗的感觉，尽力控制气息不至于很快泄掉。当气息支撑到不足以对抗上冲力量时，两肋再缓缓地下塌。这样就能均匀、持续、平稳、柔和地呼出气息了。

【训练二】

1. 假设桌面上有许多灰尘，要求吹掉而又不能吹得尘土飞扬。练习时，按吸气要领做好准备。然后依照抬重物时的感觉吸足一口气，停顿两秒钟左右，向外吹出气息。吹气时要平稳、均匀，随着气息的流出，胸腹尽量保持吸气的状态，尽量吹得时间长些，直至将一口气吹完为止。

2. 控气练习。

缓呼气：点燃一根蜡烛，深吸一口气，憋气 10 秒，然后吹蜡烛，吹得火苗摇而不灭。火苗越均匀，说明气息越平稳，延续的时间越长，说明气息越持久。

急呼气：深吸一口气，憋气，吹蜡烛时一口吹灭，但要尽量减少气息消耗。接着吹第二支蜡烛，第三支，第四支……吹熄蜡烛越多则说明气息控制得越好。

3. 读下面的绕口令，要求控制气息，连续快读，一口气说完。

出东门，过大桥，大桥底下一树枣儿，拿着杆子去打枣儿，青的多，红的少。一个枣儿，两个枣儿，三个枣儿，四个枣儿，五个枣儿，六个枣儿，七个枣儿，八个枣儿，九个枣儿，十个枣儿，九个枣儿，八个枣儿，七个枣儿，六个枣儿，五个枣儿，四个枣儿，三个枣儿，两个枣儿，一个枣儿。

3. 换气。朗读或说话时，不可能一口气将所要说的内容说完，换气既是生理需要，又是内容和表情达意的需要。换气有大气口和小气口两种方法。

大气口是在朗读、演讲中允许停顿的地方，先吐出一点气，马上深吸一口气，为下面要说的话准备足够的气息，这种少呼多吸的大气口呼吸一般比较从容也比较容易掌握。

小气口是指朗读一段较长的句子时，气息用得差不多了，但意思未完而及时补进的气息。补气时，可以在气息能够停顿的地方急吸一点气，或在吐完前一个字时不露痕迹地带入一点气，以弥补底气不足。这种方法只吸不呼，也叫做“抢气”或“偷气”，动作一定要快。要领是：小腹一吸，两肋一张，口鼻同吸，迅速补充，同时要做到轻松自如、巧妙无声、字断气连，这是难度较大的换气方法。

换气与停顿有密切关系，许多停顿之处就是需要换气或补气之处，从而保证语气从容，

防止出现气竭现象。例如，“一连串的问题（小气口，带进一点气），使我这个有生以来（小气口，带进一点气）头一次在众目睽睽之下（停顿极短，不换气）让别人擦鞋的异乡人（大气口），从近乎狼狈的窘态中解脱出来。”

【训练三】

1. 高声朗读《高山下的花环》中雷军长的一段演说，安排好气口。

我的大炮就要万炮轰鸣，我的装甲车就要隆隆开进！我的千军万马就要去杀敌！就要去拼命！就要去流血!! 可刚才，有那么个神通广大的贵妇人，她竟有本事从千里之外把电话要到我这前沿指挥所。她来电话干啥？她来电话是要我给她儿子开后门，让我关照关照她儿子！奶奶娘！走后门，她竟敢走到我这流血牺牲的战场！我在电话里臭骂了她一顿！我雷某不管她是天老爷的夫人，还是地老爷的太太，走后门，谁敢把后门走到我这流血牺牲的战场上，没二话，我雷某要让她儿子第一个扛上炸药包去炸碉堡！去炸碉堡！

2. 循环换气练习。用一根吸饮料的塑料吸管，一头含在嘴里一头插在水中，吹出气泡，注意使气泡大小均匀，且连续不断。

3. 朗读电影《大腕》台词（节选），根据内容确定换气的地方和方式。

一定得选最好的黄金地段，雇法国设计师。建就得建最高档次的公寓：电梯直接入户，户型最小也得400 平米。什么宽带呀，光缆呀，卫星呀，能给他接的全给他接上。楼上边有花园儿，楼里边有游泳池，楼道里站一个英国管家，戴假发、特绅士的那种。业主一进门儿，甭管有事儿没事儿都得跟人家说：May I help you，sir？一口地道的英国伦敦腔儿，倍儿有面子。社区里再建一所贵族学校，教材用哈佛的，一年光学费就得几万美金。再建一所美国诊所儿，24 小时候诊，就是一个字儿——贵！看感冒就得花个万八千的。周围的邻居不是开宝马就是开奔驰，你要是开一日本车呀，你都不好意思跟人家打招呼。你说这样的公寓，一平米得卖多少钱？我觉得怎么着也得 2000 美金吧？2000 美金？！那是成本！4000 美金起，你别嫌贵，还不打折。你得研究业主的购物心理，愿意掏 2000 美金买房的业主，根本不在乎再多掏 2000。什么叫成功人士你知道吗？成功人士就是：买什么东西都买最贵的，不买最好的。所以，我们做房地产的口号就是：不求最好，但求最贵！

二、共鸣

共鸣是指人体器官共振的现象。朗读、演讲时一般以口腔共鸣为主，以胸腔共鸣为基础，略带鼻腔共鸣。

1. 鼻腔共鸣。包括鼻腔、鼻咽腔和鼻窦等。运用鼻腔时，软腭放松，打开口腔与鼻腔的通道使声音沿着硬腭向上走，使鼻窦充满气。头部应有震感，发出的声音震荡、有弹力。但要注意鼻腔色彩不能过量，过量会形成“鼻囊鼻音”。

【训练四】　有的人想加大音量时，就在喉鼻上使劲，结果越使劲越糟。练习：

1. “学牛叫”——弹鼻练习。又类似轮船汽笛、小孩撒娇时的闭鼻声回答：“嗯?”还像打电话中的鼻声“嗯?”（什么?）

2. 哼鸣练习。双唇紧闭，口腔内像含着半口水，发“mu”音，声音反着气流下行，用手扶胸部有明显振动感，双唇发麻，找到胸腔和口腔的共鸣。口腔是指硬腭以下、胸腔以上的共鸣体。它可以使声音有丰满、圆润和压重的色彩。运用共鸣体时，双唇要自然打开，笑肌提起，下颚自然放下，上颚鸣。仍发“mu”音，声音沿着硬腭上行，头部有振动感，双唇发麻，找到鼻腔共鸣。

3. 词组练习。

妈妈　光芒　中央　接纳　头脑

朝霞冉冉升起，东方透出微明，你听！你听，国旗的飘扬声。

蓝蓝的天上白云飘，白云下面马儿跑，挥动鞭儿响四方，百鸟齐飞翔。

4. 解除鼻音训练。软腭上提，使口腔后部声音的通道畅通无阻，就可以解除鼻音，同时减轻喉音重的毛病。鼻音重，练声时少发带有 m、n 的声音。

2. 口腔共鸣。口腔共鸣的获得是要在发音时，口腔自然上下打开，笑肌微提，下腭自然放下稍后拉，上腭有上提的感觉。基音通过声带附近的肌肉、软骨和气息的传送，使声波沿着硬腭向上齿背方向推送。这时，声波随着气息的推送离开喉咽部分流畅向前，在口腔的前上部分引起振动，形成共鸣效果。口腔共鸣发生最主要的一点，是发声的时候鼻咽要关闭，不产生鼻泄露。

【训练五】

1. 运用“开音稍闭”的方法念“花”这个音节。

2. 假设分别向1个人、10个人、50人、1000人，在教室、大礼堂、体育场等地朗诵或喊口令，十分准确地运用声音。

3. 找一找这样的感觉：你大口咬一口苹果，露出上牙齿，在一口咬下去的同时，发出“嗯”的声音，感觉声音在口腔后部和鼻腔上部的位置，这就是发声的一个共鸣点。

4. 绕口令练习。

村里新开一条渠，弯弯曲曲上山去。河水雨水渠里流，庄稼一片绿。

满山山上五株树，架上五壶醋，林中五只鹿，箱里五条裤，伐了山上的树，搬下架上的醋，射死林中的鹿，取出箱中的裤。

【训练六】　发声练习。

1. 口腔打开，使下面一组音从胸腔逐渐向口腔、鼻腔过度。要求放慢、拖长、找准共鸣位置。

Mɑ—mai—mɑo—mi—mu

2. “ɑ”元音直上直下有滑动练习，体会胸腔共鸣的减弱，共鸣位置的上移。用手按住胸口，发“ɑ”音，发“hɑ”音，然后读“海洋”“遥远”。

【训练七】　朗读共鸣练习。读下面的诗词，要求放慢速度，有意识地夸张，尽量找出最佳共鸣效果。声音适当偏后些，使之浑厚有力。注意防止“鼻囊鼻音”。

红—军—不怕—远—征—难，
万—水—千—山—只—等—闲。
五岭—逶迤—腾—细—浪，
乌蒙—磅礴—走—泥—丸。
金沙—水拍—云—崖—暖，
大渡—桥横—铁—索—寒。
更喜岷山—千—里—雪，
三军过后—尽—开—颜。

三、吐字归音

吐字归音是汉语（汉字）的发声法则，即“出字”和“收字”的技巧。通常把一个字分为字头、字腹和字尾三部分，“吐字”是对字头发音的要求，“归音”是对字腹尤其是对字尾的发音要求。

1. 吐字训练。吐字指头（声母）和颈（介音，也叫韵头）的发音过程，即“咬字”阶段。咬字要求干净利落、弹发有力，并与韵头迅速结合。例如，电 diàn，d 是字头，i 是韵头，ɑ 是字腹，n 是字尾。整个字头的发音应具有一定的弹射力，这是整个音节是否有“力度”的关键。

【训练八】　读下面的绕口令。先慢读，注意分辨声母，发好字头音，读准声调，读几遍后再加速。

1. 八百标兵奔北坡，炮兵并排北边跑。炮兵怕把标兵碰，标兵怕碰炮兵炮。

2. 哥挎瓜筐过宽沟，赶快过沟看怪狗。光看怪狗瓜筐扣，瓜滚筐空哥怪狗。

3. 四十四个字和词，组成一首绕口词。桃子李子梨子栗子，橘子柿子槟子和榛子，栽满园子院子村子和寨子。刀子斧子锯子凿子，锤子刨子和尺子，做出桌子椅子和箱子。

4. 天上七颗星，树上七只鹰，墙上七根钉，钉上七盏灯。地下七块冰，遮满天上星，赶走树上鹰，拔掉墙上钉。吹灭了钉上的灯，踏碎了地下的冰。

2. 归音训练。归音是指音节发音的收尾过程。要求字尾弱收，肌肉由紧渐松，口腔随之由开渐闭、渐松。归音干净利索，趋向鲜明，既不可拖泥带水留尾巴，也不可唇舌“不到家”。开尾音节收音时应注意用减弱的声波来收束音尾，不要改变口腔的大小，不可“吃字”“倒字”“丢字”。“吃字”即吃了字头，出字不好；“倒字”即韵腹发音有问题，字没立住；“丢音”即归音不到家，丢了字尾。例如，“天安门”三个字收音时舌位要放平，舌尖抵住上齿龈，归到鼻韵母“n”上。

【训练九】　读下面的绕口令，注意“-n”和“-ng”的收音。

1. 梁家庄有个梁大娘，梁大娘家盖新房。大娘邻居大老梁，到梁大娘家看大娘，赶上梁大娘家上大梁，老梁帮着大娘扛大梁，大梁稳稳当当上了墙，大娘高高兴兴谢老梁。

2. 读诗，注意“-ong”“-iong”“-eng”“-ing”“-ueng”的收音。

银鹰炸冰凌

春风送暖化冰层，黄河上游漂冰凌。
水中冰凌碰冰凌，集成冰坝出险情。
人民空军为人民，飞来银鹰炸冰凌。
银鹰轰鸣黄河唱，感谢空军排险情。

3. 读诗，注意“-o”“-e”“-uo”的收音。

咏鹅

鹅、鹅、鹅，曲项向天歌，
白毛浮绿水，红掌拨清波。

四、特殊声音的模拟训练

生活中，人们在欢乐、悲伤、激动、惊讶时的说话会发出不同的声音，将这种特殊的声音作为一种技巧，经过提炼运用到朗读中，会起到润饰作品的效果。

1. 笑语练习。表现欢乐或嘲讽而发笑的情态时，使声音带些笑的色彩叫笑语，发音时口形开到微笑位置，可默念“茄子”使口形到位。读诵时，注意通过笑语体现人物笑的神情。

【训练十】　分析下列句子中人物说话时的不同神情，然后朗读，要传达出不同的笑意。

（1）你把鲜蘑菇在清水里洗净，不要油，不要盐，光是白煮来吃就有一种特别的鲜甜的滋味；如果再加上一条野羊腿，那就又鲜甜又浓香。

（选自碧野《天山景物记》）

（2）他爬将起来，又拍手大笑道：“噫，好！我中了！”

（选自吴敬梓《范进中举》）

（3）渔夫一见，笑逐颜开，说道：“我把这瓶子带到市上去，可以卖它10块金币。”

（选自民间故事《渔夫的故事》）

（4）然而圆规很不平，显出鄙夷的神色……冷笑说：“忘了？这真是贵人眼高……”

（选自鲁迅《故乡》）

2. 泣诉练习。表示悲苦、哀伤的情态时，使声音带上一定的呜咽、哭泣的色彩为泣诉，即借鉴哭的特殊声音去说话。朗读时，通过泣诉体现人物哭的神态。

【训练十一】　分析下列句中的语境，并以诵读的方式传达出人物泣诉的感情色彩。

（1）我那瑟瑟发颤的手拿起那550元的抚恤金，对梁大娘哭喊：“大娘，我的好大娘！您，……这抚恤金，不……不能啊……”

（选自李存葆《高山下的花环》）

（2）“我真傻，真的，”她说，“我单知道雪天是野兽在深山里没有食吃，会到村里来；我不知道春天也会有。我一大早起来就开了门，拿小篮盛了一篮豆，叫我们的阿毛坐在门槛上剥豆去。他是很听话的孩子，我的话句句听。……”

（选自鲁迅《祝福》）

（3）敬爱的周总理，/……多少人喊着你，/扑向灵车；/多少人跑向你，/献上花束和敬礼；/多少人想牵动你的衣襟，/把你唤醒；/多少人想和你攀谈/知心的话题……

（选自李瑛《一月的哀思》）

3. 气音练习。表示感叹、惊讶、不安的感情或模仿某种声音时，用到一种气大于声的声音叫气音。发音时声门收缩类似耳语。

【训练十二】　用气声读下面句中加点的部分。

两个骗子请他走近一点，同时指着那两架空织布机……可怜的老大臣的眼睛越睁越大，可是他仍然看不见什么东西，因为的确没有什么东西可看。“我的老天爷！”他想，“难道我是愚蠢的吗？……”

（选自安徒生《皇帝的新装》）

4. 颤音练习。表示激动或愤怒情绪时，让声门放开和阻塞急速交替，使声音稍带颤抖为颤音。

【训练十三】　用颤音读出下列句中加点部分的情感。

（1）“哦！您，您就是——”我结结巴巴的，欢喜地快要跳起来了。

（选自阿累《一面》）

（2）东郭先生拉住农夫，把事情的经过告诉了他，然后问道：“我应该让狼吃吗？”

（选自民间故事《东郭先生》）

（3）无耻啊！无耻！

5. 拖腔练习。表示迟钝、支吾、气力不足时声音微弱或回忆、惊呼等情况时，有意将某些字的读音拖长叫拖音。

【训练十四】　用拖腔读下列句中加点的部分，并体会它的作用。

（1）你能说出他的价值有多大吗？你说不出，我也说不出，这就是无一穷一大！

（2）干吗呢？打小算盘！什么“海陆空”啊“全鸡全鸭”啊……

（3）1919年，在“外争国权，内惩国贼”的口号声中，北京、武汉、广州……全国掀起了五四爱国热潮。

（4）周一总一理，您一在一哪一里？

（选自柯岩的《周总理，您在哪里》）

6. 拟声练习。模仿某种声响为拟声。拟声多用拟声词，要求近似声响效果，不必惟妙惟肖。

【训练十五】　用拟声法读下列句子。

（1）列强在中国凶蛮侵略，无数颗子弹嗖嗖从同胞们的胸膛穿过，又有多少失去父母的孩子在哇哇哭喊着……

（选自黄兴的《还我河山，一雪国耻》）

（2）一天下午，“轰隆隆”一发罪恶的炮弹拦腰削断了一棵碗口粗的大树……这时，受伤的战士们继续匍匐前进。“嗒嗒嗒”……敌人的高射机枪追打着，战士们顺着山势向下滚，鲜血浸进了殷红的土地……

（选自蔡朝东《理解万岁》）

（3）冬夜静得很呀，窗外枯叶坠地的瑟瑟索索声，时时传进我的耳朵里。……夜深了，我埋头在灯下演算着，嘀嗒嘀嗒的钟声显得是那样的清脆。

（选自华罗庚《勤奋治学，勇攀高峰》）

（4）在广阔的大草原上，骑上马，啪！一鞭子，马就风驰电掣地前进了。

（选自曲啸《理想和信念支撑我走坎坷的道路》）

（5）“那么，你得说：‘啊呀！这孩子！你瞧，多么……阿唷！哈哈！HEHE！HE，HEHEHEHE!”

（选自鲁迅《立论》）

【课后练习】

1. 每日清晨跑步后（爬山后也可以），在气喘吁吁中高声说话或背诵文章。

2. 朗读下面一段文字，速度慢些，尽量找出最佳共鸣状态，发音时适当偏后一些，使声音洪亮、浑厚，防止鼻音过重。

红旗飘，/军号响，/子弟兵，/别故乡。/王明路线滔天罪，/五次“围剿”敌猖狂。/红军急切上征途，/战略转移去远方。/男女老少来相送，/热泪沾衣叙情长。/乌云遮天难持久，/红日永远放光芒。

3. 根据本节的训练要求，反复读下面的绕口令。

（1）山前有个崔粗腿，山后有个崔腿粗。二人山前来比腿，不知是崔粗腿比崔腿粗的腿粗，还是崔腿粗比崔粗腿的腿粗。

（2）红饭碗，黄饭碗，红饭碗盛半碗饭，黄饭碗盛满碗饭，红饭碗添半碗饭，像黄饭碗一样盛满碗饭。

（3）东洞庭西洞庭，洞庭山上一条藤，藤条上头挂铜铃。风吹藤动铜铃动，风停藤定铜铃停。

（4）隔着窗户撕字纸，先撕白字纸，后撕紫字纸。

（5）三山撑四水，四水绕三山，三山四水春常在，四水三山四时春。

（6）南门外有个面铺面冲南，面铺挂了个蓝布棉门帘，挂上蓝布棉门帘瞧了瞧，面铺还是面冲南。摘了蓝布棉门帘瞧了瞧，面铺里有三袋面，八元钱，掌柜的唉声叹气真为难，眼看这个买卖就算完。

（7）试将四十七支极细极细的紫丝线，试织四十七只极好极好的紫狮子。细紫丝线试织细紫狮子，细紫丝线却织成了死狮子。紫狮子织不成扯断了紫丝线。

（8）天空飘来一片霞，水上游来一群鸭。霞是五彩霞，鸭是麻花鸭。麻花鸭游进五彩霞，五彩霞网住麻花鸭。乐坏鸭，拍碎霞，分不清是鸭还是霞。

（9）老龙恼怒闹老农，老农恼怒闹老龙，农怒龙恼农更怒，龙闹农怒龙怕农。

4. 朗读下面的诗，注意其中的变调。

这也是一切

——答一位青年朋友的《一切》

舒　婷

不是一切大树
都被暴风折断；
不是一切种子
都找不到生根的土壤；
不是一切真情
都流失在人心的沙漠里；
不是一切梦想
都甘愿折掉翅膀。

不，不是一切
都像你说的那样！

不是一切火焰
都只燃烧自己
而不把别人照亮；
不是一切星星
都仅指示黑夜
而不报告曙光；
不是一切歌声
都掠过耳旁
而不留在心上。

不，不是一切
都像你说的那样！
不是一切呼吁都没有回响；
不是一切损失都无法补偿；
不是一切深渊都是灭亡；
不是一切灭亡都覆盖在弱者头上；

不是一切心灵
都可以踩在脚下，烂在泥里；
不是一切后果
都是眼泪血印，而不展现笑容。

一切的现在都孕育着未来，
未来的一切都生长于它的昨天。
希望，而且为它斗争，
请把这一切放在你的肩上。

5. 共鸣综合练习：散文《海燕》。

海　燕

高尔基

（1）在苍茫的大海上，狂风卷集着乌云。在乌云和大海之间，海燕像黑色的闪电，在高傲地飞翔。（胸腔、口腔共鸣）

（2）一会儿翅膀碰着波浪，一会儿箭一般地直冲向乌云，它叫喊着，——就在这鸟儿勇敢的叫喊声里，乌云听出了欢乐。（口腔、胸腔共鸣）

（3）在这叫喊声里——充满着对暴风雨的渴望！在这叫喊声里，乌云听出了愤怒的力量，热情的火焰和胜利的信心。（口腔、胸腔共鸣）

（4）海鸥在暴风雨来临之前呻吟着，——呻吟着，它们在大海上飞窜，想把自己对暴风雨的恐惧，掩藏到大海深处。（胸腔共鸣）

（5）海鸭也在呻吟着，——它们这些海鸭啊，享受不了生活的战斗的欢乐：轰隆隆的雷声就把它们吓坏了。（胸腔共鸣）

（6）蠢笨的企鹅，胆怯地把肥胖的身体躲藏在悬崖底下……只有那高傲的海燕，勇敢地，自由自在地，在泛起白沫的大海上飞翔！（胸腔、口腔共鸣）

（7）乌云越来越暗，越来越低，向海面直压下来；而波浪一边歌唱，一边冲向高空，去迎接那雷声。（胸腔、口腔共鸣）

（8）雷声轰响。波浪在愤怒的飞沫中呼叫，跟狂风争鸣。看吧，狂风紧紧抱起一层层巨浪，恶狠狠地将它们甩到悬崖上，把这些大块的翡翠摔成尘雾和碎末。（口腔、胸腔共鸣）

（9）海燕叫喊着，飞翔着，像黑色的闪电，箭一般地穿过乌云，翅膀掠起波浪的飞沫。（口腔、鼻腔共鸣）

（10）看吧，它飞舞着，像个精灵，——高傲的、黑色的暴风雨的精灵，——它在大笑，它又在号叫……它笑那些乌云，它因为欢乐而号叫！（口腔、鼻腔共鸣）

（11）这个敏感的精灵，——它从雷声的震怒里，早就听出了困乏，它深信，乌云遮不住太阳——是的，遮不住的！（口腔、鼻腔共鸣）

（12）狂风 吼叫……雷声 轰响……（口腔、鼻腔共鸣）

（13）一堆堆乌云，像青色的火焰，在无底的大海上燃烧。大海抓住闪电的箭光，把它们熄灭在自己的深渊里。这些闪电的影子，活像一条条火蛇，在大海里蜿蜒游动，一晃就消失了。（口腔共鸣、鼻腔共鸣）

（14）——暴风雨！暴风雨就要来啦！（鼻腔共鸣、头腔共鸣）

（15）这是勇敢的海燕，在怒吼的大海上，在闪电中间，高傲地飞翔；这是胜利的预言家在叫喊：（鼻腔共鸣、头腔共鸣）

（16）——让暴风雨来得更猛烈些吧！（头腔共鸣）

第三节　普通话的声母、韵母、声调与音变

一、声母的发音及方音辨正训练

声母是音节的起始部分，即汉语音节开头的辅音部分。普通话有22个声母，除零声母外，由21个辅音声母充当。

（一）“零声母”的发音

“零声母”就是有的音节直接以一个韵母独立成音节，开头没有辅音作声母，可以视声母为“零”，这样的音节称为零声母音节。例如，安（ān）、阿（ā）、俄（é）、约（yuē）、翁（wēng）等。在拼写时，凡是i、u、ü和i、u、ü开头的音节书写时要用y或w，如移（yí）、五（wǔ）、遇（yù）。

（二）普通话辅音声母的发音

普通话辅音声母的发音主要取决于发音部位和发音方法。

1. 发音部位。发音部位是指发音时气流通过口腔受到阻碍的部位。按照发音部位的不同，普通话声母可以分为以下七种：

双唇音：利用上、下唇阻碍气流形成的音。例如，b、p、m。

唇齿音：利用上齿、下唇阻碍气流形成的音。例如，f。

舌尖前音：利用舌尖、上齿背阻碍气流形成的音。例如，z、c、s。

舌尖中音：利用舌尖与上齿背阻碍气流形成的音。例如，d、t、n、l。

舌尖后音：利用舌尖与硬腭前阻碍气流形成的音。例如，zh、ch、sh、r。

舌面前音：利用舌面前部与硬腭前部阻碍气流形成的音。例如，j、q、x。

舌根音：利用舌根与软腭阻碍气流形成的音。例如，g、k、h。

2. 发音方法。发音方法是指调节发音气流的方法。按照阻碍气流受阻方式、气流强弱、声带是否震动三个方面分析，声母可以有如下划分（见表1-3-1）。

应该注意的是，“送气”与“不送气”是相对的，主要是指发音时送出的气流有较强和较弱的区别。

发音时，声带颤动的是“浊音”，不颤动的是“清音”。

表 1-3-1　普通话辅音声母发音表

发音方法 / 发音部位		塞音		塞擦音		擦音		鼻音	边音
		清音		清音		清音	浊音	浊音	浊音
		不送气	送气	不送气	送气				
唇音	双唇音	b	p					m	
	唇齿音					f			
舌尖音	舌尖前			z	c	s			
	舌尖中	d	t					n	l
	舌尖后			zh	ch	sh	r		
舌面音	舌面前			j	q	x			
	舌面后	g	k			h			

（三）声母的方音辨正

1. 翘舌声母 zh、ch、sh、r 和平舌声母 z、c、s 的分辨。这组声母在普通话学习中是一个重点难点。上海话、苏州话、广州话、武汉话、成都话、天津话等方言中常有混用。例如，将“山水”（shānshuǐ）读成（sānsuǐ）。读这种音时，既要注意翘舌应到位，也要避免翘舌过头，还应记住哪些字是翘舌声母，哪些字是平舌声母。

2. 唇齿音 f 和舌面后音 h 的分辨。这组声母在方言区也经常混用，如厦门话、上海浦东话、长沙话等。四川大部分地区基本上都把 h 声母的字音发成 f 声母。例如，把“辉煌”（huīhuáng）读成（fēifáng）。读这组声母时，注意它们只是发音部位不同，f 声母上齿接近下唇内缘，而 h 声母是舌根接近软腭。另外，还需要记住普通话中哪些字音是 h 声母，哪些是 f 声母。

3. 鼻音 n 和边音 l 的分辨。在西南地区诸多方言区都不区分鼻音 n 和边音 l 的字音，四川方言区都把鼻音 n 发成边音 l，如男女、老路、恼怒、年龄。纠正方法就是注意发音方法的不同，n 是鼻音，发音是软腭下降，气息从鼻腔出来。l 是边音，发音时软腭上升，气流从舌头两边出来。

4. 送气声母与不送气声母的分辨。四川的部分地区对送气声母和不送气声母的字音常常会有混淆，部分字音会有念错的情况。例如，把“拔河”（báhé）读成（páhé），把“大概”（dàgài）读成（dàkài）。这种偏误只需要记住并读准字音就可以。

【训练一】

1. 认读下列音节，体会零声母音节的发音。

奥（ào）、恩（ēn）、偶（ǒu）、爱（ài）；压（yā）、洋（yáng）、优（yōu）、英（yīng）；我（wǒ）、威（wēi）、弯（wān）、旺（wàng）、元（yuán）、云（yún）

2. 认读下列词语，找出零声母音节，并体会零声母音节的发音。

西安　皮袄　阿姨　阿谀　安慰　耳语　恶意　厌恶　偶尔　药物　伟大　语文　原因　水瓮　英语　汪洋　彩云　我们

【训练二】　读准下列词语的声母，体会其区别，并指出声母。

标兵　批判　美名　反复　每次　被迫　表面　屏幕　毛笔　方面　免费

政策　思索　身材　存在　知识　什么　出版　作品　政府　非常　马上

打通　多么　头发　那时　浪费　那里　态度　道路　电脑　礼貌

知道　吃饭　胜利　政治　长处　事实　日常　手术　产生　栀子

技术　前面　幸福　描写　自己　之间　清楚　器材　形式　理想　热心　脑筋
赶快　开花　后果　好看　然后　联合　扩大　经过　红旗

【训练三】

1. 读准下列词语的声母。

见面　革命　改革　确切　戏剧　幻想
滋长　采取　誓死　尺寸　杂志　适时　操持
夫子　发展　合作　活动　花生　荷花　繁华
浪费　人民　银行　灵活
笨蛋　脸盆　田野　电灯　倍数　陪都

2. 词语对比练习。

临近——宁静　水流——水牛　理想——你想
男女——褴褛　泥巴——篱笆　老路——恼怒
老牛——老六　南宁——兰陵　南天——蓝天
浓重——隆重　留念——留恋　老农——老龙
鱼刺——鱼翅　祠堂——池塘　粗布——初步
自序——秩序　总账——肿胀　四十——事实
卒子——竹子　蚕丝——尝试　苏三——书山
棉籽——棉纸　暂时——战时　乱草——乱吵
司长——师长　杂技——札记　搜集——收集
天知——天资　桑叶——商业　散光——闪光
私人——诗人　走私——走失　四面——世面
大肆——大事　私立——失利　死记——史记
肆意——示意　树苗——素描　自述——自诉

3. 绕口令训练。

（1）男演员，女演员，同台演戏说方言，男演员说吴语言，女演员说闽南言。男演员演远东旅行飞行员，女演员演鲁迅文学研究员，飞行员，研究员，吴语言，闽南言，你说男女演员演得全不全。

（2）丰风和芳芳，上街买混纺。红混纺，粉红混纺，黄混纺，灰混纺。红花混纺做裙子，粉花混纺做衣裳。红、粉、灰、黄花样多，五颜六色好混纺。

（3）四是四，十是十，十四是十四，四十是四十。十四不是"事实"，四十不是"细席"。要想说对四，舌头碰牙齿；要想说对十，舌头别伸直。你来试一试，十四、四十、四十四。

（4）你能不能把公路柳树下的老奶牛，拉到牛南山下牛奶站的挤奶房来，挤了牛奶拿到柳林村，送给岭南乡托儿所的刘奶奶？

二、韵母的发音及方音辨正训练

（一）韵母的发音及发音方法

韵母就是声母后面的部分。普通话有 39 个韵母，其中 23 个由元音充当，16 个由附带鼻辅音韵母构成，它们的发音取决于舌位的高低（舌面的高低）、前后、口腔的开合大小、唇形的圆与不圆的变化。

1. 韵母的分类。按韵母的结构及韵母开头元音发音的口形，可以将韵母分为以下类型（见表 1-3-2）。

2. 韵母的结构。韵母可以包含韵头、韵腹和韵尾。各部分在发音过程中的清晰响亮度不同（见表 1-3-3）。

表 1-3-2　普通话韵母及其分类表

结构类 / 口形类	单韵母	复韵母	鼻韵母
开口呼	ɑ o e ê er	ɑi ei ɑo ou	ɑn en ɑng eng
齐齿呼	i	iɑ ie iɑo iou	iɑn in iɑng ing
合口呼	u	uɑ uo uɑi uei	uɑn uen uɑng ueng ong
撮口呼	ü	üe	üɑn ün iong

表 1-3-3　韵母结构成分分析例表

韵母	韵头（介音）	韵腹（主要元音）	韵尾	
			元音	辅音
uɑi	u	ɑ	i	
ou		o	u	
in		i		n
iɑng	i	ɑ		ng
ün		ü		n
e		e		
u		u		
iɑo	i	ɑ	o（u）	
üe	ü	ê		

3. 韵母发音分析。

（1）单韵母的发音。单韵母由单元音充当。10 个单韵母 ɑ、o、e、i、u、ü、ê、er、-i（前）、-i（后）的发音主要取决于口腔开合的大小、唇型的圆扁以及舌位的前后、高低。

（2）复韵母的发音。复韵母由两个或 3 个元音组合而成，共有 13 个：ɑi、ei、ɑo、ou、iɑ、ie、uɑ、uo、üe、iɑo、iou、uɑi、uei。复韵母在发音时，舌位、唇形必须有一个逐渐变化移动的过程（这个变化过程，我们把它叫做动程）。

13 个复韵母因其主要元音的位置不同而分为前、中、后响复韵母。

前响复韵母有 4 个：ɑi、ei、ɑo、ou。

中响复韵母有 4 个：iɑo、iou、uɑi、uei。

后响复韵母有 5 个：iɑ、ie、uɑ、uo、üe。

复韵母发音要领：①发音时从前一元音音素的形位开始，结束在末一音素的形位，元音之音没有明显的界限，中间有一连串的过渡音。②每个因素发音时的清晰响亮度不同。韵腹（主要元音）清晰响亮；韵头发音比较轻、短；韵尾的发音轻短、模糊。前、中、后响复韵母发音时口形特点理解为：前响复韵母口形由大到小，后响复韵母口形由小到大。发音时，注意吐字归音，即叼住韵头、撑开韵腹、归好韵母。

（3）鼻韵母的发音。鼻韵母是由复合鼻尾音充当韵母。复合鼻尾音是由元音音素和鼻辅音韵尾构成的。普通话有两个鼻辅音韵尾：前鼻辅音韵尾-n 和后鼻辅音韵尾-ng，都是鼻音。由元音和-n 组合而成的鼻韵母叫前鼻韵母，由元音和-ng 组合而成的鼻韵母叫后鼻韵母。区别前后鼻辅音是发好鼻韵母的关键。韵尾-n 的发音与声母 n-基本相同，只是-n 的部位比 n-靠后，一般是舌面前部与硬腭接触。

普通话有 16 个鼻韵母，其中，前、后鼻韵母各 8 个。

前鼻韵母有 8 个：ɑn、en、iɑn、in、uɑn、uen、üɑn、ün。

后鼻韵母有8个：ang、eng、ong、iang、ing、iong、uang、ueng。

鼻韵母发音要领：①发音时，从元音自然过渡到发鼻辅音的尾音。发-n与舌尖中音n的部位基本相同，略靠后点，而-ng的部位与g、k、h相同，舌面后部隆起，与软腭接触，阻塞气流通过，同时软腭下降，打开气流通道，气流透过鼻腔成声。②前后鼻辅音韵尾都要发音到位，发音完整，发成“唯闭音”，即发音结束后再解除阻碍。

【训练四】　读准下列词语的韵母。

拉车　哈达　沙漠　玻璃　下坡　摸索　可爱　别人　铁锹　学习　批发　居住　需要　呼唤　姑姑　知识　资力　吃水　次子

【训练五】　读下列词语，指出其韵母并分类。

开会　北京　号召　搜索　犒劳　黑鱼　否定　躁动

家家　俩人　协会　蔑视　划算　所谓　学习　越过　切碎

秒表　修理　快乐　推算　回条　救星　鸟巢　毁灭

【训练六】

1. 读下列词语，然后分别将韵母找出并分类。

海带　北纬　决定　宪法　元首　军绿　文化　信息　熏陶　混乱　瞒混　威信　悠久　阳平

向往　光荣　黄羊　拥有　永远　穷矿　翁婿　蓊郁　广阔　逢迎　糟糕　大妈　薄膜　苛刻

启迪　无辜　须臾　白影　实施　二儿　晒台　蓓蕾　走漏　加压　贴切　花袜　蹉跎　雀跃

巧妙　悠久　怀揣　鬼祟　漫谈　变迁　贯穿　宣言　方丈　湘江　圆状　人参　温顺　亲近

均匀　萌生　宁静　嗡嗡　公众　汹涌

2. 绕口令练习。

墙上一根钉，钉上挂条绳，绳下吊个瓶，瓶下放盏灯，灯下有个盆。掉下墙上钉，脱掉钉上绳，滑落绳下瓶，打碎瓶下灯，砸破灯下盆。瓶打灯，灯打盆，盆骂灯，灯骂瓶，瓶骂绳，绳骂钉，钉怪绳，绳怪瓶，瓶怪灯，灯怪盆。叮叮当当当当叮，乒乒乒乒乒乒乒。

（二）韵母的方音辨正

1. a与e的分辨。普通话中一部分读韵母e的音节，在山东的某些地区读成a。例如，青岛、烟台、潍坊、淄博等地的“喝、割、棵”等音节，如喝水、割断、磕头、瞌睡、胳膊。

2. 前鼻韵母与后鼻韵母的分辨。有些方言区eng、en；ing、in不分。an和ang，ian和iang，uan和uang也有混用现象。湖北、湖南地区有an无ang，如把“天坛”读成“天堂”、“平凡”读成“平房”；上海方言中有in无ing，如把“高兴”说成“gaoxin”；陕西方音往往把前鼻音韵尾n全说成后鼻音韵尾ng，如把“我们”的“们”（mén）说成“盟”（méng）的音，“人民”的“民”（mín）说成“名”（míng）的音；而四川方言往往把后鼻音韵尾ng读成前鼻音韵尾n，如把“成都”说成“chendu”。在练习发n音时，舌尖要抵住上齿龈。而发ng音时，舌尖落在下颚，舌根拱起抵住软腭。

前后鼻韵母的主要区别是：

（1）韵腹元音舌位的前后不同。例如：an与ang的an，前者的元音是前低元音，后者的元音是后低元音。

（2）-n和-ng只是韵尾，发音时先要发准韵腹，不能一开始就灌鼻音。

（3）8个前鼻韵母和8个后鼻韵母基本上是一对一的对应关系，不是一对多或多对一的关系。其对应关系是：an—ang、en—eng、in—ing、ian—iang、uan—uang、uen—ueng（ong）、un—iong。传统语音学认为ong、ueng是一个韵母，汉语拼音方案按照实际发音设计为两个韵母。

3. 分辨 i 和 ü 的发音。在湘方言区、客家方言区、粤方言区及昆明、四川北部一带，将 i 和 ü 都读成 i。在练习时，先发 i 的音，然后在保持舌位不动的情况下，慢慢把嘴唇拢成圆形，就发出了 ü 音。例如，机会、具体、通信、通讯、道义、名誉、季节、拒绝。

4. 分辨韵母 e—uo 和韵母 o—uo 的发音。区别这两组音的关键在发音的口形和动程上。e 发音时展唇，大牙槽打开；uo 后者发音时，注意口形是由小变大，有一个动程，不能与 o 混淆。

【训练七】 读准下列词语。

长征 长针 红星 红心 访问 反问 人民 人名 丰富 吩咐 诊断 整治 北京 天津 情景 勤俭 赞颂 葬送

【训练八】 对比练习。

一锅——一窝 儿子——蛾子 内河——内膜 合力——活力 格子——脖子 得力——得利 客人——阔人 旅游——理由 过河——过活

【训练九】

1. 对比练习。

深思——生丝 审视——省市 沉船——乘船 市镇——市政

人参——人生 长针——长征 三根——三更 绅士——声势

诊治——整治 陈旧——成就 申明——声名 出身——出生

人民——人名 红心——红星 寝室——请示 贫民——平民

信服——幸福 来宾——来兵 亲生——轻生 金鱼——鲸鱼

不仅——布景 禁止——静止 金银——经营 亲近——清静

2. 绕口令训练。

(1) 十字路口指示灯，红黄绿色分得清。绿灯行，红灯停；红灯停，绿灯行，行停停行看分明。

(2) 大哥有大锅，二哥有二锅。大哥要换二哥的二锅，二哥不换大哥的大锅。

(3) 打南坡走来个老婆婆，两手托着俩笸箩。左手托着的笸箩装的是菠萝，右手托着的笸箩装的是萝卜。你说说，是老婆婆左手托着的笸罗装的菠萝多，还是老婆婆右手托着的笸箩装的萝卜多?

三、普通话声调

(一) 声调

声调是音节发音时具有区别性功能（区别词性、词义的功能）的音高变化。声调表现为字音的高低、升降，又叫字调。声调是音节的重要组成部分，汉语每一个音节都有一个或几个固定的声调。声母和韵母相同的音节如果声调不一样，它们所表示的词义就完全不同。例如，把“山西”shānxī 说成 shǎnxī，就会让人误解为另一个省名“陕西”。学习普通话不仅要知道普通话声调，还必须发准每一种声调的实际读音。

(二) 调类、调值

调类——声调的种类。普通话语音共有 4 种声调：阴平、阳平、上声、去声。

调值——声调的实际念法，即每种声调具体的高低升降、长短曲直情况。通常用“五度坐标法”来记录调值，如图 1-3-1 所示。

调类	阴平	阳平	上声	去声
调号	ˉ	ˊ	ˇ	ˋ
调值	55	35	214	51
调势	高平	中升	降升	全降

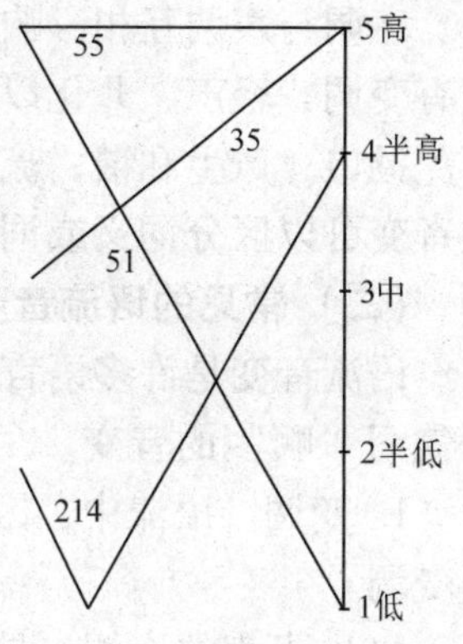

图 1-3-1 五度坐标图

例字 妈 麻 马 骂
衣 移 椅 亿
灰 回 悔 会
汪 王 往 望
师 时 使 事

（三）声调的方音辨正

各方音的声调与普通话的声调的差异差别很大。例如，青岛、崂山、即墨、平度、莱州方言只有3个调类，北方方言有4个、南京有5个、苏州有7个、南昌有6个、温州有8个、广州有9个。在唐山话中，往往将阴平读成去声，如真（zhēn）读成（zhèn）；有的地区会把该读轻声的词读成去声，“哪年来的（di）”读成的（dì）；闽方言各地都有入声调，声调数目6~8个，以7个为多见。闽南方言的潮州话有8声：平、上、去、入各分阴、阳；闽北建瓯话、闽中永安话都只有6声：闽北是平、上不分阴、阳，而去、入分阴、阳；闽中是平、上分阴、阳，而去、入不分阴、阳。7个声调的地方遍布闽南方言的厦门、台北、海南、浙南等地和莆仙方言的莆田、仙游以及闽东方言的福州、福安等地。闽方言中还普遍存在着复杂的音变现象，其中闽南方言、闽中方言有相当整齐的连读变调规律，闽东方言、莆仙方言在连读时音变涉及声母、韵母的变化。

【训练十】 试读下列词语，给每个词标上调值。

生词 教训 混杂 笨拙 草稿 夏天 爆肚儿 推选 耳鸣 加强 描写 山沟 配备 饲养 社论 融洽 飞快 好在 纵横 支持 党羽 个体 烟卷儿 虚心 蜜蜂 绝对

【训练十一】

1. 词语的对比练习。

鲜鱼——闲语 整洁——政界 天才——甜菜 大学——大雪
申请——深情 题材——体裁 面前——棉签 冲锋——重逢
时节——使节 艰巨——检举 中心——重心 松树——松鼠
主力——助理 无疑——武艺 化学——滑雪 一致——医治

2. 下面这篇短文是我国语言大师赵元任写的。全文均由“shi”构成，巧妙地体现了汉字声调区别意义的作用。

石室诗士施氏，嗜狮，誓食十狮。施氏时时适市视狮。十时，适十狮适市。是时，适施氏适市。氏视是十狮，恃矢势，使是十狮逝世。氏拾是十狮尸，适石室。石室湿，氏使侍拭石室。石室拭，氏始试食是十狮。食时，始识是十狮，实十石狮尸。试释是事。

3. 利用汉字的一字多音、同音假借的特点，先给下面两副对联注拼音，再高声朗读。

（1）温州江心寺长联：云朝朝朝朝朝朝朝散；潮长长长长长长长消。

（2）山海关孟姜女庙楹联：海水朝朝朝朝朝朝朝落；浮云长长长长长长长消。

4. 按普通话语音认读下列词语，注意声、韵、调的发音，并指出各字音的调类

咽喉 吞咽 呜咽 沉着 着火 颠簸 簸箕 淹没 杀菌 撒手 当选 相差
僻静 颓丧 沏茶 编撰 编纂 篡夺 亵渎 戏谑 铁锹 萃取 矜持 落枕
胚胎 后裔 出血 血迹 血泊 角逐 额角 触角 切割 迫切 拉纤 纤维

四、普通话语流音变

（一）语流音变的含义

人们说话、读书时，发出一连串的音节，形成语流。在语流中音节与音节、音素与音

素、声调与声调互相影响，产生种种语音上的变化，这种变化叫做语流音变。常见的语流音变有变调、轻声、儿化以及语气词“啊”的音变等。语流音变便于人们在说话时更为顺口，避免拗口，产生和谐、流畅的效果。例如，“我们学习得很好。”“大伙儿都到齐了吧。”有的音变可以区分词义或词性，有的音变可以表达情感色彩。

（二）常见的语流音变规律

语流音变是许多语言都有的语音现象，普通话的语流音变主要包括变调、轻声、儿化和语气词“啊”的音变。

1. 变调。语流中，因为相连音节相互影响而使某个音节的调值发生了变化，这种变化叫变调。

（1）上声的变调。具体内容见表1-3-4。

表1-3-4　变调分类表

位　置	变化情况	调　值	例　词
非上声前	半上+非上声	211+55（35. 51）	指路　五星
上声+上声	直上+上声	35+214	水准　手指
（上+上）+上	直上+次阴+上声	35+45+214	展览馆　跑马表
上+（上+上）	半上+直上+上声	211+35+214	打水井　李表姐

三个以上的上声相连，依此规律类推。例如，“给你两碗/炒米粉”“我很了解你”“打点儿洗脸水”。

（2）去声的变调。去声处在非去声前不变调，仍读51调。

（3）阳平的变调。三个阳平音节相连时，中间一个阳平音节的调值变为45，类似于阴平。

【训练十二】　读准下列词语。

双单格：虎骨酒　展览馆　打靶场　蒙古语　水彩笔　勇敢者　手写体

单双格：纸雨伞　小拇指　好领导　冷处理　小两口　海产品　纸老虎

三个以上上声相连时可根据词内部的组合情况，先切分成几个音步，再根据二、三音节连读变调规则处理。在快速朗读时，往往只在停顿前一个音节读作原调，其余的都要变调。例如：

岂有/此理。

我想/买点儿/水果。

展览馆/里/有/好/几百/种/展览品。

【训练十三】　读准下列句子。

一切反动派都是纸老虎。

有些演讲者全神贯注在自己的讲稿上，从来不正视听众一眼。

【训练十四】　读准下列词语。

问题　告辞　冒险　太阳　战壕　跳高　干活　电子　技巧　胜出

两个去声相连，前一个去声又不是重读音节时，前一个去声音节的调值变为53。

【训练十五】　读准下列词语。

立正　电话　概括　怯懦　训练　测试　电化教学　世界末日

【训练十六】　读准下列词语。

陈麻婆　男人头儿　毛泽潭　白头羊

阳平音节的后续音节为上声时，阳平音节的调值变为45，类似于阴平。

【训练十七】　读准下列词语。

你好 旗手 毛笔 洋火 满蒙 红旗谱 悬崖顶 习题本 学习好

（4）“一”“不”的变调。

“一”不变的情况：单独念读的时候，如“一、二、三”。
处在词语的末尾，如“统一、第一、专一、初一、单一”。
处在词语前表示序数，如“一班、一连、一团”。

“一”变的情况：“一” + 去声，变读阳平，如“一面、一向、一路”。
“一” + 非去声，变读去声，如“一发、一头、一举”。

“不”不变的情况：单念的时候，调值是51。
处在词语末尾，如“偏不、要不、何不、莫不”。
在非去声的前面，如“不吃、不管、不来”。

“不”变的情况：“不” + 去声变读阳平，如“不对、不够、不妙”。
“不”嵌在重叠动词中间和在动词后的补语中，变读轻声，如“听不听、来不来、看不看、拿不动”。

（5）形容词的变调。单音节重叠的词语——A1 + A2，A2 儿化时，变读阴平。

【训练十八】 读准下列句子。

星期一一大早，我就看完了一本书。

你要不来，我也不去，信不信由你。

我不是不想去，是不能去。

因当初一念之差，导致现在一事无成。

想起当年这块不毛之地，真让人不寒而栗。

【训练十九】 读准下列词语。

红红的——红红儿的 好好的——好好儿的

渐渐的——渐渐儿的 慢慢的——慢慢儿的

黄黄的——黄黄儿的 圆圆的——圆圆儿的

单音节形容词加叠音后缀构成的词语——A1 + B1 + B2，B1、B2 都变读阴平，也可不变。

【训练二十】 读准下列词语。

红彤彤、暖洋洋、明晃晃、亮堂堂

双音节形容词重叠构成的四音节形容词——A1 + A2 + B1 + B2，A2 变读轻声，都变读阴平，B1、B2 也可不变。

【训练二十一】 读准下列词语。

漂漂亮亮、马马虎虎、老老实实

应该注意的是，在现代汉语里，用汉语拼音拼写音节时，习惯上不标变调，只写原声调。

2. 轻声。

（1）轻声的概念。轻声不是普通话四声之外的另一种声调，而是四声的一种特殊音变，是指在词语、句子中有的音节丢失了原有声调的调值，变成一种又轻又短的调子。这种在语流中，附着在某个音节后面，受其影响而改变声调变得又轻又短的音节叫轻声音节。

（2）轻声的作用。轻声具有区别词义、词性的作用。例如：

生气（原调）：指不高兴或发怒。 东西（原调）：表方向。

生气（轻声）：指活力、朝气。 东西（轻声）：表物品。

地道（原调）：属名词。 大意（原调）：名词。

地道（轻声）：属形容词。 大意（轻声）：形容词。

发好轻声音节，还可以使普通话听上去低回婉转，自然温馨。例如：

“女士们、先生们……”；“谢谢”。

（3）轻声的读法。轻声音节的能量较弱，是音高（失去原有声调）、音强、音长、音色（韵母弱化，不送气的清塞音变浊塞音，清擦音变浊擦音）综合变化的结果。轻声与重音最大的区别在音长上。轻声不能单独存在，也不能在词的开头。普通话轻声的调值见表1-2-5。

表1-3-5 普通话轻声的调值表

位　置	调　值	例　词
阴平后	3（中调）	妈妈　屋里
阳平后	2（半低）	狐狸　云彩
上声后	4（半高）	眼睛　奶奶
去声后	1（最低）	太阳　困难

（4）轻声音节的确定。普通话里发轻声的音节有两类：一类是有特殊要求的；一类是约定俗成的。

轻声音节普遍出现在使用频率较高的口语词语中，书面语色彩很浓的词语以及新词、科技术语很少有念轻声的音节。常见的规律性较强的轻声音节有以下几种。

叠音的或重叠式的名词，末一音节普遍念轻声，如“爸爸、娃娃、哥哥、星星”等。

词根附加后缀“子、头”构成的名词，后缀“子”普遍念轻声，后缀“头”大多也念轻声。例如，“凳子、法子、钉子、儿子、稿子、种子、领子”，“骨头、盼头、念头、兆头、赚头、榫头、指头、想头”等。

附加在指人的名词性词语之后或人称代词之后表示复数的辅助成分“们”，念轻声，如“我们、你们、他们、咱们、人们、女士们、先生们、朋友们”等。

部分单纯方位词或表示方位义的语素，如“上、里”等，附加在其他词语或语素之后时，通常念轻声或轻读。例如，“路上、晚上、墙上、课堂上、组织上”，“心里、夜里”等。

后加“边、面、头”构成的合成方位词，其中的“边、面、头”大多念轻声或轻读。例如，“东边、南边、西边、北边、上边、下边、前边”，“外面、里面”，“外头、里头”等。

结构助词“的、地、得”，动态助词“着、了、过”，语气词“啊、吧、呢、啦”等，都念轻声。例如，“伟大的祖国、吃的、穿的、用的”，“努力地学习”，“调查得全面”，“看了”，“听着”，“去过”等。

趋向动词补语，黏附于中心语之后时，念轻声或轻读。中心语与趋向补语之间插入“得、不”时，“得、不”轻读，趋向动词念原调。例如，“出去、拿来、看得出、看不出”等。

单音节动词重叠，重叠的动词念轻声。当中间嵌入“一、不”时，“一、不”轻读，重叠的音节仍念原调。例如，“看看、想想、走一走、写不写”等。

3. 儿化。

（1）概念。在语流中，原本独立的卷舌韵母er和它前面的音节融合在一起，改变了前面音节的性质而产生音变，这种现象叫儿化。“儿”本是个独立的音节，口语中长期处于轻读的地位，与前面的音节流利地连读产生音变，“er”失去独立性只保持一个卷舌的动作。

“er”这个卷舌音附加在其他音节的韵母后，使这个韵母成为一个带卷舌动作的韵母——儿化韵。

带儿化韵的词语叫儿化词语。

（2）儿化的作用。①表示感情色彩，如表喜爱的情感和亲切温和的语气：小孩儿、老头儿、花儿；表鄙视：小偷儿、瘪三儿。②形容细、小、轻、微的物体的性质或形状，如粉末儿、冰棍儿、头绳儿、雪花儿。③区别词义。例如，面——面儿、头——头儿、闲话——闲话儿。④区别词性。例如，盖——盖儿、尖——尖儿、堆——堆儿。

（3）儿化音节的读法。普通话 39 个韵母中，除了 ê 和 er 都可以儿化。

4. 语气词“啊”的音变。普通话语气词“啊”用在句中或句尾时，常受前面音节末尾音素的影响而发生变化，其读音和写法都有所不同。

“啊”变成“呀（yɑ）”。例如，今天你这么早就回家呀，真奇怪呀。

“啊”变成“哇（wɑ）”。例如，准备喝点儿什么呀，喝酒哇。

“啊”变成“哪（nɑ）”。例如，看！丽江的天多蓝哪。

“啊”变成“zɑ”。例如，小子啊，带上帽子啊！

“啊”变成“ngɑ”。例如，这段时间真忙啊。

“啊”变成“rɑ”。例如，就是啊。

具体变成哪一个音，取决于前面音节末尾音素的口形，以便于发音为准，目的是使语句听来连贯、流畅、好听，没有改变语义和语气的作用。

【训练二十二】教师慢读下列句子，学生指出读轻声的词语，自己再读。

我的任务是擦玻璃。

相声是一门艺术。

我们在商量怎么把这个消息告诉他。

既是朋友，怎么见面连个招呼都不打？

这个问题不明白，麻烦你再给我讲讲。

他的名字是三个上声字相连，读起来很别扭。

你吓唬谁呀，我才不在乎呢！

【训练二十三】　读准下列词语。

刀把儿　皮夹儿　泪花儿　粉末儿　大伙儿　贝壳儿　字帖儿　木橛儿　离谱儿　邮包儿　路口儿　眼角儿　顶牛儿　玩意儿　揭底儿　毛驴儿　没趣儿　窗台儿　宝贝儿　糖块儿　配对儿　床单儿　病根儿　旁边儿　费劲儿　好玩儿　开春儿　手绢儿　随群儿　瓜子儿　顶事儿　药方儿　裂缝儿　酒盅儿　模样儿　图钉儿　镜框儿

【训练二十四】　连读唱词。

进了门儿，倒杯水儿，喝了两口运运气儿。顺手拿起小唱本儿，唱一曲儿，又一曲儿，练完了嗓子我练嘴皮儿。绕口令儿，练字音儿，还有单弦儿，牌子曲儿：小快板儿，大鼓词儿，又说又笑我真带劲儿。

【训练二十五】　按语气词“啊”的音变规律读准《黄河怨》中的“啊”。

风啊，你不要叫喊，云啊，你不要躲闪，黄河啊，你不要呜咽。今晚我在你面前，哭诉我的情和怨！命啊，这样苦，生活啊，这样难！鬼子啊，你这样没心肝！宝贝啊，你死得这样惨……狂风啊，你不要叫喊，乌云啊，你不要躲闪，黄河的水啊，你不要呜咽！今晚我要投在你的怀中，洗清我的千重愁来万重怨！丈夫啊，在天边，地下啊，再团圆！你要想想妻子儿女死得这样惨！你要替我把这笔血账清还！

【课后练习】

根据本节所学知识，对相关内容自己进行练习。

第四节　普通话读字技法

前面介绍了普通话语音基本知识，本节结合普通话水平测试第一项考核内容“读单音节字词”，讲讲普通话读字技巧。汉语里一个字就是一个音节，读单音节字词是普通话水平测试中的基础检测，共100个音节，限时3.5分钟。此题主要是检测应试者3550个常用字词的正确读音，考查普通话声母、韵母和声调的发音准确度。一个音节的声母、韵母、声调是完整统一体，任何一项出错，这个音节就算读错：若读不到位，欠完整，就是缺陷或欠缺音。错误扣0.1分，欠缺扣0.05分。此项成绩占总分的10%。完成此项测试，应注意以下几个问题。

（一）读声韵调要标准

1. 声母要咬准。在100个音节里，每个声母出现一般不少于3次，方言里缺少的或易混淆的声母酌量增加1~2次。咬准，是指找准发音部位、方法正确。一是不能把普通话里某一类声母的发音读成另一类声母，如zh、ch、sh与z、c、s，f与h，n与l不分；二是不能把普通话里某类声母的正确发音部位用较接近的部位代替，读成缺陷音。

【训练一】　读下列单音节字词，注意发准自己方言的难点音。

询　稳　烫　栓　犬　资　薄　彩　谬　烹　融　镀　毡　远　中　联　绿　筐　凝　景　蘸　椒　航　尊　缝　笋　城　省

【训练二】　教师请学生读下列单音节字词，判断其读音正确与否。

鹅　溉　券　横　闹　能　肥　尝　庇　哺　沸　穗　喷　酿　畔　秘　族　滞　昨　杏　祥　膝　项　研　酵　坐　郑　综

2. 韵母要到位。100个音节里，每个韵母的出现一般不少于两次，方言里缺少的或易混淆的韵母酌量增加1~2次。单韵母要单纯，不拖泥带水。复韵母和鼻韵母都要有动程，要有变化；变化要自然、和谐，归音要到位，发出来的音要圆润。韵母的读音缺陷多表现为合口呼、撮口呼的韵母圆唇度明显不够，语感差；或开口呼的韵母开口度明显不够，或复韵母舌位动程明显不够等。

【训练三】　读下面单音节字词，注意口腔、舌位、唇形到位。

停　进　常　送　决　想　膏　蚕　伙　簸　额　球　霜　绕　拿　藕　面　税　抓　穷　赞　审　赛　经　段　孙　庄　能　甩　翁　贴　妙　许　族

3. 声调要发全。声调方面，调型、调势基本正确，但调值明显偏低或偏高，特别是四声的相对高点或低点明显不一致的，判为声调读音缺陷。特别是上声字的发音，不能读变调。上声是降升调，先降后升，调值是214度，如果发音时只降不升，调型就成降调了，调值成了21度。

（二）不要将形近字误读

形近字误读有三种情况：一是有的人朗读过快，把很简单的字也读错了，如把“要”读成“耍”，把“勿”读成“匆”；二是有些日常生活中不多用的字，在词语中能念准，而读音字却容易念错，如把“惮”读成“禅”，把“骇”读成“赅”；三是大部分人的共同不足，对很多形近字读音似是而非，误读也就不奇怪了，如把“徒”读成“陡”，把“拨”读成“拔”等。

（三）多音字可选读一音

单音节字词中有不少多音字，朗读时念任何一个音都是对的。例如，“佛”念 fó 或 fú 都算对，不必费时费神琢磨到底读哪一个音。

（四）速度要快慢适中

在 3.5 分钟内读完 100 个单音节字词，只要每个音节读完整，一个接一个往下读，是不会超时的。抢读会降低准确率，语速太慢则会超时。因此要快慢适中。

（五）要从左至右横读

单音节字词 100 个，测试题一般分为 10 排，每排 10 个字。朗读时从第一排起由左至右，不要从第一个字起由上往下读。

（六）读错了及时纠正

一个字允许读两遍，即应试人发觉第一次读音有口误时可改读，按第二次读音评判。如果对有的字拿不准是否读错了，不必再去想它，以免影响后面的朗读。

（七）音量适中，发声清晰

读的时候音量要适中，发声要清晰，既不必音量过大，也不要音量过低。

【训练四】　读下列单音节字词，注意读准声母。

向　秋　夺　嚷　段　责　赠　均　瓮　加　病　缩　侯　迁　丑　廷　此　凡　储　搔　膜　脱　梨　衫　府　瞥　显　归　准　宽　桶　盆　底　迈　我　孽　雄　顺　谭　册　选　坏　崩　芽　避　割　爬　捐　爽　誉　马　直　唤　昂　寝　羊　怎　虹　澈　叠　构　死　黑　垮　风　踹　撅　众　磷　圣　鳃　鸟　施　略　疏　群　优　逗　改　况　忍　穷　邀　拒　膊　入　贫　方　垒　念　猜　凿　苇　皮　奥　拢　饶　二　酶　寡

【训练五】　读下列单音节字词，注意读准韵母。

铡　白　杀　鹤　痣　舌　逮　若　池　筛　得　字　给　二　鳃　棉　宰　拣　凹　淋　槽　品　朝　腔　挠　巷　泡　柄　藕　另　邹　氢　轴　腹　岸　努　榄　筑　瘫　哭　判　粗　忍　藏　午　缸　震　纺　挂　忙　耍　憎　祸　乘　索　正　踹　缝　坏　梦　隋　戏　褪　溺　霞　款　颊　环　掖　蒜　谢　弯　爹　舜　飘　损　表　闯　修　撞　玖　童　约　胸　劝　孔　徐　绒　俊　翁　略　宋　群　掘　总　荀　穷　旅　婶　卷

【训练六】　读下列单音节字词，注意读准声母、韵母和声调。

裁　担　是　福　宫　价　故　冲　奸　绷　说　驴　唉　岭　祸　浸　奔　境　灌　蒙　难　斗　喘　蟹　罢　怀　积　炒　淋　拒　唤　蟑　毁　坟　护　疯　论　何　落　拼　墨　蹬　操　竿　标　扩　锤　沟　愣　泼　客　涝　励　浑　棚　盛　横　哄　晒　僵　疼　钉　礼　耕　此　脆　勤　燃　掘　升　完　舵　书　桶　伸　缩　种　吼　与　娇　繁　约　田　西　托　窄　印　结　药　压　抓　柴　正　准　握　先　问　折　新　姓

第五节　普通话读词技法

普通话水平测试第二项考核内容是“读多音节词语”。此项除测查应试者声母、韵母、声调（第一项“读单音节字”的测试目的）外，还要测查语音变调、轻声、儿化读音的标准度。此项测试共有 100 个音节，限时 2.5 分钟。其评分标准是每读错一个音节扣 0.2 分。此项成绩占总分的 20%。完成此项测试，应注意以下几个问题。

（一）注意按词分读，不是按字分读

多音节词语其前后音节具有不可分割的连续性和紧密性。在普通话水平测试中，有的人由于过分注重音节声母、韵母、声调的到位，往往把一个多音节词语切割开，按字分读，把一词一顿变成了一字一顿，破坏了多音节词语的整体性。朗读时应该注意词语连贯性，词与词之间要分开，字与字之间不能分开，一个词语不能拆开当做单音节字来朗读。

（二）注意多音节词语的轻重格式

此项测试，大多为双音节词语，有少数三音节、四音节的词语。

1. 双音节词语的轻重音格式。

（1）中-重格式。前一个音节读中音，后一个音节读重音。双音节词绝大部分是这个格式。

搏斗　芭蕉　长寿　地震　报仇　宝贵　加剧　教室　致命　南方　女性　高大　陆军　乡村　合并　错位　调解　声张

（2）重-中格式。前一个音节读重音，后一个音节读次轻音。后一音节的调值仍能分辨，但不稳定。这部分即所谓的“可轻可不轻”的情况。实际上，江浙、福建、两广和台湾地区的人说普通话时，往往把这类格式的双音节词读成“中-重”格式。

因为　工人　手巾　运动　快乐　帮助　爱护　宝贝　女士　南瓜　乡亲　长度　错误　前天　教育　布置　条理　实惠

（3）重-轻格式。前一个音节读重音，后一个音节读轻音，即轻音词结构。

答应　官司　凉快　爱人　膀子　部分　福气　巴结　乡下　女婿　本事　讲究　麻烦　柴火　招呼　商量　出息　护士

测试时，可把（2）、（3）归结为“重-轻”格式。双音节词语的朗读可以简单地分为两种情况，即“中-重”格式与“重-轻”格式。

2. 三音节词的轻重音格式。

（1）“中-中-重”格式（普通话大部分是中-中-重格式）。

视网膜　展览馆　原子能　扁桃体　东道主　乒乓球　火车站　芭蕾舞　立交桥　创造性　辩证法　螺旋桨　殖民地　交响曲

（2）“中-重-最轻”格式。

胡萝卜　好家伙　同学们　枪杆子　牛脾气　老头子　小姑娘　打官司　命根子　为什么　摆架子　好朋友

（3）“中-次轻-重”格式。

来不了　豆腐脑　吃不消　过不去　萝卜汤　萨其玛　生意场

（4）“重-轻-轻”格式。

姑娘们　朋友们　娃娃们　桌子上　跑过去　出来了　拿过去

3. 四音节词的轻重音格式。

（1）中-重-中-重格式。

龙腾虎跃　丰衣足食　轻歌曼舞　五光十色　根深蒂固　鹤发童颜　花好月圆　移风易俗

（2）中-次轻-中-重格式。

化学工业　乌鲁木齐　社会主义　断断续续　慌里慌张　嘻嘻哈哈　大大方方

（3）重-中-中-中格式。

义不容辞　诸如此类　敬而远之　惨不忍睹

（4）重-轻-轻-轻格式。

冷起来了　亮起来了　跑了下去　跑下去了

（三）注意轻声词判定，朗读要准确

读轻声词，须注意三种情况：第一，轻声与非轻声混淆。例如，“苗条”“活泼”“云彩”是轻声词语，往往会判定为非轻声词语；“破坏”“敌人”“情况”是非轻声词语，容易误认为是轻声词语，造成误读。第二，轻声词语能够准确判定却不能准确朗读。朗读轻声音节时，还要注意区分其平翘、前后鼻的情况。

（四）注意儿化词语的朗读

儿化词语有明显的外在形态作为标志：词尾带有一个“儿”字。读好儿化词语，要注意三点：第一，不要把“儿”音节与前面的音节割裂开来。例如“加塞儿”，是“加”一个音节，“塞儿”一个音节，共两个音节。朗读时，不要读成“加”“塞”“儿”三个音节。第二，注意儿化词语末一音节儿化后的声调应与原声调一致。第三，儿化韵不能重读，朗读儿化词语时，要语气轻快，面带微笑，在词末一带而过，给人以活泼的感觉。

（五）注意多音节词语中上声调的读音变化

（六）注意词语中的“一”“不”的变调

（七）注意认清词语的字型及词语的词序

有的人朗读词语容易想当然，造成看错或颠倒词序。例如，把“作祟 zuò suì”读成“zuò chóng”，把“梵文 fàn wén”读成“chǔ wén”；把“英勇”读成“英雄”，把“忽然”读成“突然”；把“年青”读成“青年”，把“儿女”读成“女儿”，把“兄弟”读成“弟兄”，马马虎虎不注意辨别而把词序颠倒，等等。

（八）注意多读多练多记，正确朗读较生僻与容易读错的词

神龛　毗邻　绦虫　水獭　皈依　亵渎　惬意　亲昵　熏陶　斐然　肄业　五更　惩罚　澎湃　屡见不鲜

【训练一】　读多音节词语，注意声韵调的准确和读词的完整。

入手　困难　选举　几乎　滑雪　动用　黄瓜　创作　心情　陌生　农村　有关　寻求　分割　烟卷儿　耳朵　辞职　愉快　好玩儿　扩充　插嘴　冰棍儿　奖品　内战　商量　码头　起飞　自卑　保险　年龄　倒霉　考虑　反正　叫唤　思想　蛋白质　确凿　热爱　冤枉　丧失　破碎　奏鸣曲　郊区　假条　破裂　春节　草莓　此起彼伏

【训练二】　读多音节词语，注意上声的变调。

能源　风俗　私自　爱人　只有　铁路　抢救　伺候　决战　奖品　尺寸　刷洗　巴结　破旧　怎么　口袋　美术　好玩儿　老头儿　倒霉　儿童　被子　厕所　放大　难得　包干儿　批发　模型　暖和　在于　询问　旷工　水果　纲要　融洽　清真寺　轻快　春季　抓紧　聊天儿　胸怀　大自然　捐款　常用　安心　空虚　光明　来龙去脉

【训练三】　读多音节词语，注意轻声和儿化音变。

磁场　疹子　愣神儿　凯旋　婆家　拱桥　夏天　抽屉　尊重　拐弯　党羽　反悔　治学　维生素　撒谎　法庭　内疚　魔术　快乐　贬低　跑腿儿　列入　疟疾　平均　费用　色彩　电视剧　搜查　使唤　产业　猥琐　聪明　人群　凶猛　旅行　恐怕　民族　热情　爱护　标准　确信　有点儿　别扭　夸奖　凝固　强化　村庄　据理力争

【训练四】　读多音节词语，注意三音节和四音节词的朗读。

踩水　政法　体察　战略　坏处　锅贴儿　恰好　犯规　灵活　洋葱　旺盛　出圈儿　拐弯　旁边　通讯　全部　夸奖　手绢儿　非常　二胡　能耐　走火　陨落　碎步儿　撒泼　修理　拼命　状况　登记　差点儿　笑话　悬念　用语　人才　黑夜　圆舞曲　价格　日子　卵石　论文　熊猫　胆固醇　心思　奶粉　黑夜　藏青　挫折　有的放矢

【训练五】　综合运用读词技法，读多音节词（注意变调、轻声、儿化）。

裁缝　衰退　飘扬　准备　挂念　逆水　破碎　凑合　宽敞　内地　假如　撒野　过于　亲密　挂布　旋转　日用　输血　干活儿　孩子　保险　动人　抓紧　暴君　英雄　好玩儿　聪明　率领　情绪　两可　组织　老头儿　耳朵　贵姓　而且　丝瓜　月食　聊天儿　冠军　重大　酷爱　霓虹灯　原委　运载　望风　闯将　出生率　持之以恒

第六节　普通话词汇与语法规范

语音、词汇和语法是语言三个不可缺少的要素，只有将具有一定意义的词语通过一定的语法规则表现出来，语言才能起到“人类最重要的交际工具的作用”。因此，在学习普通话的同时，还必须规范地使用普通话的词汇和语法。

一、普通话与方言词语的辨正

普通话词汇“以北方话为基础方言”。作为在北方方言基础上发展起来的普通话与汉语各方言都是与古汉语一脉相承的，只是由于历史、地理等因素造成了它们之间的发展不平衡。因而，方言词汇与普通话词汇之间存在着许多共同之处。主要表现为基本词汇，如“天、地、米、灯、心、爸爸、妈妈、这、那、上、下、十、百”等，其义为全体汉族人民所理解。

但北方话词汇不等于普通话词汇，就北方方言内部，无论是一般词汇，还是基本词汇，都还存在着不一致。

【范例】　内容如图 1-6-1 所示。

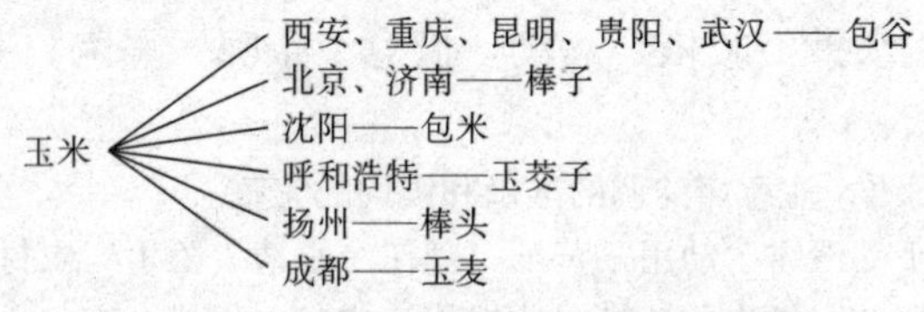

图 1-6-1　“玉米”在不同地方的叫法

方言词语与普通话词语比较，有差别的词汇在方言中所占的比例相当大。例如，据统计，闽方言的潮州话，有差别的词汇占总词汇的 30% 以上；在四川方言中，为四川方言所特有的词汇有 3000 多个。

（一）方言词与普通话词语的差异

1. 异音同义。例如，“解开”普通话读“jie′kai”，而四川方言读“gai′kai”；“鞋子”普通话读“xie′zi”，而陕西、内蒙古部分地区，以及西南部分地区读“hai′zi”。这种情况在方言中占有较大比例。

2. 同音异义。例如，普通话“勺子”是一种餐具，而在新疆方言中则是“傻子”的意思。

3. 同义异词。例如，普通话“冰棍儿”，上海叫“棒冰”、厦门叫“霜条”、广州叫“雪条”、南昌叫“冰棒”、梅州叫“雪枝”。这种现象极为普遍，是学习普通话特别要注意规范的。

（二）普通话与方言词汇的差异

1. 量词。普通话的量词丰富。有的方言中量词的使用相对较少。例如，四川话的量词“匹”常同很多名词配合使用。

四川话：一匹马　一匹砖　一匹肋巴骨　一匹树叶　一匹山　一匹瓦

普通话：一匹马　一块砖　一根肋骨　　一片树叶　一座山　一片瓦

但是有的方言中量词却很繁复。例如，广东话的人称量词除了“个”外，还有“支、粒、条、丁”等，都带有某种感情色彩。用“粒”称人的数量，往往含有轻蔑之义。例如：

三两粒人做得了什么（三两个人做得了什么）？

用“支”也含有轻蔑或俏皮之义。例如：

呢几支公也想做什么呢（你几个人想干什么呢）？

2. 名词、动词和形容词的重叠。不少方言中名词重叠，其意义与普通话不同。四川省仁寿地区，名词重叠式的第二音节往往儿化。例如：

普通话：　　　草　　盘子　　底儿　毛巾　台阶

四川仁寿方言：草草　盘盘儿　底底　帕帕　梯梯儿

武汉话的动词重叠，借后缀“神”，表示连接不断的样子。例如：

眼睛眨眨神（眼睛眨个不停的样子）

心里痒痒神（羡慕极了）

水开得翻翻神（不停地翻滚）

广西平南白话用形容词 AAA 式表示程度极深。例如：

白白白（极白）　瘦瘦瘦（极瘦）　咸咸咸（极咸）　老老老（极老）

AAA 式有时还带有夸张的意味：我去割两日禾，就晒得黑黑黑。

陕北方言的“来来”是当地方言的助词，也是一种重叠式，第二音节念轻声。例如：

进城买东西来来。（来着）

吃啦没？没吃来来。（呢）

夜儿你来来来？（昨天你来过吗？）（过）

【训练一】

1. 读准下列词语中声调不同的多音多义字。

奔走 投奔 绷带 绷脸 绷瓷 灯泡儿 泡桐 炮击 炮制 喷洒 喷香 烦闷 闷热 打仗 一打铅笔 逮老鼠 逮捕 吞吐 吐露 吐血 呕吐 胡说一通 通道 裸露 泄露 露头 燎原 火燎眉毛 撩裙子 春色撩人 桅杆 杆菌 看见 看管 看守 看护 摇晃 晃动 晃眼 哄抢 哄骗 起哄 哈密瓜 哈达 混淆 混蛋 横行 专横 横祸 横财 禁锢 禁不住 尽情 尽力 尽快 尽早 尽管 尽量 菌子 细菌 几乎 几时 救济 人才济济 解决 押解 牢笼 笼络 悄悄 悄然 悄声 喝水呛着了 油烟 呛人 强调 强加 强迫 强求 勉强 倔强 旋涡 旋风 为难 为人 为何 为了 头晕 晕倒 晕车 月晕 佣金 雇佣

2. 从下面每组词中选出普通话的词语。

从前　先头　以前　往摆　旧阵时　旧底　从来冒　怎么样　哪能介　点样　耷样　何是

信封　信壳　批壳　信封子　吸烟　吃香烟　食熏　吃烟　食烟　幸运　运道好　好字运　好彩

有点儿　有一眼　有淡薄　有滴子　有点咖子　有滴滴儿

二、普通话与方言语法的辨正

普通话以典范的现代白话文著作为语法规范。同一种语言各个方言词的差别主要表现在语音上，其次是一般词汇，而基本词汇和语法差别比较小。方言语法主要表现在词序和语序方面。

1. 词序。词序的安排表现了一种词语间约定俗成的结构方式。一旦这种固定词序被打乱，就必然会出现语病，无法准确表达词语本身的思想内涵。然而，在各地方言中，或多或少地存在着这种词序被打乱的现象，形成了本地区的一种习惯用法。例如，“晓得”一词的否定形式应该是“不晓得”，但有些方言中却说成“晓不得”；“不知道”一词在陕西以及河北中部的一些地方却说成是“知不道”。这种改变副词位置的语言现象，是语法不规范的表现。

普通话的语法规范在排除方言语法影响的同时，也自然而然地将方言词中有用的东西吸纳到普通话语法中来。例如，动词“看”用在吴方言中，有“吃吃看”“穿穿看”的说法，用来表示动作的尝试意味。普通话已将这种用法吸纳进来。

2. 语序。普通话里按一定的语序组词造句，是汉语的显著特征，句子成分中主语、谓语、宾语、定语、状语、补语各有定位，但是，不少方言的语序与普通话不同。青海省西宁话就有将宾语置于谓语动词之前的说法。例如：

你饭吃。（你吃饭。）

你我给。（你给我。）

云南话把“格”放在动词前，表示询问的语气，相当于普通话的“吗”。例如：

你格吃饭？（你吃饭吗？）

你格晓得他讲的那件事？（你知道他说的那件事情吗？）

湖南保靖话表示正在发生、进行的动作时，总是将副词“在”置于句末。例如：

我吃饭在。（我在吃饭。）

【训练二】

1. 请学生举例将自己家乡方言与普通话在词汇、句法等语法现象方面的差异进行分析。

2. 下面句子中有方言和语法，请按普通话标准将它们修改过来。

（1）啊拉来哉！

（2）他心里蛮高兴。

（3）咱们赌咒，谁也不准告诉别个。

（4）这本书给他先看了吧！

（5）你听得清楚不？

（6）你有没有搞错呦。

（7）给那么多你行了吧？

（8）那个人办事水得很。

【课后练习】

1. 请猜测下面①～⑤句中画线的方言词是什么意思，⑥～⑧的方言句子是什么意思，然后分别换成普通话的表达方式。

①经过这一次遇难，世界我都睇淡。（黄谷柳《虾球传》）

②蓑衣箬笠挂在金钩上，夹糖麦饼放在饭镬头。（吴语）

③这就是李玉山的婆姨。（杜鹏程《保卫延安》）

④我家今天来了人客，是我童年时的同学。（闽语、粤语）

⑤这种人少跟他搭界。（吴语）

⑥拨本书我。（吴语）

⑦佢高过我。（粤语）

⑧你格认得？（昆明话）

2. 用自己的方言读下面这几组字，看看同一组字或同一组词中加点字的读音（特别是声母）是否相同，并与这些字或词在普通话里的读音进行比较，总结其中的规律。

①父亲，胡琴；②脑袋，老戴；③黄，王；

④街道，该到；⑤鞋子，孩子；⑥胡，吴；

⑦李姐，理解；⑧轻松，青松；⑨袜，骂；

⑩日头，一头；⑪姿势，知识

3. 重叠是汉语广泛使用的一种词汇、语法手段。但重叠在方言中的形式不尽相同，如普通话中说“香喷喷”，在上海话中却变成了“喷喷香”。有的方言中能重叠的词，在其他方言中却不能重叠，如普通话中名词除了表示逐指是不能重叠的，而贵阳话却可以说“铲铲”（意：铲子），“包包”（意：手提袋）。此外，福建话有“白雪雪（雪白）”的重叠形式，厦门话还有形容词三叠形式，如“红、红红（很红）、红红红（极红）”。请学生找找自己方言中有没有一些特别的重叠形式，并和普通话进行比较，找出其中形式和意义的差异。

第二章　口语表达基础训练（二）

语言中的口语表达是人们进行思想感情交流的重要手段，同时，口语表达中又常伴有无声的态势语言。一个人口语表达能力的强弱，固然与其先天条件有关，但从根本上讲，是后天训练的结果。口语表达不是简单的张嘴发音，它既需要紧密结合无声的态势语言，又需要综合运用多种表达方式。而且口语表达还包含丰富的思维与心理活动，作为“口耳之学”，它同时离不开听。本章将对态势、听力、方式、心理、思维等一些口语表达的基本能力进行介绍和训练。

第一节　态　　势

一、态势语言训练的作用

伴随有声的口语，还存在一种依靠面部表情、手势、体姿动作、服饰、交流双方的距离即界域来辅助表达思想感情的无声语言，它被人们称为态势语言、体态语言或伴随语言。学习本节内容和做训练题时，请同时参阅本书附录 B 中的相关内容。

人们在进行信息与感情的交流中，常常借助态势语言来强调重要的问题、词句和情感；或借助态势语言来表达那些言不尽意或不宜明言的信息，使态势语言和有声语言二者彼此互补，相得益彰。

二、态势语言的组成

态势语言与有声语言一样，在漫长的历史过程中，其含义已约定俗成。

【范例】　在世界大多数地区，点头表示同意，摇头表示否定；伸出拇指表示称赞，伸出小指表示蔑视等。

【训练一】　查阅资料，了解在世界上哪些地区，点头表示不同意，摇头表示肯定以及其他独特态势。

“态势”主要由头、面部表情、手势、身体姿态、服饰、界域等几部分组成。

（一）表情语

表情语是指表现在头部与面部的动作或状态。

头部动作是态势语言中一个不可缺少的组成部分，它由发型、头的姿态与面部表情构成。

1. 发型。请参阅本书附录 B。

2. 头。一般说来，头部端正表示自信、勇气、喜悦、自豪和威严；抬头表示希望、请求、祈祷和祝愿；低头表示羞怯、谦逊、内疚和沉思；头部前倾表示同情、倾听和期望；头部后仰表示惊奇、恐惧和退让；头部左右摇摆表示否认、拒绝、不相识、不满意或强调；点头表示同意、赞许、应诺，等等。

【训练二】　设计相应的头部动作表示下列词语的意思。

OK、郁闷、不屑一顾、勇敢面对

3. 面部。面部表情是运用态势语言的关键所在，它能迅速、敏捷、准确、真实地反映情感，传递信息。面部表情由眉、眼、嘴等组成。

（1）眉。眉毛的变化能直接反映出复杂的内心世界，眉毛上挑且微微颤动，表示兴奋、喜悦；眉头紧缩表示忧愁、心事重重；低眉表示顺从、认错、沉思；横眉表示鄙视；竖眉表示愤怒。

（2）眼。“眼睛是心灵的窗口”，这说明它最能袒露人的内心思想感情和隐秘。两眼向前注视表现勇气和决心；轻轻上抬表示高兴、希望、兴奋；向下表示羞愧、胆怯、谦卑、悔恨；死死地盯着但视而不见表示着迷或疯狂；怒目而视表示憎恶、讨厌、反感；两眼圆睁、滚动闪烁则表现出恐惧、气愤及勃然大怒或兴高采烈；茫然凝视表示绝望；半闭双眼则表示快乐幸福、喜不自胜；斜眼看表示轻蔑、冷落、怀疑、厌倦；不予考虑时则眨眨眼睛偏向一边。

（3）嘴。嘴在语言表达中所起的作用是靠口形变化来体现的。和谐宁静、端庄自然时嘴唇闭拢；半开表示惊讶、疑问；全开表示惊骇；嘴角向上表示喜悦、诙谐、礼貌、殷勤和善意；嘴角向下表示痛苦悲伤、无可奈何；不满时撅着嘴；愤怒时嘴绷紧，有时也表示挑衅、对抗或决心已定。

【训练三】

1. 请分组列举出汉语中用眉毛表示内心情感的词语，并试着用图画或表演说明每个词语的意思来。

2. 请分组列举出汉语中描述“看”这一眼睛动作的词，并分析、揣摩、体会用眼睛表示这些词语含义的差异。

【训练四】　设计相应的面部表情表达下列词语。

1. 微笑—大笑—冷笑—苦笑—奸笑—狂笑。

2. 激动—悲痛—愤怒—感动—难堪。

（二）手势语

恰当地使用手势是态势语言中的重要组成部分。态势语言中的手势不同于艺术表演中的手势，艺术表演中的手势由于舞台表演的需要，动作幅度要比生活中的大得多，具有夸张性；而日常态势语言中的手势是加强说话感染力的一种辅助动作，要求优雅、灵活、适度、自然、得体。手势是多种多样的，它主要由发出手势的位置、手掌、拳头、手指与手型构成。

1. 发出手势的位置。我们将发出手势的位置分为一、二、三位，下巴部以上为一位，一般用于号召、鼓动或宗教活动中；胸部到腰部为二位，这个体位一般用于社交活动与日常生活中发出手势，如果是双手在这个部位动作，就含有很强的交流交际色彩；腰部为三位，除表示无奈等相对消极的意思外，一般不从这个位置发出手势。腰部以下是手势语禁区。

2. 手掌。

（1）手心向上，胳膊微曲，手掌稍向前伸：表示贡献、请求、赞美、欢迎等意思。

（2）手心向下，胳膊微曲，手掌稍向前伸：表示神秘、抑制、否认、制止、不喜欢等意思。

（3）两手叠加：表示团结一致、联合、一事依赖于另一事或命运攸关、休戚与共等意思。

（4）两手分开：表示分离、失望、空虚、消极等意思。

（5）手心向外的竖式手势：表示分隔、对抗、不相容的矛盾或互不同意对方的观点。

3. 拳头。

（1）握紧拳头：显示挑战、精诚团结、一致对外、警告等。

（2）举起双拳在空中晃动：号召人们起来斗争、奋斗。

4. 手指。

（1）表示人格判断：伸出拇指，表示称赞、夸耀；伸出小指，表示轻视、挖苦人。

（2）表示事物和方向：可用手指指某一事物或方向以让听众感知。

（3）表示数目：可用手指数来表示所讲事物的数目。

5. 手型。无论表达什么意思，男女的基本手型都是不能改变的。

（1）男性基本手型：四指并拢，大拇指与四指呈正向或侧向垂直状态。

（2）女性基本手型：四指呈并拢状，食指与手背同向稍外翘，大拇指自然与四指呈小于90°的角度。

【训练五】 用手势表示下列意思。

前进 胜利 团结 很好 请求 拒绝 恭喜 暂停

【训练六】 设计恰当的手势表示下列黑体字部分的内容。

1. 真理、荣誉、**正义**都是他的动机。

2. 你不是酷，是**相当的**酷。

3. **欢呼、跳跃吧**！我们成功了！

4. 他这人**太卑鄙了**，无法和他相处。

5. 人不能无耻到**这个**地步。

6. 月光静静地泻在这一片**叶子和花**上。

7. 死一般的沉寂**笼罩**大地。

8. 风助火势，火乘风威，**火苗越升越高**。

9. 夜幕**笼罩**着群山。

10. 好莱坞大片虽然对我很有诱惑力，但还是让它们**见鬼去**吧！

11. 他用胳膊**挡住**了进攻。

12. 年轻的朋友们，我们的事业是伟大的，**我们的前途是光明的，让我们为实现这崇高的目标奋斗拼搏吧**！

（三）体姿语

请参阅本书附录A

（四）服饰语

请参阅本书附录A

（五）界域语

请参阅本书附录A

三、态势语言的综合使用

在态势语言中，头部动作、面部动作、手势等虽有各自的含义，可以单独表达某种思想或感情，但在实际表达中，常常是配合使用的，并且使态势语更加丰富多彩。例如，用食指指一下自己的头，就表示思考、盘算、疑问的意思；用手掌抚胸，表示自问的意思；用拳捶胸，则表示悲痛、难过的意思；等等。

【训练七】 模仿影视剧中某人物的动作姿态或雕塑、绘画、摄影作品中的人物形态，看其他同学能否看出你模仿的是谁。

态势语言在信息、感情交流中，一般不能单独使用，它只是辅助有声语言或加强有声语言的表达，因而，只有有声语言与态势语言协调配合，才能更加准确、完美地表达思想感情。

四、登台作交流前的态势设计

（一）服饰

服饰应整洁大方，庄重朴素，色彩和谐，款型别致，适合自己的体形、肤色、年龄、性格、气质、教养、职业等。此外，还要适合交流的思想感情和交流内容。

【范例】 交流内容是严肃、庄重、愤怒、哀痛的，着黑色或深色服饰较合适；交流内容是欢快喜悦的，着浅色亮彩的衣服为好。

但是要注意人物本色自然，因此，在服饰打扮时千万不要过分，防止给人一种戏剧化的感觉。

（二）态势

态势包括眉目语言、手势语言、肢体语言等。

1. 眉目语言。上台演讲，两眼应从容平视，目光自然、亲切、专注，演讲中应根据具体场景和情景交叉使用以下几种眉目语言。

（1）环视。即演讲者有意识地环顾全场的每个听众，从听众的各种神态中了解现场的情况和情绪。

（2）点视。即把目光投向某一角落、某一部分或个别听众，并配合某种手势和表情。

（3）虚视。即目光在全场不断扫视，像是看着每个听众的面孔，实际上谁也没看。

2. 手势语言。演讲中，要正确利用各种不同的手势来表达不同的情景或不同的思想，使听众心领神会。手势运用要简洁、自然、适度，并与有声语言和姿态语言协调，做到手随意行，话到手到。

（1）指示性手势。指示具体事物对象。例如，用手指指自己的胸口，表示谈论的是自己或跟自己相关的事情；伸出一只手指向某一座位，是示意对方在该处就座。一般指点对方、他人，表示某一事物、方向或数目等均采用指示性手势。

（2）摹状手势。用手势模拟事物的特征，如方圆、大小、长短等，给人一种直观、形象的印象。

【范例】 讲到“圆”时，两手掌相对，分别从上到下按弧线运动，模拟圆状；讲到某物“较长”时，双手向两侧伸出，手指略向前指，模拟长形；讲到“有一个盘旋式楼梯”时，用手做出旋转的动作；等等。

摹状手势所模拟的事物特征，一般是形象性、直观性强的，容易为人们所理解的；形象性、直观性差的，不宜勉强去做，以免把人们的思维弄乱。

（3）抒情手势。抒情手势是一种抽象感情很强的手势，在说话中运用频率最高。

【范例】 兴奋时拍手称快；恼怒时挥舞拳头；急躁时双手相搓；果断时猛力砍下。

平常在谈话时应善于运用抒情手势，它可以发挥吸引、激励、替代等多种作用。至今我们仍可以通过照片和纪录片领略毛泽东在延安窑洞前掰着手指对战士演讲和在天安门城楼上向群众挥手的风姿。列宁在讲话时的手势也很有魅力，正如高尔基所说：“他的一只手伸向前方，稍微往上抬起，手掌好像是在捕捉着每一个字眼。”因而斯大林曾说，列宁讲话能“把听众俘虏得一个不剩”。

（4）象征手势。以具有特定内涵的手势来表示某种抽象意念。

【范例】 翘起大拇指表示赞许、夸奖；翘起小拇指表示贬斥、蔑视。在我国，举起握成拳头的右手宣誓表示庄严、忠诚和坚定；少先队员将右手举过头顶象征人民的利益高于一切。象征手势能给谈话制造特定的气氛和情景，从而加强语言的表达效果。

3. 肢体语言。演讲中，应善于利用身体的姿势、形态表达某个情景或词语等思想内容。演讲者必须保持正确的站姿，即头要端正，腰要直，肩要平，要挺胸收腹，重心要放在两个脚上，双脚要自然分开，不超过肩的宽度；双手要自然下垂。演讲者一般以站在讲台中间最为合适，这样可以统观全场，并使处在不同位置的听众都能看到演讲者的表情。至于具体站法，虽无固定模式，但较好的有前进式和自然式两种。

（1）前进式。即一脚在前，一脚在后，两足成45°角，身躯向前倾，给人一种振奋向上的感觉。

（2）自然式。即两脚平行，相距与肩等宽，给人一种注意力集中、精神抖擞的印象。

但在演讲过程中，演讲者实际上不可能一直保持某种固定的站姿，往往会随着演讲内容的跌宕起伏，随着感情的变化，有时向前一步，有时退后一步，有时踮脚，有时移步。一般说来，向前移步表示肯定、积极、期待、争取等意；向后退步表示否定、畏惧、消极等意；踮脚表示期望、召唤、探讨等意；移步表示沉思，成竹在胸等意。总之，演讲中的移动，都要有明确的目的。

【训练八】 熟读下面这篇讲稿，设计相应得体的态势语。

当我老了

佚名

当我老了，不再是原来的我。请理解我，对我有一点耐心。

当我把菜汤洒在自己的衣服上时，当我忘记怎样系鞋带时，请想一想当初我是如何手把手地教你的。

当我一遍又一遍地重复你早已听腻的话语，请耐心地听我说，不要打断我。你小的时候，我不得不重复那个讲过千百遍的故事，直到你进入梦乡。

当我需要你帮我洗澡时，请不要责备我，还记得小时候我千方百计哄你洗澡的情形吗？

当我对新科技新事物不知所措时，请不要嘲笑我。想一想当初我是怎样耐心地回答你的每一个“为什么”的。

当我由于衰老而无法行走时，请伸出你年轻有力的手搀扶我。就像你小时候学习走路时，我扶你那样。

当我忽然忘记我们谈话的主题时，请给我一些时间让我回想。其实对我来说，谈论什么并不重要，只要你能在一旁听我说，我就很满足。

当你看着老去的我，孩子，你不要悲伤。理解我，支持我，就像你刚开始学习如何生活时我对你那样。当初我引导你走上人生路，如今请陪伴我走完最后的路。给我你的爱和耐心，我会报以感激的微笑，这微笑中凝结着我对你无限的爱。

（选自学生大读书站，2005-06-04）

（三）上下台态势技巧

1. 开场控制。踢好“前三脚”，取得听众的认同，打开场面，引入主题，并以良好的第一印象为完全赢得听众奠定基础。

【范例】

第一步，从容上台，目光致意。从容自然地走上讲台，切莫显仓促之态；上台站好后稍作停顿，用亲切的目光扫视全场，向观众行“注目礼”。

第二步，称呼得体，切莫客套。运用简洁得体的称呼语，如“各位朋友”开场，切莫客套话连篇。

第三步，开口入题，讲好首句。声音响亮、亲切、圆润，语调高低得体，语速快慢适度，确定感情基调。不讲与题目无关的话，不作任何声明，从第一句开始便直接进入话题。

【训练九】 按范例列出的三个步骤，自选一篇讲稿的开头部分，进行临场控制训练。

2. 过程控制。讲话过程中要控制场上气氛，运用得体的态势语抓住观众的注意力，并根据观众的反应随时调整讲话的节奏和语调。

【范例】

理清思路，脱离讲稿。可增强听众对讲话者的信服感，有助于讲话者与听众进行更好的面对面的交流。可以采用列提纲、画图表或记关键词的办法来提示思路。

动静结合，态势调节。讲话过程中，不宜站立一动不动，可以在讲台上随讲话内容变化而适当走动，或利用适当的态势语（目光、动作等）吸引听众注意力，影响听众，进行过程调节。

语调语速，节奏适宜。根据场合气氛和思想感情的变化，相应地变换语调语速，做到抑扬顿挫，节奏分明。

在马克思墓前的讲话

恩格斯

（轻）“3 月 14 日下午 2 点 3 刻，当代最伟大的思想家停止思想了。让他一个人留在房里还不到 2 分钟，等我们再进去的时候，便发现他在安乐椅上安静地睡着了——但已经是永远地睡着了……（轻）。”

节奏轻缓，语调抑长平直。

（重）“正因为这样，所以马克思是最遭嫉恨和最受诬蔑的人。各国政府——无论专制政府或共和政府——都驱逐他；资产者——无论保守派或极端民主派——都纷纷争先恐后地诽谤他、诅咒他。他对这一切毫不在意，把他们当做蛛丝一样轻轻抹去，只是在万分必要时才给予答复。现在他逝世了，在整个欧洲和美洲，从西伯利亚矿井到加利福尼亚，千百万革命战友无不对他表示尊敬、爱戴和悼念，而我敢大胆地说：他可能有过很多敌人，但未必有一个私敌（重）。”

此段重急相承，语调平中有曲。

【训练十】　按照范例介绍的方法，以下面这篇演讲稿为材料，进行过程控制训练。

一个遗臭万年的日子

（1941 年 12 月 8 日）

富兰克林·德拉诺·罗斯福

副总统先生、议长先生、参众两院各位议员：

昨天，1941 年 12 月 7 日——一个遗臭万年的日子——美利坚合众国遭到了日本帝国海空军部队突然和蓄谋的进攻。

开头用较缓语速、平直语调宣布已发生的事件及日本的蓄谋突袭。

合众国当时同该国处于和平状态，而且，根据日本的请求，当时仍在同该国政府和该国天皇进行着对话，对于维持太平洋的和平有所期待。实际上，就在日本空军中队已经开始轰炸美国瓦胡岛之后一小时，日本驻合众国大使及其同事还向我们国务卿提交了对美国最近致日方的信函的正式答复。虽然复函声言继续现行外交谈判似已无用，但它并未包含战争或武装进攻的威胁或暗示。

语气加重，语速缓慢。

应该记录在案的是：由于夏威夷同日本的距离，这次进攻显然是许多天乃至若干星期以前就已蓄意进行了策划的。在策划过程之中，日本政府通过虚伪的声明和表示希望维系和平而蓄意对合众国进行了欺骗。

昨天对夏威夷群岛的进攻，给美国海陆军部队造成了严重的损害，我遗憾地告诉各位，很多美国人丧失了生命。此外，据报，美国船只在旧金山和火奴鲁鲁岛之间的公海上也遭到了鱼雷袭击。

语调压抑，情感沉重，态势静穆。

昨天，日本政府已发动了对马来亚的进攻。

昨夜，日本军队进攻了香港。

昨夜，日本军队进攻了关岛。

昨夜，日本军队进攻了菲律宾群岛。

昨夜，日本人进攻了威克岛。

今晨，日本人进攻了中途岛。

因此，日本在整个太平洋区域采取了突然的攻势，昨天和今天的事实不言自明。合众国的人民已经形成了自己的见解，并且十分清楚这关系到我们国家的安全和生存的本身。

作为海陆军总司令，我已指示为我们的防务采取一切措施。

但是，我们整个国家都将永远记住这次对于我们进攻的性质。不论要用多长的时间才能战胜这次预谋的入侵，美国人民以自己的正义力量一定要赢得绝对的胜利。

我现在断言，我们不仅要作出最大的努力来保卫我们自己，我们还将确保这种形式的背信弃义永远不会再危及我们。

我这样说，相信是表达了国会和人民的意志。敌对的行动已经存在。无庸讳言，我国人民、我国领土和我国利益都处于严重危险之中。

信赖我们的武装部队——依靠我国人民的坚定信心——我们将取得必然的胜利——上帝助我！

我要求国会宣布：自 1941 年 12 月 7 日——星期日日本进行无缘无故和卑鄙怯懦的进攻时起，合众国和日本帝国之间已处于战争状态。

节奏加快，动作起伏较小。

语调升高，态势舒展。

3. 收尾控制。讲话内容一经表达清楚，就必须及时、利落收场，并做到彬彬有礼。

【范例】 说好尾句，诚挚言谢；点头致礼，从容退场。

【训练十一】 按照范例介绍的方法，以《为了咱的娃》的结尾为材料进行训练。

那个时候，你说咱山里人的心里该是啥滋味哩！盖学校咱书记挂帅、村长跑外，大家再选个公道的理财人！每花一分血汗钱，都张榜公布，让全村老少监督。咱各家各户家家有份，人人尽责，学校竣工之后，咱要根据不同情况树碑立传挂匾。

【课堂训练】

1. 通过教师的讲解，学生掌握常用的表达心理：真诚效应；赞扬效应；自己人效应；威信效应；自我暴露效应；注意力的吸附效应；将错就错效应；微笑低调效应。

2. 请学生各自归纳，自己在公共场合讲话时会出现的问题，并分析问题产生的原因。

【课后练习】

在日常生活中，注意随时用以下 10 种方法训练自信心。

（1）养成昂首大步走路的习惯，径直地迎着别人走去。

（2）训练自己盯住别人的鼻梁，让他感到你正在注视他的眼睛。

（3）养成微笑的习惯。

（4）尽量与人交谈。学会沉默，然后在适当的时候，用一种从容不迫的坚定语调表述自己的观点。

（5）习惯于用幽默来处理反对意见。

（6）习惯于用毫不含糊的语调说“不”。

（7）习惯于高声谈话的人可有意识地压低音量，而习惯低声谈话的人则反之。

（8）经常练习大声唱歌，大声念绕口令。

（9）黑夜里，在空旷无人的原野里练习讲话。

（10）设法接触比自己强的人，分析他的优点和弱点，以增强自信心。

第二节　听　　力

口才是口耳之学，会说者一定会听。听话能力与人的文化修养、理解能力和判断能力有

关，是人的素质在语言交流过程中的一种无形的显现。听话能力强的人对别人复杂的话语能很快理解并作出判断，听话能力差的人对别人简单的话语也难以正确理解，难以作出准确判断。听话能力强的人因为“听得准”，往往“说得也好”，成为口才交际方面的佼佼者。因此，提高自己的听话能力是很重要的。

听话能力包括诸多方面，如听懂话语的内容，听出话语中的观点、重点、层次，听出话语中的弦外之音，听出话语中出现的错误等。下面分别进行这几个方面的训练。

一、听懂内容

听懂内容是指对所听的话语能快速、准确地理解其内在含义。

【训练一】　听下面材料后，立即复述内容，并说出其主题。

苏东坡在《晁错论》中精辟地指出：“古今成大事者，不唯有超世之才，亦必有坚韧不拔之志。”古今中外成才者的事实雄辩地证明了这一点。如大发明家爱迪生，少年时智力表现一般，上小学时被老师斥之为“蠢驴”。然而，他在母亲的悉心教育下，决心走科学发明之路。由于他目标专一，孜孜以求，一生拥有1000多项发明专利，平均每15天就有一项新发明问世。为了研究制造电灯的灯丝，先后试验了1600多种材料，含辛茹苦十几年才成功。他经常连续工作二三十个小时，累了就用图书当枕头在实验室躺一会儿。他说：“天才就是九十九份汗水加一份灵感。”爱迪生正是以这种坚韧不拔的毅力，在无数次失败中取得成功的。现在我们一些中学生智商不低，但厌恶学习，成绩不理想。究其原因，主要是意志品质差，缺乏成才动机，缺乏勤奋刻苦的精神，学习上遇到一点点困难便裹足不前，甚至颓废沉沦。因此，为了促进中学生尽快成才，必须加强意志教育。

【训练二】　听下面5段话后，立即将你对话语内涵的理解填入表2-2-1内。

1. 为人立传，我希望多写些真人、凡人，少写些假人、仙人。特别不要把这个人写得连他自己都不敢相认，那可就太滑稽了！

2. 每块木头都是一座佛，只要有人去掉多余的部分；每个人都是完美的，只要自己除掉缺点和瑕疵。

3. 世界上若没有了女人，真不知道这世界要变成什么样子……我所能想象的是：世界上若没有了女人，这个世界至少要失去十分之五的“真”，十分之六的“善”，十分之七的“美”。

4. 只要有虚荣心在，奉承话就永远不会消失。

5. 尽管一生中有无数不幸和遗憾，但生活毕竟是美好的。要乐观、热爱、全心全意地做每一件事，并且用歌声来表达这份对人生的狂热。

表　2-2-1

1	2	3	4	5

【训练三】　教师从报纸杂志中选取一篇小说的片段诵读，要求学生认真听，然后回答下列问题。

1. 小说的主人公是谁？

2. 说出主人公的性格特点。

3. 请概要复述这段小说的内容。

二、听明观点、要点、层次

在听话过程中，要边听边想，迅速准确地概括话语中的观点、要点，并能很快分出层次。

【训练四】　听下文，说出它的观点。

甘与苦是相对的、比较而言的。我们是从艰苦中来的，今天所说的“苦”，常常就是过去所说的“甘”，甚至比过去的“甘”还要好得多。我们切不可忘记过去。我们是从群众中来的，某些工作人员所说的“苦”，也许是某些群众所希望的“甘”。我们不应该走得太远。忘记过去，走得太远，是脱离实际、脱离群众的，这会妨碍工作人员和人民群众的团结，妨碍经济建设的顺利进行，因而也就会使人民和自己的生活不能逐渐提高。

（选自谢觉哉《论同甘共苦》）

【训练五】　听下面的发言，指出它的要点。

尊敬的国王、王后、各位王室成员，女士们、先生们：

我的讲稿忘在旅馆了，但我记在脑子里了。

我获奖以来发生了很多有趣的事情，由此也可以见证到，诺贝尔奖确实是一个影响巨大的奖项，它在全世界的地位无法动摇。我是一个来自中国山东高密的农民的儿子，能在这样一个殿堂中领取这样一个巨大的奖项，很像一个童话，但它毫无疑问是一个事实。

我想借这个机会，向诺贝尔奖基金会，向支持诺贝尔奖的瑞典人民，表示崇高的敬意。要向瑞典皇家学院那些坚守自己信念的院士表示崇高的敬意和真挚的感谢。

我还要感谢那些把我的作品翻译成了世界很多语言的翻译家们。没有他们的创造性的劳动，文学只是各种语言的文学。正是因为有了他们的劳动，文学才可以变为世界的文学。

当然我还要感谢我的亲人、我的朋友们。他们的友谊、他们的智慧，都在我的作品里闪耀光芒。

文学和科学相比较确实没有什么用处。但是文学的最大的用处，也许就是它没有什么用处。

谢谢大家！

（选自《莫言在2012年诺贝尔奖颁奖仪式上的答谢辞》）

【训练六】　听下文，分出层次。

我要根据我个人的经验，赠与三个防身的药方给青年们：

第一个方子是：“总得时时寻一个两个值得研究的问题。”一个青年人离开了做学问的环境，若没有一个两个值得解答的疑难问题在脑子里打旋，就很难保持学生时代追求知识的热心。可是，如果你有一个真有趣的问题天天逗你去想它，天天引诱你去解决它，天天对你挑衅地笑，你无可奈何它——这时候，你就会同恋爱一个女人发了疯一样——没有书，你自会变卖家私去买书；没有仪器，你自会典押衣服去置办仪器；没有师友，你自会不远千里去寻师访友。没有问题可以研究的人，关在图书馆也不会用书，锁在试验室里也不会研究。

第二个方子是：“总得多发展一点业余的兴趣。”毕业生寻得的职业，未必适合他所学的；或者是他所学的，而未必真是他所心喜的。最好的方法是多发展他职业以外的正当兴趣和活动。一个人的前程往往全看他怎样用他的闲暇时间。他在业余时间做的事业往往比他的职业更重要。

第三个方子是：“总得有一点信心。”我们应该信仰：今日国家民族的失败都是由于过去的不努力；我们今日的努力必定有将来的大收成。成功不必在我，而功力必然不会白费。

但是，我记得两年前，就有一个大学毕业生写信来说：“胡先生，你错了。我们毕业之后，就失业了！吃饭的问题不能解决，哪能谈到研究的问题？职业找不到，哪能谈到业余？求了十几年的学，到头来不能糊自己一张嘴，如何能有信心？所以你的三个药方都没有用处！”

对于这样失望的毕业生，我要贡献第四个方子：“你得先自己反省：不可专责备别人，更不必责备社会。”

（胡适《给青年三个人生药方》，选自《杂文选刊》2013年9月下）

三、听出弦外之音、言外之意

所谓“弦外之音、言外之意”，是指有些话不能直说或不好直说，说者就用一种隐晦的语言把自己的意思表达出来，让听者揣摩“话中话”。

【训练七】　听下面这段话，指出其中的言外之意。

不是年青的为年老的写纪念，而在这三十年中，却使我目睹许多青年的血，层层淤积起来，将我埋得不能呼吸，我只能用这样的笔墨，写几句文章，算是从泥土中挖一个小孔，使自己延口残喘，这是怎样的

世界呢。夜正长，路也正长，我却不能忘却，不说的好罢。但我知道，即使不是我，将来总会有记起他们、再说他们的时候。……

（选自鲁迅《为了忘却的记念》）

【训练八】　听下面两段话，指出其话语的表面意思和言外之意。

1. 他（指刘瘸子）一年到头在传达室坐着还嫌累，轻易不开大门，职工上下班全走旁边的小门，汽车走后门。冷占国老为这件事骂街："就冲这一条，机械厂也搞不好，不走大门，净走些旁门歪道！"

（选自蒋子龙的《拜年》）

2. 这里宝玉又说："不必烫暖了，我只爱喝冷的。"薛姨妈道："这可使不得，吃了冷酒，写字手打颤儿。"宝钗笑道："宝兄弟，亏你每日在家杂学旁收的，难道就不知道酒性最热，要热吃下去，发散得就快；要冷吃下去，便凝结在内，拿五脏去暖它，岂不受害？从此还不改了呢。快别吃那冷的了。"宝玉听这话有理，便放下冷的，令人烫来。

黛玉磕着瓜子儿，只管抿着嘴笑。可巧黛玉的丫鬟雪雁走过来给黛玉送小手炉儿，黛玉因含笑问她说："谁叫你送来的？难为她费心。那里就冷死我了呢！"雪雁道："紫娟姐姐怕姑娘冷，叫我送来的。"黛玉接了，抱在怀中，笑道："也亏了你倒听她的话！我平日跟你说的，全当耳旁风。怎么她说了你就依，比圣旨还快呢！"

（选自曹雪芹的《红楼梦》）

四、辨正

要能听出其他人讲话中的错误和不妥之处（包括读音不准确，句子不完整，用词重复，用词不当，词语搭配不当，概念模糊，自相矛盾等）。

【训练九】　听下面的句子，辨正黑体字的读音：

1. **燕**山雪花大如席。（yàn）
2. 祖国要我守边**卡**，扛起枪杆我就走。（kǎ）
3. 这姑娘**模**样真好。（mó）
4. 你别贪多，贪多**嚼**不烂。（jué）
5. 这是一队**荷**枪实弹的士兵。（hé）
6. 这一届学生的英语水平**参差**不齐。（cān chā）
7. 他在某证**券**公司工作。（juàn）
8. 一场大风暴正在**酝酿**中。（wēn rǎng）
9. 在这个问题上，他一直保持**缄**默。（xián）
10. 他是个**畸**形儿。（qí）

【训练十】　听下面的句子，指出毛病。

1. 胡庄第一年晚稻改早稻，就获得了大丰收，不但向国家交售了6万斤大米，而且不吃国家供应粮了。
2. 他在身上披上大衣就出去了。
3. 在党的培养教育下，使我提高了思想觉悟。
4. 鲁迅在《祝福》中祥林嫂是受封建礼教迫害的千百万个妇女中的一个。
5. 你报对于《天地观象图》的错误部分的批评，基本上是完全正确的。
6. 加上了这一段，反而使整篇文章减少了逊色。
7. 在激烈的战斗中，有时哪怕耽误一分钟，也会影响整个战斗的胜败。
8. 大会的第一天，两个亚洲国家的运动员打破了世界纪录。
9. 再付出1300美元左右，便可得到护士的护理和生活照料，在美国来说，那里的收费是很低的。
10. 他出生于贫民家里，从小就养成爱劳动。

【训练十一】　听下面几段话，指出其中的毛病。

1. 艺术团该怎样为创建社会主义和谐社会服务呢？这是个需要仔细研究和认真解决的问题。我们艺术团就这个问题展开了热烈的讨论。最后，大家一致认识到文艺宣传一定要为创建社会主义和谐社会服务，这是坚定不移的原则。

2. 在我们社会主义国家，不劳动者不得食，劳动是最光荣的。无论当工人，当农民，当教师，当作家，都是为人民服务。每个人应该在自己的生产岗位上努力劳动，提前完成计划，为国家创造更多的物质财富。

3. 山泉迈着轻盈的步子/从山中泻下/把浪花飞溅/——带着初春消融的冰雪/带着三月盛开的白兰。

总之，我们平时一定要注意培养良好的听话习惯，即边听边思考。做到能听清并回忆对方讲话的内容，能理解话语的意思，能听清并指出对方讲话内容的先后顺序，能概括话语中的观点和要点，能听出话语中隐含的意思，能听出话语中明显的语病和不妥之处等，从而提高自己的听话能力。

【课后练习】

同桌间利用本节所给的训练材料，做听力练习。

第三节 方 式

口语表达同写作一样，也需要一定的表达方式。口语中的复述、描述、解说、评述、抒情等表达方式虽各具特点，可以单独使用，但在实际表达中，常常是交织起来使用的。下面就对其分别进行介绍和训练。

一、复述

复述是把读过的书面语转移为口语，或把听过的具体内容在理解和记忆的基础上，根据不同的需要或详细、或简要、或变换人称、或交换顺序、或加上细节的想象用自己的语言讲述出来的过程。这对于培养语感、熟悉语脉、积累词汇、培养良好的语言习惯、提高书面表达的条理性等都有重要的作用。

复述的基本要求是：①忠实原文，抓准记叙性、说明性、议论性材料中的独特要素；②中心突出，理清详略、重点、条理、线索等；③注意句式和词语的变换，做到表述自然、流畅、口语化；④运用声音的变化与态势语发挥直观表达优势，使叙述生动形象。常用的复述方式有详细复述、概要复述、扩展复述和变式复述。

1. 详细复述。详细复述就是按照原材料的顺序、结构将内容原原本本地重述出来。进行详细复述的练习可以培养学生对语言材料的感知能力、记忆能力和有条理的连贯表达能力。复述训练应从详细复述开始。

【训练一】

（1）选一篇微型小说，先由一位学生认真读两遍，其他学生边听边编写复述提纲，然后找两名学生按提纲详细复述，其他学生对复述进行评论。

（2）从当前的报刊中选一篇议论文，由一位学生以中等语速读一遍，其他学生边听边记录重点词语和句子，然后根据记录的提示找一名学生详细复述，其他学生作补充修正性的复述，最后再由一名学生进行完整的复述。

2. 概要复述。概要复述就是不改变原材料的中心意思、基本结构和逻辑顺序，用自己的话简明扼要地表述出原材料的要点。这种训练可以培养学生的综合概括能力，可与写作中的缩写练习配合，以说促写。

【训练二】

1. 下面是对莫泊桑小说《项链》第二部分的两种概要复述，分析哪一个更好，并说明理由。

（1）傍晚，路瓦栽得意洋洋地拿回一张请柬，那是教育部长举办夜会的请柬。请柬上写着："教育部长乔治·朗伯诺及夫人，恭请路瓦栽先生与夫人1月18日（星期一）光临教育部礼堂，参加夜会。"

路瓦栽满以为妻子会高兴得了不得，因为部长的请柬，一向很少发给职员，他是费了好大力气才弄到手的。但没想到妻子却因为家境贫寒，而并不快活。路瓦栽只好拿出积攒的400法郎给妻子做长衣裙。那是他为买猎枪而攒的啊！后来，他又让妻子去找佛来思节夫人，借来了一串项链。

（2）傍晚，路瓦栽得意洋洋地带回一张请柬，那是教育部长举办夜会的请柬。但路瓦栽夫人却并不高兴。她说：

"你打算让我穿什么去呢？"

"你的同事，谁的妻子打扮得比我好，就把这请柬送给谁去吧。"

"我处处带着穷酸气……难堪！"

她恼怒地咕哝着，忧郁地流着眼泪。

俭省的路瓦栽无法说服妻子，只好用他积攒下来买猎枪的400法郎，给妻子做了件长衣裙。

夜会的日子临近了，路瓦栽夫人又为没有装饰品而苦恼，在丈夫的提示下，她从阔朋友那儿借来了一挂精美的钻石项链，这才解除了心中的烦闷。

2. 阅读习近平2012年11月29日在国家博物馆参观《复兴之路》展览后发表的即兴讲话《实干兴邦 空谈误国》一文，写简要提纲，然后以"何为中国梦？"为中心作简要复述。两人一组，一人计时，一人复述，完成后互换，看谁说得既简洁、明白，又没有遗漏主要内容。

实干兴邦　空谈误国

习近平

刚才我们参观了《复兴之路》展览，这个展览回顾了中华民族的昨天，展示了中华民族的今天，也宣示了中华民族的明天，观后感触良多，给人以深刻的教育和启示。中华民族的昨天正可谓"雄关漫道真如铁"，我们这个民族近代以后遭受苦难之深重，处处牺牲之巨大，这在世界历史上都是罕见的。但是中国人民从不屈服，不断地奋起抗争，我们也终于掌握了自己的命运，我们开始安排了自己国家的建设的伟大进程，这充分展示了以爱国主义为核心的伟大的民族精神。（简评：开门见山，由参观即兴谈"感触"，回顾"复兴之路"的历史。）

中华民族的今天，正可谓"人间正道是沧桑"，改革开放以来，总结历史经验，不断地艰辛探索，终于找到了一条实现中华民族伟大复兴的正确道路，这条道路就是中国特色社会主义。

中华民族的明天可以说就是"长风破浪会有时"。自1840年以来，我们是持续奋斗，在中国大地上展现出了中华民族伟大复兴的光明前景，我们大家都能感到。（简评：以历史阶段为坐标，以递进方式阐述"苦难"的过去之路、"正确"的现在之路和"光明"的未来之路。过去是"雄关漫道真如铁"，现在."人间正道是沧桑"，未来"长风破浪会有时"。）

我们现在比历史的任何时期都更加接近中华民族伟大复兴这个目标，我们现在比历史上任何时期都有信心，都有能力实现这个目标。回首过去，我们全党的同志要牢记，落后就会挨打，发展才能自强，我们审视现在全党同志都要牢记，道路决定命运，找到一条正确的道路是多么的不容易，我们必须坚定不移地走下去。那么我们展望未来呢，全党的同志也必须牢记，把蓝图变成现实，我们还将走很长的路，我们必须为之付出长期艰苦的努力。（简评：通过对比，阐述坚持正确之路的必要性。）

每个人都有理想和追求，我们说的每个人都有梦想，现在大家也在讨论中国梦，何为中国梦？我以为实现中华民族的伟大复兴就是中华民族近代最伟大的中国梦，因为这个梦想，它是凝聚和寄托了几代中国人的这样的一种宿愿，它体现了中华民族和中国人民的整体利益，它是每一个中华儿女的一种共同的期盼。（简评：与"中国梦"结合，阐释坚持正确之路的重要性。）

历史告诉我们，我们每一个人的个人的前途命运，都是和这个国家的前途命运，都是和这个民族的前途命运密切关联。国家好，民族好，大家才会好。我们为实现中华民族伟大复兴去奋斗的历史任务光荣而艰巨，是需要我们一代又一代的中国人不懈地为之共同努力。所以说空谈误国，实干兴邦，我们这一代的共产党人就是要继往开来，承前启后，建设好我们的党，团结全国各族人民。我们要把我们的国家建设好，要把我们的民族发展好，要继续坚定不移地朝着中华民族伟大复兴的这样一个历史目标奋勇前进。（简评：与“个人、民族和国家命运”结合，阐释坚持正确之路的重要性。）

我坚信中国共产党成立100周年时，全面建成小康社会的目标一定能够实现。我坚信中华人民共和国成立100周年之时，把我国建成富强、民主、文明、和谐的社会主义现代化国家的目标一定会实现。我更坚信中华民族伟大复兴的梦想一定会实现。（简评：排比句气势恢宏，以描绘美好蓝图的方式结尾。）

（根据中央电视台2012年11月30日《新闻联播》播出新闻整理。）

3. 扩展复述。扩展复述类似于写作中的扩写，即对原材料作适当丰富、扩充的复述，是在忠实于原材料的中心思想和基本内容的基础上，通过合理的联想和想象，增添某些细节，扩展某些情节，增加某些说明性、修饰性的内容，使讲述的内容更完整、更丰富、更生动。进行扩展复述的训练，有助于培养理解能力和想象能力，提高语言表达的感染力。

【训练三】

（1）以“一个孤苦的老人”为题，用现代汉语对杜甫的《登高》一诗作创新性扩展复述。

【原诗】风急天高猿啸哀，渚清沙白鸟飞回。无边落木萧萧下，不尽长江滚滚来。万里悲秋长作客，百年多病独登台。艰难苦恨繁霜鬓，潦倒新停浊酒杯。

（2）根据下面这则故事，先分析从哪方面入手进行扩展复述，然后由一人复述，其他学生评议。

【原文】为狼举行的洗礼

在一个村庄里，人们决定为狼举行洗礼，要它改恶从善，不再咬死绵羊。狼勉勉强强同意了，还以它的名誉担保，接受洗礼之后，决不再吃羊了。

神父被请来了，开始念祷文。突然，狼跳起身来，竖起耳朵，凝神细听。神父一愣，问它干什么。

狼回答说：“我听出来了，好像什么地方有绵羊在叫唤！”

4. 变式复述。变式复述类似写作中的扩写，即根据原材料的内容，改变原来的某种形式的口头复述方式。主要有变换体裁、变换语体、变换结构、变换人称、变换中心等几种形式。进行这样的训练，不仅能锻炼理解能力，而且能培养对事物从不同角度进行表述的能力。

【训练四】　四人一组，每组选择一个成语故事作变式复述。第一人用顺叙的方式讲述；第二人用倒叙的方式重讲一遍；第三人用第三人称讲述；第四人再把第三人称改成第一人称重讲一遍。四人讲完后在一起按变式复述的要求进行评议。

二、描述

描述是以口头表达方式把看到的人物或事物用生动形象的语言进行一番生动逼真的描绘，使描绘的内容在听众的脑子里塑造起形象或再现其经过。它以观察为基础，但不能平铺直叙，而要根据记忆中的情形，通过联想和想象构成它的形象，并注入感情色彩，把绘声、绘色、绘形的艺术性语言技巧融入其中，力求做到形象、生动、吸引人。因此，进行描述训练是培养观察力、想象力，培养敏捷的思维能力和迅速组织语言能力的好方法。

那么，怎样使描述富有感染力呢？

（1）抓住特征，绘声、绘色、绘形，以声传神。

（2）多使用修辞手法和声音技巧，力求鲜明生动，富有感染力。

（3）选用带有较为鲜明的自然色彩与感情色彩的词汇，选用表意力丰富而修饰性较强的词汇来组句，以达到情景再现的效果。为了生动逼真，通常还应避免在较短一段话中重复一个词或一句话。

【范例】

油画上这位用巨型裙箍、僵硬皱领、宽大衣袖、绣金披纱来装饰的女性，就是当时英国的统治者——伊丽莎白一世。在重叠繁复的服装的遮掩下，妇女的形体不见了，人们记住的是一个庄严高傲的王权偶像。一位著名的英国传记作家这样描述这位25岁登基、终身未婚的女王："这只凶狠的老母鸡一动不动地坐着，孵育着英吉利民族。这民族初生的力量，在她的羽翼下，快速地变成熟、变统一了。她一动不动地坐着，但每根羽毛都竖了起来。"

（选自《大国崛起·走向现代》）

【训练五】　观察描述：看图（包括电影、电视、戏剧等非文字可视材料）描述、看物描述、观景描述、看人描述、看事描述等都属于观察描述。

1. 找一幅画，边观察边进行描述。

2. 描述本班一个学生的肖像，不说姓名，让大家猜猜是谁。

【训练六】　回忆描述：追忆往事、缅怀故人、述说听闻、回忆场景等都可用此法。

1. 按"盼通知—接通知—看通知"的顺序，仔细回忆自己收到大学录取通知书时的前后情形，然后以"当我接到录取通知书的时候"为题说一段话，描述中除了应重点描述过程和自己的心情外，还要注意描述动作及对话，还要用不同语调表达出自己不同的心情。

2. 描述一个场面，如拔河比赛、下课了、热闹的菜市场等，要求有点有面、有动有静。

【训练七】　想象描述：推想事件的前因后果、来龙去脉，揣摩人物的心理活动，推测事物的发展变化，描绘理想中的事物，都要用此法。以"假如我设计教室"为题进行想象描述，准备时间不超过3分钟，可画一幅简单示意图。

三、解说

解说就是口头上的解释说明。通常我们在口语交际中所涉及的内容有不少是对方或听众不熟悉不了解甚至是陌生的，这就需要我们在明确认识、深刻理解的基础上，抓住其特征和本质，运用明晰甚至是诗化的语言有条理地向人们作讲解，将枯燥的东西趣味化、静止的事物动态化、复杂的程序简明化、深奥的道理通俗化、抽象的事形象化，做到深入浅出，以使人们听得明白、了解得清楚。培养和提高口头解说能力，不仅可以使人们获得新鲜有用的知识，而且对培养和提高观察能力、思维能力以及口语表达的准确性、条理性都十分重要。

解说的对象虽然涉及实体事物和抽象事理，范围广泛，但只要因物制宜、因人制宜，采取下定义、解释、分类、分析、比较、比喻、举例、描述等恰当的解说方法，就能很好地达到解说的目的。

【范例】

一幅珍贵的油画已经悬挂了120多年，它记载了一个国家历史性的时刻，也记载了一个人的历史性时刻。这幅画是德皇送给俾斯麦的生日礼物，这幅画所展现的场景是1871年1月18日，在巴黎凡尔赛宫镜厅所举行的德国皇帝登基仪式。皇帝希望能够在这幅画中突出他的个人形象，所以画师就给俾斯麦画上了白色的制服。身着白色制服的俾斯麦不仅仅是油画中的第一主角，在德国统一的历史中，他的演出更是有声有色，以至于成为后来德国的首相们纷纷效仿的榜样。

（选自《大国崛起·帝国春秋》）

【训练八】　找一幅或一组景物画、广告宣传画或寓意较浅显的漫画进行解说。

提示：图画解说，重在交代画面的直观内容，通过解说，使听者大致准确地想象出那幅未曾见到的图画。在解说中，应把图画的内容及布局作为重点介绍清楚，在开头和结尾也可对图画的艺术形式（如油画、国画、漫画、摄影、宣传画等）、标题、作者和出处作出说明，并概括地揭示画的主题和作者的意图。

解说要条理清晰，重点突出，正确使用上、下、左、右、远、近等表示方位的词语，依次讲清各个部分间的联系。

【训练九】 解说方法练习。

1. 用比较法解说：水是什么样的物质？

（提示：形态上与石块木块比，颜色上与豆浆比，味道上与烧酒比，最后进行概括）

2. 用举例法解说：信息高速公路。

3. 用分析法解说：光年为什么不是时间概念？

4. 用比喻法解说：自己专业课程中的某一抽象的知识点。

5. 用数字法解说：本院校的规模。

6. 用分类法解说：本院校所设专业的特点。

四、评述

评述即对所见所闻进行分析研究，用有声语言发表自己的看法，作出具体中肯的评价。“评”是以复述描述为基础和依据的，因此，评述是“评”与“述”的结合。

评述者欲施展口才，取得最佳的评述效果，必须善于思考，善于说理。既要有未卜先知的预见性，又要有事后诸葛的明智，既可以就事论事，也能够以理论理，还要善于变无理（在一般人看来暂时还无理）为有理。做好评述的要点如下。

1. 把握方向。开口评说一件事物，应先看出其总的倾向，再决定自己的倾向性：好处说好，坏处说坏，或赞成、肯定，或反对、否定。

2. 选择角度。凡事都可作面面观，取的角度不同，所得看法和结论便不一样。因此，要精心选择最佳角度。即一要正确，能够见着事物的本质和规律；二要方便，选取的角度既要便于宏观又要便于微观，既易展开又易打住，而且为评述者所十分熟悉，这样评述起来既不是无话可说，又不是话说不完。三要创新，另辟蹊径，不蹈人窠臼。

3. 善于概括。概括不是无话可说，而是找出被评说事物所具有的独特地方，指出那些可以作为事物特点的形象和标志，以一目尽传精神，用极简约的语言把评说对象讲清楚。

4. 谈笑风生。开口评人说事，不要声色俱厉，否则往往会事与愿违。为此，一要语气和缓，即使对自己的看法完全有把握，也不可以太武断；即使评说对象是自己的敌手或者手下败将，也不要把话说得过凶过绝。二要说话生动有趣，注意修辞的使用和设置“话眼”。

评说时往往是“评”与“述”结合在一起的，但“述”是手段，“评”是目的，不应重述轻评或以述代评，要述评相联，观点与材料统一，述有选择，评有针对，切忌南辕北辙，述评脱节。根据评说中“评”与“述”的结合方式，可以分三种形式训练。

1. 先述后评。

【训练十】

1. 由一位学生先讲述进入大学后发生在自己身上（班级、学校里）的一件事，然后由至少两位学生从不同角度对此事进行评论。

2. 回忆一个自己最熟悉的人物的主要经历和主要事迹，说说你对他有何看法。

2. 边评边述。

【训练十一】

阅读下面的短文，参考后面的提纲，以《从问路喊“哎”谈起》为题进行评说。

马路边坐着一位银须白发、手握拐杖的老人。一个年轻人骑着自行车匆匆地要去县城，但又不认识路，离老人还有五六丈远，他就用“哎”向老人打招呼。见老人没有搭理，他嗓门更大了，“哎——哎——问你路呢，到县城有多少里路？”老人抬头瞅一眼车上的年轻人说：“还有五拐杖。”年轻人又急又气，说：

“不是论拐杖，是论里。”“论理?”老人发话了，“论理——你得叫大爷!”随后才向县城方向一挥拐杖：“年轻人，还有五里。”老人还是以“理”相告。

提纲：

（1）概述评说对象，引出论题。

（2）从礼貌语言是精神文明的体现方面评说问路喊“哎”是不文明的表现，论证讲文明礼貌的重要性。

（3）从礼貌语言是思想品质的反映方面评说问路喊“哎”不是小节小事，论证讲文明礼貌的重要性。

（4）从我们国家民族的优良传统方面，进一步指出见人喊“哎”是缺乏教养的表现，论证讲文明礼貌的重要性。

（5）提出希望。

3. 先评后述。

【训练十二】　从下面的论题中选择一个作先评后述练习。

1. 成功属于珍惜时间的人。
2. 团结就是力量。
3. 知识不如技能，技能不如素质，素质不如觉悟。
4. 发展才是硬道理，科学发展才是可持续的。
5. 我坚决反对你的观点，但我誓死捍卫你说出观点的权利。
6. 和谐社会要以人为本。

五、抒情

“感人心者莫先乎情”，只有感情至真、至善，才能说出令人感动、使人振奋、催人上进、让人愤怒或沉思的话语。

【训练十三】　选用不同的语速、停顿及语调说下面的几句话，传递出不同的感情。

1. 你这个人真是相当的好。
2. 你行啊，又高升了。
3. 来吧，我等着你。

总之，这里提及的几种表达方式只是口语表达中最基本的、最常用的，在实际应用中，方式是多变的，而且，每一种方式也不是单一的，它们时有交叉、时有重叠，很难绝对划清界限，如果只拘泥于一种方式，往往不能取得最佳表达效果，因而需要扬长避短，综合运用。

【课后练习】

1. 接力描述一个大家都看过的电影片断，比一比谁的语言流畅，内容准确，态势得体。
2. 试为你的家乡或学校写一篇解说词，然后讲给同学听，并由同学评议。
3. 作一次校内球赛的现场解说，并把它录制下来，播放后进行评议。
4. 针对社会或学校中的某一现象进行口头评说。

第四节　心　　理

讲说者在口语表达过程中，往往面临着生疏、频繁变化的对象和环境。为了能够消除不良环境的影响，战胜自己可能产生的怯场等心理障碍，充分发挥自己的口语才能，就必须进行心理素质的训练。

一、正确认识气质与性格

了解气质与性格，有助于正确认识自己和理解他人；讲说者可以克服自身表达的弱点、不足，同时可以根据对象的不同气质和性格而采取不同的说话方式及策略。

气质是个人心理活动稳定的动力特征。动力特征主要指心理活动过程的强度、速度、稳定性、指向性等方面的特点。性格是人对现实的稳定的态度与习惯化的行为方式中表现出来的个性心理特征。

性格与气质的关系。两者的区别：①从起源上，气质受先天因素影响大，具有先天性，形成较早，表现在先；而性格是后天形成的，形成较晚，具有社会性。②从可塑性上，气质较为稳定，可塑性小；而性格可塑性强，可随环境的影响而变化。③从评价上，气质无好坏之分，性格有好坏之分。两者的联系：①气质影响性格的表现形式；②气质影响性格形成和发展的速度和动态；③性格在一定程度上可以掩盖和改造气质。

气质有 4 个类型，分别为胆汁质、多血质、黏液质和抑郁质。

1. 胆汁质。

心理特点：感受性低而耐受性高，不随意反应强，情绪兴奋性高，抑制能力差，反应速度快而不灵活，外倾性明显。

典型表现：反应速度快，具有较高的反应性与主动性。这类人情感和行为动作产生得迅速而且强烈，有极明显的外部表现；性情开朗、热情，坦率，但脾气暴躁，好争论；情感易于冲动但不持久；精力旺盛，经常以极大的热情从事工作，但有时缺乏耐心；思维具有一定的灵活性，但对问题的理解具有粗枝大叶、不求甚解的倾向；意志坚强、果断勇敢，注意稳定而集中但难于转移；行动利落而又敏捷，说话速度快且声音洪亮。代表人物：张飞、李逵、程咬金、普希金等。

2. 多血质。

心理特点：感受性低而耐受性高，不随意反应强，情绪兴奋性高而且外部表现明显，反应速度快而灵活，具有外倾性和可塑性。

典型表现：具有很高的反应性。这类人情感和行为动作发生得很快，变化得也快，但较为温和；易于产生情感，但体验不深，善于结交朋友，容易适应新的环境；语言具有表达力和感染力，姿态活泼，表情生动，有明显的外倾性特点；机智灵敏，思维灵活，但常表现出对问题不求甚解；注意与兴趣易于转移，不稳定；在意志力方面缺乏忍耐性，毅力不强。代表人物：贾宝玉、浪子燕青等。

3. 黏液质。

心理特点：感受性低而耐受性高，不随意的反应性和情绪兴奋性均低，抑制能力差，反应速度慢而具有稳定性，明显内向，外部表现少。

典型表现：反应性低。情感和行为动作进行得迟缓、稳定、缺乏灵活性；这类人情绪不易发生，也不易外露，很少产生激情，遇到不愉快的事也不动声色；注意稳定、持久，但难于转移；思维灵活性较差，但比较细致，喜欢沉思；在意志力方面具有耐性，对自己的行为有较大的自制力；态度持重，好沉默寡言，办事谨慎细致，从不鲁莽，但对新的工作较难适应，行为和情绪都表现出内倾性，可塑性差。代表人物：诸葛亮、林冲、宋江等。

4. 抑郁质。

心理特点：感受性高而耐受性低，不随意的反应性低，情绪兴奋性高并且体验深，反应速度慢，具有刻板性和不灵活性，严重内向。

典型表现：有较高的感受性。这类人情感和行为动作进行得都相当缓慢，柔弱；情感容易产生，而且体验相当深刻，隐晦而不外露，易多愁善感；往往富于想象，聪明且观察力敏锐，善于观察他人观察不到的细微事物，敏感性高，思维深刻；在意志方面常表现出胆小怕事、优柔寡断，受到挫折后常心神不安，但对力所能及的工作表现出坚忍的精神；不善交往，较为孤僻，具有明显的内倾性。代表人物：林黛玉、张爱玲等。

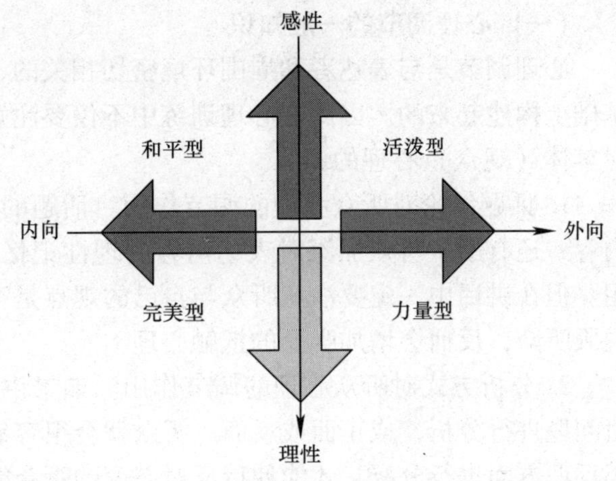

图 2-4-1　性格类型

通常，性格有 4 种典型的类型，分别为活泼型、力量型（外向）、完美型以及和平型（内向），如图 2-4-1 所示。

1. 活泼型。开朗性格，喜欢玩，乐观，话特别多，很爱笑，热情奔放，活力四射，喜欢新鲜，富有多姿多彩的创造力，是晚会的灵魂、舞台上的明星，能将天赋潜能发挥到顶峰。易情绪化。

2. 力量型。永远充满动力，充满理想，乐观，勇敢，勇于攀登其他人不敢攀登的高峰。脾气一般比较暴躁。

3. 完美型。事事都要求完美，崇尚美感，往往具有诗歌、音乐、文学、绘画等多方面的才能，他们严肃认真，细腻，有条理。自我封闭意识较强，不愿敞开心扉与人交谈，喜爱独自生活。

4. 和平型。表面上是很顺从的性格，其他人不管说什么，和平型的人反应通常都是“好”。和平型的人是个老好人，喜欢和平，有天生的协调能力。但处理问题常优柔寡断。

【训练一】　分析你自己性格与气质中的积极与消极因素。

学生查阅有关心理学图书，分析自己的性格（外向、内向、中向）与气质（胆汁质、多血质、黏液质、抑郁质）中积极与消极的因素。

二、坚定自信心，克服怯场心理

坚定的自信心是口语表达成功最为重要的一点。有了自信心，才能够在讲说前情绪饱满、意气风发、精力旺盛，在说话中克服怯场、情绪镇静、神态自若、思维敏捷、言语流利，才能使自己所讲的内容精当，从而更好地展示自己的口语技能。树立自信心，一要有充分的心理准备，有一定能成功的信心；二要充分准备讲说内容，做到心中有数；三要加强口语表达训练。

【训练二】　按要求“无语练胆”。

要求：学生轮流昂首阔步走上讲台，然后微笑着目视台下最后一排同学而不讲话，让视线笼罩全场，使每位同学都感到你在关注着他；台下的同学微笑着盯住台上同学的面部，时间为两分钟或直到台上的同学不感到十分紧张为止。

【训练三】　按要求“随意练口”。

要求：上台学生需注意心中有情，目中无人，随便讲自己最快乐（气愤、难忘）的事，或者大声念绕口令。习惯于低声说话者要有意识提高音量，而习惯于大声讲话者则反之。

【训练四】　按要求“命意讲解”。

要求：学生根据自己的理解分别以普通话、表达方式、态势、语言、思维与表达、听与说为题进行讲解。

三、心理调节

（一）心理调节的一般知识

心理调节是与表达者和周围环境密切相关的，是在口语表达主体和客体两方面相统一的基础上构建起来的。因此在心理训练中不仅要注意主体心理的调控，而且还要注意在讲话中对客体（观众）心理的调节。

1. 话题结论对听众心理的调节作用。话题的结论既有助于听众进一步接受理解表达的内容，还有助于听众加深对表达内容的理性记忆，对改变或稳定听众的心理定势有重要作用。但在讲话中一定要注意听众与自己的观点是否统一，否则简单匆忙地作出结论不仅不会说服听众，反而会增加听众的抵触心理。

2. 分析方式对听众心理的调节作用。如果讲话者预料听众不会有相反观点时，就应该对问题进行分析，或正面或反面。听众就会很容易接受。如果发现听众持否定态度，就应从正反两方面进行分析，才能使持反对态度的听众能够改变自己的观点。

3. 听众情绪的心理调节作用。心理学的研究证明，一个人在愉快情绪的背景下最容易接受一种观点，而不太注意与之对立的观点。因此在口语表达活动中，保证听众产生愉快的情绪很重要。

4. 情感和理性对听众心理的调节作用。心理学的研究证明，情感容易取得暂时的、当时所需要的心理定势；理性能够取得稳定持久的心理定势。因此，在口语表达活动中应综合运用情感和理性的心理调节。

（二）心理调节的一般技巧

心理控制。所谓心理控制，就是要克服因羞怯、恐惧、自卑心理而导致的怯场，克服不良的态势习惯。

要做到恰当地控制怯场心理，首先应对怯场心理有一个正确的估计，其次要采取有效的控制措施。

（1）自我暗示。一上台只把注意力集中在自己眼前的行动和效果上。心里暗示自己：我要说服你，我要使你接受；我要说服你，我要使你接受。

（2）回避刺激。上台前不要与人争论，不要大声说话，竭力保持心理平静，情绪稳定。

（3）开头讲点具体、生动、有趣的事：最好是自己的一段经历、一段见闻、一则有趣的故事。

【训练五】 按范例介绍的控制方法，任选讲题，进行心理控制训练。

第五节 思　　维

思维是人脑借助于语言而实现的、以已有知识为中介对客观现实的对象和现象概括的、间接的反映。思维的过程是通过分析、综合而在头脑中获得的比客观现实更全面、更本质的反映过程。在知识经济时代，要特别注重创新思维能力，而创新思维的获得，与本节所训练的各种思维能力密切相关。

语言既是思维的工具，同时又是思维的成果。由此看来，思维和表达存在着相辅相成、互相作用的关系。口语表达是发挥头脑中无声的内部语言向外部的有声语言转化的过程。思维的发展丰富了语言的表现力，语言的发展又强化了思维的周密度，促进了思维能力的提高。因此，要想提高口才能力，就必须加强思维训练。

一、敏捷、应变思维

敏捷思维就是对突如其来的问题迅速作出判断，急中生智地以精巧的妙语作答，答得既快又好。

应变思维就是快速思维以适应已变换了的话题和情况。口语表达要摆脱常规思维方式的束缚，善于机智地适应眼前瞬息万变的难题。

【范例】

1972 年，时任美国总统尼克松访问前苏联，在机场上，飞机正准备起飞时，突然一个引擎发动不起来了，当时在场的勃列日涅夫又急又恼，指着民航部长问尼克松："我应该怎么处分他？"尼克松接着回答："提升他。因为它在地面上发生故障总比在空中好。"尼克松的即兴妙语含义深刻、饶有风趣，既在视点上比勃列日涅夫高出一筹，又为东道主保全了面子。

1. 限时反映练习。在时间上设置一定的紧张度，以激发思维，促成"急中生智"。训练时要求练习者在规定时间里，完成某项内容的构思与表达任务。

【训练一】 请根据表 2-5-1 里的数字的横向排列规律推算出打问号的格子里应填的数字。

表 2-5-1

12	10	8	?
96	48	24	?
5	12	19	?
2	4	16	?

【训练二】 两个大小一样的瓶子，里面装一样多的水，一个瓶子斜着倒，另一个瓶子竖着倒，哪个瓶子里的水先倒完，为什么？

要求：限时 15 秒思考并讲完。

【训练三】 教师随意举出教室里的几件实物，如水杯、热水瓶、时钟、桌子、椅子、钢笔、笔记本等，请练习者将这些实物连缀成篇编织一个故事。

要求：学生可虚构情节，讲述一个生动有趣的故事，限时 3 分钟。

【训练四】 如果你是一名教师，在新生报到第一天，当你点名时，突然发现有一个学生的名字中有一个不认识的字，你将怎么办？

要求：限时 1 分钟，找出最好的办法，既能知道这个字的读音，又不失老师的面子。

【训练五】 一位科学家拿着一个用玻璃制成的容器，形状如图 2-5-1 所示，对助手说："请计算一下这个容器的容积。"过了 1 小时，这位科学家发现他的助手还没算出来，走过去一看，看到他的助手拿着各种尺子量来量去，用笔在纸上不停地计算着。看到这种情形，科学家直摇头，说："这么简单的问题，搞得这么复杂。"说着拿过容器，只一会儿就得出了这个容器的容积。你说说他用的是什么方法？

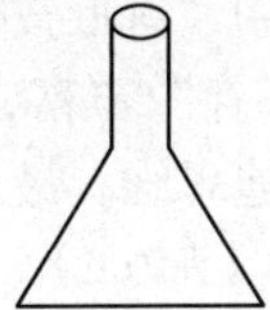

图 2-5-1 玻璃容器

要求：说出你的方法，限时 3 分钟。

2. 灵感触发练习。触发，即撞击发动，一触即发。它是指这样一种心理现象：在专注紧张的思考中因有关事物的偶然启发，使思路顿开，突然对某问题、某对象获得正确的领悟和认识。这种突然受触发而产生的富有创造性的思路被称为灵感。在文学创作和科学活动中，常常由于有关事物的启发，而突然产生这种富有创造性的思路。在口语表达中，我们也同样可以时时发现灵感闪现着它独特的智慧火花。要获得高水平的灵感思维能力，既需要努力探索口语艺术，又要注意积累知识，积累丰富的生活经验。要善于保持临场时敏捷的思维，抓住触动灵感的好契机。

1945 年 5 月 4 日，在云南昆明，西南联大、云大、中法大学和英语专科学校 4 个学校的学生会集在大操场，举行“五四”纪念会，规模盛大。纪念会开始不久，大雨如注，不少人离开会场去避雨，会场秩序变得混乱。这时，闻一多先生迎着雨站在高台上，借“雨”发挥，开始了精彩的即兴演讲，一下便把离开会场的人吸引过来，秩序顿时好转。你知道闻一多当时是怎样被雨触发的吗？假如你也在场，能即兴发表讲话吗？

【范例】

闻一多在高台上疾呼：“热血的青年们过来！怕雨吗？继承五四精神的热血青年站过来！我来讲个故事：今天是天洗兵！武王伐纣那天，陈师牧野的时候，军队正要开拔，天下大雨，于是领头的人说：‘此天洗兵’，把蒙在甲胄上的灰尘洗干净，好上战场攻打敌人。今天，我们集合起来纪念‘五四’运动，天下雨了，这也是天洗兵。不怯懦的人上来，走近来，勇敢的人走拢来！”

【训练六】 按以下步骤口头联词构思成文。

（1）将学生按人数平均分组。

（2）每一个学生在纸条上写 4 个互不相联的名词。

（3）将纸条收拢并与另一组交换。

（4）每一位学生抽一张纸条，准备 1 分钟，经过联想将四个词串成一个故事并在 2 分钟内讲完。

例：麦秆、香水、饮水机、消防车

话筒、汽车、苹果、MP4

钉子户、饭盒、扫帚、办公室

北京、房屋、柱子、果子狸

窗户、U 盘、书、锅炉

二、发散思维

发散思维是指由一点向四周辐射的开放性的思考。对于一个问题，可以从多种角度展开思考，寻求答案。为了使口语表达完美、严谨、开阔，思维就要连缀，拓展生发，由此及彼，举一反三。

1. 知识博采练习。广博的知识是思维和口语表达的基础，这也就是本书“概述”中所说的“练肚皮”，只有广泛地学习各方面的知识，扩大自己的知识面，才能使自己头脑中的“库存”丰富，也就是口语中常说的“肚子里有货”。只有“库存”丰富了，才能开发智力，启迪思维。最佳的口才是用知识的甘露滋润听众的心田，用知识的钥匙开启听众的心扉。

【训练七】 以所给信息为“点”，每三人分一组选一题，比一比每组谁说得多。

①孔孟 ②老庄 ③京剧 ④岁寒三友 ⑤古希腊 ⑥三大宗教 ⑦太阳系 ⑧人权宣言 ⑨美国 ⑩巴黎公社 ⑪四大发明 ⑫首尔 ⑬二十四节气 ⑭奥运会 ⑮语文

要求：思考和讲述各 2 分钟。

【训练八】 请你运用丰富的知识材料，写一篇“人生的价值何在”的文章。

要求：作文 1 小时，写成千字文，讲读 5 分钟。

2. 辐射联想训练。辐射联想是许多思考的联结扩张，常常表现为由表及里、由此及彼、触类旁通的领悟。要想思维发达，就必须进行思维向广度发散的训练。

【训练九】 说出以“网”为词素的各种词。

要求：限时 3 分钟。

【训练十】 说出塑料的各种用途。

要求：限时3分钟，尽量多地说出其用途。

【训练十一】　3分钟内从不同角度口述出“大学扩招”之争的论点。

【训练十二】　教师出示一个字，练习者将该字组成一个词，然后组成一个词组，再将词组造成一个句子，然后展开成一段话，最后将这段话扩写成一篇短文。

要求：练习者可以按“字→词→词组→句子→段落→篇章”的发散顺序，写成书面文字，然后依次流畅地把联想过程讲出来。

【训练十三】　试说出一个人因自己未得到而别人却得到奖学金时，对己“失望”和对人“嫉妒”而可能会讲出的话。

要求：限时5分钟内说出尽量多的合情合理的话。

【训练十四】　你听别人介绍新出版的某本书很好，觉得这本书对你很有用，有收藏价值，所以你希望拥有这本书，那么你可能用什么办法得到这本书呢？

要求：用2分钟尽量多地说出你的办法。

3. 创新性发散思维训练。这是最高层次的发散思维，是针对问题、从新角度、以新观念提出具有独创性的方案的一种思维。

【训练十五】　香港某名牌牙膏公司，牙膏销售情况很好。有一日，公司正在开董事会，研究如何在既保证牙膏的质量、又不提高价格的情况下增加销售量，一直没有研究出好办法。这时，一个年轻的普通员工敲门进来请求董事长允许他献上两种方法，如果可行请董事长当场奖励他10万美元，说完就递给董事长一张小纸条。董事长看后连连点头，命令财务当场给这位先生10万美元。你能说出他提出的是什么独特的方法吗？

要求：限时10分钟，答案要有创意、独特而合情理。

【训练十六】　圆珠笔是美国一对叫比罗的兄弟1943年发明的，它刚刚问世时大受人们欢迎，因为它既省事又便宜。可是后来人们发现用它写到20000字左右时，笔芯上的圆形滚珠由于磨损而变小，这样油就漏出来了。针对漏油这一原因，许多国家的圆珠笔厂家，投入了大量的人力、物力进行对圆珠耐磨的研究，一致认为使用耐磨材料制造滚珠，可以延长滚珠寿命，但这样一来，圆珠笔的成本就大幅度提高了，从而使其在市场上缺乏竞争力，令许多专家一筹莫展。后来，这一难题竟被日本一个年轻人轻而易举地提出一个绝妙的方法解决了，你说说他想的是什么办法？

要求：限时10分钟。

【训练十七】　想一下能否把一件物品通过改变它的颜色、运动、声音、形状等取得你所期望的效果？

4. 借题反击思维训练。所谓“借题反击”，是指对方的隐含判断带有侵犯的恶意，此时被侵犯者借题发挥予以反击。

【训练十八】　据说东汉鲁国人孔融小时候有一次随父亲去拜谒李膺，这时，太中大夫陈韪也在李膺家做客，见众人夸年幼的孔融如何聪明，他很不以为然地撇撇嘴说：小时候聪明，长大了未必好！孔融听后立即反击一句，使陈韪无言以对，尴尬万分。你说说他是怎样反击的？

要求：迅速、灵活、恰当地从陈韪的话联想开来进行反击，限时2分钟。

【训练十九】　有两个和尚住在一间屋里，每到夜里大和尚念经，小和尚读书。有一天，大和尚对小和尚的朗读不满意，就说：“干吗你老读个没完，让人心烦。”小和尚依照对方的语言结构反击了对方。他是怎样反击的呢？

【训练二十】　有一个常以愚弄他人而自得的掌柜，一天早晨正在门口吸着旱烟，远远看见赶集的大爷骑着毛驴来到门前，于是就喊道：“喂！抽袋烟再走！”大爷连忙从驴背上跳下来，说：“多谢掌柜的，我刚抽过了。”掌柜的一本正经地说：“我没问你呀，我问的是毛驴。”说完得意地一笑。大爷抓住掌柜的语言破绽，进行了狠狠的反击，给掌柜一顿教训。他是怎样反击的呢？

三、聚敛思维

聚敛思维就是由四周向一点集中的思考方法，针对众多的问题集中思考，也就是说，要撒得开，收得拢，既具有发散能力，又具有聚敛能力。

【训练二十一】 教师设计两个内容上具有共同特点的小故事。要求学生在1分钟内归纳出一句成语。

【训练二十二】 哈尔滨的小杨，今年圣诞节那天听说索菲亚教堂前有节目，下班后就急急跑去看热闹，到那儿一看早已是人山人海。他无法穿过“人墙”，只好失望地回家了。次日上班，在中午休息和同事们闲聊中说起了这件事，几个同事就七嘴八舌议论起来了：“这些人真是闲的，洋人的节也跟着过!”“真是崇洋媚外!”“咱这么忙，下了班累得抬不动腿，可没有那种闲情逸趣。”小杨觉得似乎句句都在说自己，有些生气，但这些人中，既有自己的领导，又有他的师傅，于是他笑了笑说……。小杨是怎么说的?

要求：回答既不伤人，又得体，又使听者无话可说。再给这个小故事加个题目。

【训练二十三】 请你将《我有一个梦》即《在林肯纪念堂前的演讲》（文见本教程第四章第六节）缩写成一篇300字的短文。

要求：缩写后的短文，一要体现原文的主题，二要采用原文的体裁，三要保留原文的风格。

四、延伸思维

延伸思维就是思考问题朝着纵深方向发展，从简单到复杂、由平面向立体转化。

【训练二十四】 有一位农民带着一只狗、一只猫和一筐鱼去赶集。途中有条河。到了渡口，那里有一只很小的船，农民一次最多只能带一样东西上船。若先带鱼过河，怕狗欺侮猫；若先带狗过河，又怕猫吃掉鱼。同样，河那边也不能出现离开人的照看，狗与猫或者猫与鱼单独在一起的情况。他坐在河边冥思苦想，终于想出一个好办法。你知道是什么办法吗?

要求：教师口述三遍，学生可摘记要点，通过周密思考，然后按过河的先后顺序，依次把“好办法”表达出来。

【训练二十五】 英国一家图书馆准备搬入新址，负责组织计划的人在考虑如何节省经费问题时，偶尔听到有人谈话中提到“化整为零”，他一下子有了好主意。他想出了什么好主意?

五、逆向思维

逆向思维，通俗地讲就是反过来想一下，变肯定为否定，或变否定为肯定。它经常打破常规思维方式从反方向进行思维，这种思维往往可以产生新的观点。

【范例】 “这山望着那山高”常被人否定，看成贪心不足的表现。如果逆向思维一下，变否定为肯定，做人就是要“这山望着那山高”，反而出了新意。爱迪生发明了电灯，如果不是这山望着那山高，他就不会有其他的发明。运动员如果满足于一次的夺冠就不会有二连冠、三连冠。

【训练二十六】 用逆向思维法分析老子的“无私者大私”。

六、创造性思维

创造性思维是集前5种思维方式的综合运用，看待问题与提出观点时，总是在求实的基础上，求新、求异、求同、求异同、求变。

总之，思维方式大致有以上几种，要想提高口语表达能力，就应该经常进行思维和口语表达的同步训练，学会科学的思维方法，使自己反应敏捷，表达得体。

【课后练习】

根据本节所学，自己进行思维训练。

第三章　读诵训练

朗读与朗诵是人们在获取与传播信息时常使用的口语形式，也是进行口才训练不可缺少的重要方法。本章将对朗读、朗诵这两种口语表达的基本能力进行介绍和训练，同时还结合前两章的普通话学习，选一些材料进行读诵综合训练。

第一节　朗　读

一、朗读的特征与要求

朗读是有感情、有技巧地把文字作品转化为有声语言的创作活动，是朗读者在理解作品的基础上用标准清晰的普通话语音塑造形象、反映生活、说明道理、再现作者思想感情的再创作过程。朗读训练既是普通话语音训练的继续、巩固和提高，又是口语交际训练的必要准备。

朗读也是普通话水平测试的第三题，占整个测试分值的30%。

朗读首先要求准确。准确包括两方面：一是普通话语音要标准。即朗读时除了要求声母、韵母、声调、轻声、儿化、音变以及语句的表达方式等方面都符合普通话的语音规范外，还要求朗读者忠实于作品原貌，不添字、不漏字、不改字、不错字、不重复、不颠倒、不读破句。二是对作品内容的理解要准确。即朗读者要深入细致地分析作品的思想内容，透彻地理解其内在含义。

其次要求自然。自然就是要求朗诵者在准确把握普通话语音和语流变化的基础上，使用自如的声音，流畅地读出文字材料。

第三要求含情。文字作品都是表达一定的思想内容的，其中往往蕴含着作者丰富的情感。这就要求朗读者要充分感受到作者的用心，然后用自己的声音尽量传达出作者的感情脉络。

第四要认识标志符号。要读好一篇作品，还必须识用朗读标志符号和略语，见表3-1-1。

表3-1-1　朗读标志符号和略语

<table>
<tr><td colspan="4">位置</td><td></td><td></td></tr>
<tr><td rowspan="15">符号</td><td colspan="3">轻重音</td><td>△（轻）.（重）</td><td>标在字词的下面</td></tr>
<tr><td rowspan="4">力度</td><td colspan="2">强音</td><td>F</td><td rowspan="2">标在语句、层次、小节的开端</td></tr>
<tr><td colspan="2">弱音</td><td>P</td></tr>
<tr><td colspan="2">渐弱</td><td><</td><td rowspan="2">标在语句的上面</td></tr>
<tr><td colspan="2">渐强</td><td>></td></tr>
<tr><td rowspan="3">停顿</td><td colspan="2">小停</td><td>/</td><td rowspan="3">标在词与词、句与句、层次与层次、小节与小节之间</td></tr>
<tr><td colspan="2">中停</td><td>//</td></tr>
<tr><td colspan="2">大停</td><td>///</td></tr>
<tr><td rowspan="5">语调</td><td colspan="2">平调</td><td>→</td><td rowspan="5">标在语句尾的标点符号的前后。一般多用升、降，少用平、曲</td></tr>
<tr><td colspan="2">升调</td><td>↗</td></tr>
<tr><td colspan="2">降调</td><td>↘</td></tr>
<tr><td rowspan="2">曲调</td><td>升降调</td><td>/↘</td></tr>
<tr><td>降升调</td><td>\↗</td></tr>
<tr><td rowspan="2">拖音</td><td colspan="3">⌒ ：̂ ，̂ 。̂</td><td>标在停顿处的上方</td></tr>
<tr><td colspan="3">—</td><td>标在词语下后面表示声音延长</td></tr>
</table>

（续）

位置				
略语	速度	快速—		还有“稍快”“特快”
		慢速︿︿		还有“稍慢”“特慢”
		变速	突	例如，“突快”“突慢”
			渐	例如，“渐快”“渐慢”
			先	例如，“先快”“先慢”
			后	例如，“后快”“后慢”
	音色	粗细		例如，“尖细”“粗犷”
		刚柔		例如，“刚劲”“柔和”“先柔后刚”
		明暗		例如，“明快”“嘶哑”
	感情	喜		例如，“欢快”“和悦”
		怒		例如，“激动”“愤懑”
		哀		例如，“悲哀”“感伤”“难过”
		乐		例如，“兴奋”“狂喜”
	语气			例如，“厌恶”“奉承地”
位置	此4种略语位置与力度符号相同，但须加括号。例如，语句、层次、小节的开端标以“（快速）”“（粗犷）”或“（欢快）”等。用于全篇基调与表情用语，均标在标题右下方			

1. 多音多义字。

【训练一】

湖泊——停泊　蛮横——横竖　便宜——方便　粮囤——囤积

拗口——执拗　屏气——屏风　遗臭万年——铜臭　牲畜——蓄养　角度——角色　地壳——贝壳　烙印——炮烙　佝偻——伛偻　蔓延——瓜蔓　毛遂自荐——半自不遂　勉强——倔强

2. 形似字。

【训练二】

浸——浸渍　倚——倚靠　揪——揪心　迥——迥异　侵——侵犯　畸——畸形　锹——铁锹　徊——徘徊

拨——拨动　拔——拔牙　粟——粟米　栗——栗子　豉——豆豉　鼓——敲鼓　汩——汩汩　汨——汨罗江　睢——睢鸠　睢——睢县　羸——羸弱　赢——输赢　戳——戳穿　戮——杀戮　慨——感慨　概——大概　灸——针灸　炙——炙热　纂——编纂　篡——篡改

3. 地名、人名、专有名词的异读。

【训练三】

猃狁 xiǎn yǔn：周朝对匈奴的称谓。

先零 xiānlíng：汉代羌族的一支。

强咎如 qiángjiùrú：春秋时狄族的一支。

可汗 kè hán：古代西域各国王的尊称。

单于 chán yú：古时匈奴人对君长的称呼。

阏氏 yān zhī：汉代匈奴王后的称号。

月氏 yuè zhī：我国古代西部族名。

【训练四】　根据所学标志符号练习下面短文。

“……春天来了／伊比利亚半岛的森林／和草地复苏过来∥大地／又覆盖上鲜花的地毯///新的生命∥重

新开始……牡鹿/静静地站在那儿注视着自己的孩子/这些小家伙在它们父母的爱护下躺在草地上休息//享受着//春天的时光……牡鹿群将在这里度过春季和初夏的日子/然后//迁往高处……出生后几星期//幼鹿/就能在它们母亲的周围走动了/每年这个时候都能够看到///树丛中//生命的活力……"

（选自《在地中海森林中》）

二、朗读的基本技法

（一）停顿适当

停顿是语意的中断和间歇，可以起到控制节奏、调节气息、突出重点的作用。句子较短，按书面标点停顿就可以，有些结构较复杂的长句，句中虽没有标点符号，但为了表意的需要，句中也可以作一些短暂的停顿。

【训练五】 伟大的人之所以伟大，就在于他决不做逼人尊重的人所做出的那种倒人胃口的蠢事。

朗读中的停顿大致有三种：标点符号停顿、语法停顿和感情停顿。

（1）标点符号停顿。

【训练六】 正像达尔文发现有机界发展规律一样，马克思发现了人类历史发展规律，即历来为纷繁芜杂的意识形态所掩盖的一个简单事实：///人们首先必须吃、喝、住、穿，/然后才能从事政治、科学、艺术、宗教等等；//所以，直接的物质生活资料的生产，从而一个民族或一个时代的一定的经济阶段，便构成了基础，人们的国家制度，法的观点、艺术以至宗教观念，/就是从这个基础上发展起来的，因而也必须由这个基础来解释。而不是像过去那样做得相反。

（选自恩格斯《在马克思墓前的讲话》）

有时为表达感情的需要，在没有标点的地方也可以停顿，在有标点的地方也可以不停顿。

【训练七】 始终微笑的/和蔼的刘和珍君//确是//死掉了。

（选自鲁迅《记念刘和珍君》）

（2）语法停顿是句子中间的自然停顿。

【训练八】 白发/三千丈，缘愁/似个长。不知/明镜里，何处/得秋霜？（2+3式）

她一手提着竹篮，/内中一个破碗，/空的；//一手拄着一支比她更长的竹竿，/下端开了裂：///她分明已经纯乎是一个乞丐了。

（选自鲁迅《祝福》）

（3）感情停顿不受书面标点和句子语法关系的制约，完全是根据感情或心理的需要而作的停顿处理，它受感情支配，根据感情的需要决定停顿与不停顿。

【训练九】 惨象，已使我目不忍视了；流言，尤使我耳不忍闻。我还有什么话可说呢？我懂得衰亡民族之所以默无声息的缘由了。沉默呵，沉默呵！不在沉默中/爆发，就在沉默中/灭亡。

（选自鲁迅《记念刘和珍君》）

（二）重音把握适宜

重音是指那些在表情达意上起重要作用的字、词或短语在朗读时要加以强调的技巧。重音是通过声音的强调来突出意义的，能给色彩鲜明、形象生动的词增加分量。重音有语法重音和强调重音两种。

1. 语法重音。

【训练十】 风停了，雨住了，太阳出来了。

2. 强调重音。强调重音是为突出强调某种思想感情而说得或读得重些的音节。

【训练十一】

1. 将下列句子中加下划线的字读成重音，体会这样读时句子的意思。

他吃了一块蛋糕。

他吃了一块蛋糕。

他吃了一块蛋糕。

他吃了一块蛋糕。

2. 分析下面这两段话，标出重音或轻读（要定得少而精），朗读两遍，然后检查一下，看看重音标得是否正确，读得是否合适。

……乔尔丹诺·布鲁诺昏迷过去了，到了晚上，他才冷醒过来，脚上像有几千把刀在剜割着。铅皮屋顶的囚房，像冰箱一样寒冷。可是，他的心头是热辣辣的，有一种说不出的纷乱、恐怖而又烦躁的感觉在搅扰着他。

“不，我不反悔！”他轻轻地、坚定地说，“哪怕像塞尔维特一样被他们烧死，我认为胜利是可以得到的，而且要勇敢地为它奋斗。”

（三）语速快慢适度

语速是指朗读的速度，是体现语言节奏、表达作品思想感情的重要手段。内容差别较大的文章、段落或语句，应该注意用不同的速度朗读，大致划分如下：

1. 读得慢一些的。文章中较难理解的语句和表达平静、沉郁、失望情绪的地方。

【训练十二】 读下面这段文章，注意将标注“﹏”处的语句读慢一些。

母亲啊！你是荷叶，我是红莲。心中的雨点来了，除了你，谁是我在无遮拦天空下的荫蔽？

（选自冰心《往事》）

2. 读得更慢一些的。文章中表达沉痛感情的地方。

【训练十三】 读下面这节诗，标注“﹏﹏”处比标注“﹏”处的词语读得更慢一些。

大堰河，在她的梦没有做醒的时候已死了。/她死时，乳儿不在她的旁侧/。她死时，平时打骂她的丈夫也为她流泪，/五个儿子，个个哭得很悲/她死时，轻轻地呼着她乳儿的名字，/大堰河，已死了，她死时，乳儿不在她的旁侧。

（选自艾青《大堰河，我的保姆》）

3. 读得快一些的。文章中较容易理解的语句，或表达紧张、热烈、愉快、兴奋、惊惧、激昂、愤怒的情绪和反抗、驳斥、申辩内容的地方。

【训练十四】 读下面这首诗，将标注“____”处读快一些。

卑鄙是卑鄙者的通行证，/高尚是高尚者的墓志铭。/看吧，在镀金的天空中，/飘满了死者弯曲的倒影。‖/冰川过去了，/为什么到处都是冰凌？/好望角发现了，/为什么死海里千帆相竞？‖我来到这个世界上，/只带着纸、绳索和身影。/为了在审判前，/宣读那些被判决的声音：‖告诉你吧，世界/我——不——相——信！/纵使你脚下有一千名挑战者，/那就把我算作第一千零一名。‖我不相信天是蓝的，/我不相信雷的回声，/我不相信梦是假的，/我不相信死无报应。如果海洋注定要决堤，/就让所有苦水都注入我心中；/如果陆地注定要上升，/就让人类重新选择生存的峰顶。‖新的转机和闪闪的星斗，/正在缀满没有遮拦的天空。/那是五千年的象形文字，/那是未来人们凝视的眼睛。‖

（选自北岛《回答》）

（四）语调高低得体

语调的高低变化主要体现在句子最末一个音节上，因此语调的确定与标点符号的关系紧密。高低得体主要是指语调的高低变化要恰如其分。只有读准句子的语调，才能细致、准确地传达思想感情。我们把句末音节的语调大致分为4种：高升调（↗）、降抑调（↘）、平直调（→）和曲折调（↗↘和↘↗）。下面分别对这4种语调进行介绍和训练。

【训练十五】 给下面这段文字标出语调，然后朗读两遍。

站在高楼里面，眺望左右前后的高楼，比起在马路上翘首仰视，要从容镇静和悠闲自在得多。那方方正正伸向空中的大厦，真像古代庄严的城堡，而在它旁边矗立着的多少高楼，却像挺拔的峭岩、圆圆的宝塔、漂亮的戏台，或者是起碇远航的轮船。

（选自林飞《高楼远眺》）

1. 高升调。高升调多在疑问句、反诘句、短促的命令句，或者表示愤怒、紧张、警告、号召的句子里使用。朗读时，注意前低后高、语气上扬。

【训练十六】

1. 让思想冲破牢笼。↗

2. 你这个披着人皮的恶狼。↗

3. 难道真是有钱就有幸福吗？↗

4. 布鲁诺，↗他的光辉的名字，始终活下去。他的天才的思想，一一被证实了。科学，昂首阔步地在地球上前进，↗它以不可抗拒的力量将世界推进到原子时代，↗推进到消灭愚昧、迷信、落后、偏见的时代，↗推进到唯物主义彻底胜利的时代。↗

（选自郑文光《火刑》）

2. 降抑调。降抑调一般用在感叹句、祈使句，或表示坚决、自信、赞扬、祝愿等感情的句子里。表达沉痛、悲愤的感情，一般也用这种语调。朗读时，注意语调逐渐由高至低，末字低而短促。

【训练十七】

（1）不，决不！↘

（2）雷锋同志对待同志像春天般的温暖；↘对待工作，像夏天一样火热；↘对待个人主义，像秋风扫落叶一样；↘对待敌人，像严冬一样残酷无情。↘

（3）唯愿↘朋友的心↘永远↘似清溪一样澈亮↘如日月一样久长↘

（4）乔尔丹诺的心像给一阵寒风吹过似的，↘抖了一下，↘他知道，↘“切勿流血”这几个字是什么意思，↘塞尔维特的命运真的降临到他头上了。↘然而他仍然是平静的，↘从那破裂的嘴唇里，↘轻轻地，↘然而清晰地吐出这样几个字：↘“我想，↘你们宣判时怀着的恐惧，↘比我听到这个判决的时候更大吧。”

3. 平直调。平直调一般多用在叙述、说明或表示迟疑、思索、冷淡、追忆、悼念等的句子里。朗读时始终保持平直舒缓，没有显著的高低变化。

【训练十八】

（1）秋天的后半夜，月亮下去了，太阳还没有出来，只剩下一片乌蓝的天，除了夜游的东西，什么都睡着了。

（2）自然界中生物的发展，终于导致人类这种能改造和征服自然的特殊生物出现。

（3）他的英名和事业将永垂不朽！

（4）尽管造谣吧，我无所谓。

（5）1600 年，罗马。亚平宁半岛上的阳光是和煦的，台伯河水被照得闪闪发亮。雪已经在融化，哪怕远处山顶还是白茫茫的，毕竟是春天临近了。

一幢灰色石头砌的、顶上盖着铅皮的房子，与周围有着高高尖顶的教堂和宫殿比起来，真像一座坟墓。这就是名震世界的宗教裁判所的囚房。在那个时代，以罗马教皇为首的天主教的权力统治着亚平宁半岛上的各个国家。他们设立了残酷的宗教法庭，专门对付那些发表与《圣经》教义相违背的主张的人。他们把这些人叫做“异端”。

……

300 年过去了。台伯河还像当年一样淙淙地流着，亚平宁半岛上的阳光也像当年一样地和煦。罗马经历过战争、流血，唯物主义者——战士布鲁诺的思想在自由的人民当中翱翔。人民永远怀念着科学的英雄的殉道者。1889 年 6 月 9 日，在百花广场上，树立起乔尔丹诺·布鲁诺的铜像，六千名来自世界各地的人士参加了揭幕典礼。

（选自郑文光《火刑》）

4. 曲折调。曲折调用于表示特殊的感情，如讽刺、讥笑、夸张、强调、双关、特别惊异等句子里。朗读时由高而低后又高，把句子中某些特殊的音节特别加重加高或拖长，形成一种升降曲折的变化。

【训练十九】

（1）噢！金子，是真金子，足有两斤重！

（选自巴尔扎克《欧也妮·葛朗台》）

（2）你，你东君，你是什么个东君……什么湘君？什么湘夫人？你们的天大本领也就只晓得痛哭几声。

（选自郭沫若《雷电颂》）

（3）唉！我可怜的玛蒂尔德！可是我那一挂是假的，至多值500 法郎！……

（选自莫泊桑《项链》）

（4）宣判开始了，宣判书长篇累牍地说，乔尔丹诺·布鲁诺“长时期生活在异端的国家内，并且他自己也过着无法无天的、魔鬼一样的生活”，因而他不光是一个普通的“异端”，而且是“异端”的领袖。宣判书说，宗教裁判所的“温和的劝诫”对“异端”不发生任何作用，他“不诚实”而且“顽固”得像魔鬼一样。现在只有把他交给世俗的政权。最后，宣判书向世俗的政权建议：“对异端尽可能惩戒得温和一些，切勿流血。”

（选自郑文光《火刑》）

（五）语气使用恰当

语气是体现朗读者立场、态度、个性、情感、心境等起伏变化的语音形式，它将句式、语调、理性、词采、音色、立场、态度、个性、情感等融为一体，由朗读者直接诉诸听众的听觉。因而，恰当的语气对正确、生动地表达本意至关重要。

1. 从语句的句型来说，有陈述句、疑问句、感叹句和祈使句四大类。在朗读时，相应有陈述语气、疑问语气、感叹语气和祈使语气的区分。

【训练二十】

我准备明天到北京出差。（陈述句，用平铺直叙的陈述语气。）

你怎么还没有去上班呀？（疑问句，用疑惑不解，由衷发问的语气。）

香港终于回到了祖国的怀抱！（感叹句，用带有真实情感，有感而发的感叹语气。）

放下武器，把手举起来！（祈使句，用声色俱厉，命令这种祈使语气。）

2. 从语句表情达意的内容来说，有表意语气、表情语气和表态语气的区分。

（1）表意语气。用这种语气讲话，句子中通常有相应的语气词，它或者独立成小句，或用于小句末尾，或用于整个句子的末尾。

【训练二十一】

对此，你的意见如何呢？（反问）

你真的事先一点也不知道吗？（质问）

你不要一意孤行，执迷不悟啊。（提醒）

排长，敌人上来了，打吧。（催促）

您把那本书借给我看几天吧。（请求）

站住！否则我就开枪啦。（命令）

你上哪？（询问）

你昨天怎么旷课啊？（责备）

（2）表情语气。通过这种语气，向听众表达自己的某种情感。句子中通常也有相应的语

气词。

【训练二十二】

哎呀，这下子可好了。（喜悦）

日本鬼子真是坏透了。（愤恨）

他这位才华横溢的作家死得太早了。（叹息）

这一仗打得真漂亮啊！（赞叹）

哦！我终于弄明白了。（醒悟）

呸！你这个无耻的叛徒！（鄙视）

（3）表态语气。通过这种语气，向听众表达自己的某种态度。句子中有时也用语气词。

【训练二十三】

他确实尽了最大的努力。（肯定）

这件事恐怕难以办到。（不肯定）

我不希望看到那样的结果。（委婉）

你认为这样做行吗？（商量）

这种意见是错误的。（否定）

此外，从表达方式来说，又有叙述、描写、抒情、议论、说明等不同的方式，它们各自的语气也不一样。

【课后练习】

1. 根据所学朗读标志符号练习下篇文章。

荷塘月色（低缓、深沉、淡愁、淡喜）

朱自清

→这几天｜心里颇不宁静↘。今晚在院子里坐着乘凉↘，忽然想起｜日日走过的荷塘↘，在这满月的光里↘，总该另有一番样子吧↘。月亮｜渐渐地升高了↘，墙外马路上孩子们的欢笑↘，已经听不见了↘；妻在屋里｜拍着闰儿↘，迷迷糊糊地哼着眠歌↘。我｜悄悄地披了大衫↘，带上门｜出去↘。

→沿着荷塘，是一条｜曲折的小煤屑路。这是一条幽僻的路；白天也少人走，夜晚更加寂寞。荷塘四面，长着许多树，蓊蓊郁郁的。路的一旁，是些杨柳，和一些｜不知道名字的树。没有月光的晚上，这路上｜阴森森的，有些怕人。今晚却很好，虽然月光也还是｜淡淡的。

路上｜只我一个人，背着手踱着。这一片天地｜好像是我的，我也像超出了｜平常的自己，到了另一世界里。我｜爱热闹，也爱冷静↘；爱群居，也爱独处↘。像今晚上一个人｜在这苍茫的月下，什么都可以想，什么都可以不想↘，便觉是个｜自由的人。

（柔和）

白天里一定要做的事，一定要说的话，现在都可不理。这是｜独处的妙处，我且受用这无边的荷香月色好了。

（喜悦、明快）

曲曲折折的荷塘上面，弥望的是田田的叶子。叶子出水很高，像亭亭的舞女的裙↘。层层的叶子中间↘，零星地点缀着些白花，有袅娜地开着的，有羞涩地打着朵儿的；正如｜一粒粒的明珠，又如碧天里的星星↘，又如刚出浴的美人。微风过处，送来｜缕缕清香，仿佛远处｜高楼上｜渺茫的歌声似的。这时候｜叶子与花也有一丝的颤动，像｜↘闪电般，霎时传过荷塘的那边去了。叶子｜本是肩并肩密密地挨着，这便宛然有了一道｜凝碧的波痕。叶子底下｜是脉脉的流水，遮住了，不能见一些颜色；而叶子｜却更见风致了。

（平和）

月光｜如流水一般，静静地泻在这一片｜叶子和花上。薄薄的青雾｜浮起在荷塘里。叶子和花｜仿佛在牛乳中洗过一样；又像笼着轻纱的梦。虽然是满月，天上却有一层淡淡的云，所以不能朗照；但我以为这恰是到了好处——酣眠固不可少，小睡｜也别有风味的。月光｜是隔了树照过来的，高处丛生的灌木，落下｜参差的斑驳的｜黑影，峭楞楞如鬼一般；弯弯的｜杨柳的稀疏的倩影，却又像是画在荷叶上。塘中的月色并不均匀；但光与影有着和谐的旋律，如梵婀玲上奏着的名曲。荷塘的四面，远远近近，高高低低都是树，而杨柳最多。这些树｜将一片荷塘重重围住；只在小路一旁，漏着几段空隙，像是特为月光留下的。树色｜一例是阴阴的，乍看像一团烟雾；但杨柳的丰姿，便在烟雾里也辨得出。树梢上｜隐隐约约的是一带远山，只有些大意罢了。树缝里｜也漏着一两　点　路灯光，没精打采的，是渴睡人的眼。这时（渐慢）候｜最热闹的，要数树上的蝉声与水里的蛙声；但｜热闹是它们的，我｜什么也没有。

忽然想起采莲的事情来了。采莲｜是江南的旧俗，似乎很早就有，而六朝时为盛；从诗歌里可以约略知道。采莲的是少年的女子，她们是荡着小船，唱着艳歌去的。采莲人不用说很多，还有看采莲的人。那是一个热闹的季节，也是一个风流的季节。梁元帝《采莲赋》里说得好：

于是妖童媛女，荡舟心许；鷁首徐回，兼传羽杯；櫂｜将移而藻挂，船｜欲动而萍开。尔其纤腰束素，迁延顾步；夏始春余，叶嫩花初，恐沾裳｜而浅笑，畏倾船｜而敛裾。

可见当时嬉游的光景了。这真是有趣的事，可惜我们现在早已无福消受了。

于是｜又记起《西洲曲》里的句子：

采莲｜南塘秋，莲花｜过人头；低头弄莲子，莲子｜清如水。今晚｜若有采莲人，这儿的莲花｜也算得“过人头”了；只不见一些流水的影子，是不行的。这令我｜到底惦着江南了。——这样想着，猛一抬头，不觉｜已是自己的门前；轻轻地推门进去，什么声息也没有，妻｜已睡熟｜好久了。

2. 阅读分析下面这篇文章，找出重点和节奏，再朗读。

态度创造快乐

一位访美中国女作家，在纽约遇到一位卖花的老太太。老太太穿着破旧，身体虚弱，但脸上的神情却是那样祥和兴奋。女作家挑了一朵花说：“看起来，你很高兴。”老太太面带微笑地说：“是的，一切都这么美好，我为什么不高兴呢?”“对烦恼，你倒真能看得开。”女作家又说了一句。没料到，老太太的回答更令女作家大吃一惊：“耶稣在星期五被钉上十字架时，是全世界最糟糕的一天，可三天后就是复活节。所以，当我遇到不幸时，就会等待三天，这样一切就恢复正常了。”

“等待三天”，多么富于哲理的话语，多么乐观的生活方式。它把烦恼和痛苦抛下，全力去收获快乐。沈从文在“文革”期间，陷入了非人的境地。可他毫不在意，他在咸宁时给他的表侄、画家黄永玉写信说：“这里的荷花真好，你若来……”身陷苦难却仍为荷花的盛开欣喜赞叹不已，这是一种趋于澄明的境界，一种旷达洒脱的胸襟，一种面临磨难坦荡从容的气度，一种对生活童子般的热爱和对美好事物无限向往的生命情感。

由此可见，影响一个人快乐的，有时并不是困境及磨难，而是一个人的心态。如果把自己浸泡在积极、乐观、向上的心态中，快乐必然会占据你的每一天。

3. 给下面的文章标出停顿、重音和语调，然后朗读两遍，注意把握节奏和语气。

可爱的小鸟

没有一片绿叶，没有一缕炊烟，没有一粒泥土，没有一丝花香，只有水的世界，云的海洋。

一阵台风袭过，一只孤单的小鸟无家可归，落到被卷到海洋里的木板上，乘流而下，姗姗而来，近了，

近了！……

忽然，小鸟张开翅膀，在人们头顶盘旋了几圈儿，“噗啦”一声落到了船上。许是累了？还是发现了“新大陆”？水手撵它，它不走，抓它，它乖乖地落在掌心。可爱的小鸟和善良的水手结成了朋友。

瞧，它多美丽。娇巧的小嘴，啄理着绿色的羽毛；鸭子样的扁脚，呈现出春草的鹅黄。水手们把它带到舱里，给它“搭铺”，让它在船上安家落户。每天，把分到的一塑料桶淡水匀给它喝，把从祖国带来的鲜美的鱼肉分给它吃，天长日久，小鸟和水手的感情日趋笃厚。清晨，当第一束阳光射进舷窗时，它便敞开美丽的歌喉，唱啊唱，嘤嘤有韵，宛如春水淙淙。人类给它以生命，它毫不悭吝地把自己的艺术青春奉献给了哺育它的人。可能都是这样？艺术家们的青春只会献给尊敬他们的人。

小鸟给远航生活蒙上了一层浪漫色调。返航时，人们爱不释手，恋恋不舍地想把它带到异乡。可小鸟憔悴了，给水，不喝！喂肉，不吃！油亮的羽毛失去了光泽。是啊，我们有自己的祖国，小鸟也有它的归宿，人和动物都是一样啊，哪儿也不如故乡好！

慈爱的水手们决定放开它，让它回到大海的摇篮去，回到蓝色的故乡去。离别前，这个大自然的朋友与水手们留影纪念。它站在许多人的头上，肩上，掌上，胳膊上，与喂养过它的人们，一起融进那蓝色的画面……

（选自王文杰《可爱的小鸟》）

（六）节奏转换自然

节奏是由一定的思想感情的波澜起伏所造成的那种抑扬顿挫、轻重缓急的声音形成的回环往复。它彰显在全篇作品朗读的过程之中。

语言回环往复的基本语气、基本语势和基本转换，构成了以下节奏类型。

（1）轻快型。多扬少抑，多轻少重。语流中顿挫少且时间短，语速较快，语节少而词的密度大。基本语句、基本转换都偏于轻快，重点句段更为明显。

（2）凝重型。语势较平稳，音强而有力，多抑少扬，顿挫较多且时间较长，语速偏慢，语节多而词疏。基本语句、基本转换都显得凝重，重点句段更为明显。

（3）低沉型。声音偏暗偏沉，语势多为落潮类，句尾落点多显沉重，语速较缓。重点处的基本语气、基本转换偏于沉缓。

我的母亲独一无二

记得我13岁时，和母亲住在法国东南部的耐斯城。母亲没有丈夫，也没有亲戚，够清苦的，但她经常能拿出令人吃惊的东西，摆在我面前。她从来不吃肉，一再说自己是素食者。然而有一天，我发现母亲正仔细地用一小块碎面包擦那给我煎牛排用的油锅。我明白了她称自己为素食者的真正原因。

我16岁时，母亲成了耐斯市美蒙旅馆的女经理。这时，她更忙碌了。一天，她瘫在椅子上，脸色苍白，嘴唇发灰。我马上找来医生，作出诊断：她摄取了过多的胰岛素。直到这时我才知道母亲多年一直对我隐瞒的疾痛——糖尿病。

她的头歪向枕头一边，痛苦地用手抓挠胸口。床架上方，则挂着一枚我1932年赢得耐斯市少年乒乓球冠军的银质奖章。

啊，是对我的美好前途的憧憬支撑着她活下去，为了给她那荒唐的梦至少加一点真实的色彩，我只能继续努力，与时间竞争，直至1938年我被征入空军。巴黎很快失陷，我辗转调到英国皇家空军。刚到英国就接到了母亲的来信。这些信是由在瑞士的一个朋友秘密地转到伦敦，送到我手中的。

现在我要回家了，胸前佩戴着醒目的绿黑两色的解放十字绶带，上面挂着五六枚我终身难忘的勋章，肩上还佩戴着军官肩章。到达旅馆时，没有一个人跟我打招呼。原来，我母亲在三年半以前就已经离开人间了。

在她死前的几天中，她写了近250封信，把这些信交给她在瑞士的朋友，请这个朋友定时寄给我。就这样，在母亲死后的三年半的时间里，我一直从她身上吸取着力量和勇气——这使我能够继续战斗到胜利那一天。

（选自（法）罗曼·加里《我的母亲独一无二》）

（4）高亢型。声音明亮高亢，语势多为起潮类，峰峰相连，扬而更扬，势不可遏，语速偏快。重点处的基本语句、基本转换都带有昂扬急进的特点。

（5）舒缓型。声音轻松明朗，略高但不着力，语势有跌宕但多轻柔舒展。重点处的基本语气、基本转换都显得舒展缓慢。

再别康桥

徐志摩

轻轻的我走了，
正如我轻轻的来；
我轻轻的招手，
作别西天的云彩。
那河畔的金柳，
是夕阳中的新娘；
波光里的艳影，
在我的心头荡漾。
软泥上的青荇，
油油的在水底招摇；
在康河的柔波里，
我甘心做一条水草！
那榆荫下的一潭，
不是清泉，
是天上虹；
揉碎在浮藻间，
沉淀着彩虹似的梦。
寻梦？撑一支长篙，
向青草更青处漫溯；
满载一船星辉，
在星辉斑斓里放歌。
但我不能放歌，
悄悄是别离的笙箫；
夏虫也为我沉默，
沉默是今晚的康桥！
悄悄的我走了，
正如我悄悄的来；
我挥一挥衣袖，
不带走一片云彩。

（6）紧张型。多扬少抑，多重少轻，语节内密度大。气较促，音较短。基本语气、基本转换都较为急促、紧张，重点句段更为突出。

麻雀

屠格涅夫

“我打猎回来，走在林荫路上，猎狗跑在我的前面。”——舒缓型，为下面紧张型作铺垫。

“忽然，我的猎狗放慢脚步，悄悄地向前走，好像前面有什么野物。”——紧张型，程度稍轻，后句带判断色彩。

第二节　朗　　诵

一、朗诵的特征与要求

朗诵是借助于朗诵者优美的嗓音、生动的语气、丰富的感情、独特的感受，辅之以表情动作，把书面文字转换成有声语言的一种艺术形式。

朗诵是在朗读基础上的提高。它不仅要求准确、明晰地表达出作品的主旨，使听者全面、准确地理解，更要求对文稿的表述进行艺术处理，以充分、得体地表达出作品的丰富情感，引起听众的感情共鸣；不仅要求声音本色化、生活化，更要求风格化、个性化，甚至可以是戏剧化的。它要求朗诵者将自己对作品的体会以鲜明强烈的语言色彩、起伏跌宕富于变化的语调、富于节奏感和音乐美的声音表达出来。不仅要求用有声语言，还要求辅之以表情、动作、形体等态势语。此外，朗诵一定要脱稿。

二、朗诵的基本技法

（一）正确选材

朗诵贵在传情。朗诵者要很好地传情，引起听众共鸣，就必须对材料进行严格的筛选，做到选材准确。选材要注意以下几点：

1. 利于传情达意。要选择那些感情丰富、语言具有形象性而且上口的文章。形象感受是朗诵的一个重要环节，抽象枯燥的书面语言难以使朗诵者形成丰富的形象感受。

2. 适合朗诵者自身条件：性别、年龄、个性特征及音色等因素。只有这样朗诵者才能最大限度地演绎好作品，完成对作品的再创作。

3. 符合朗诵的场合和听众的需要。

【训练一】

我是你河边上破旧的老水车，
数百年来纺着疲惫的歌；
我是你额上熏黑的矿灯，
照你在历史的隧洞里蜗行摸索；
我是干瘪的稻穗；是失修的路基；
是淤滩上的驳船
把纤绳深深
勒进你的肩膊；
——祖国啊！

我是贫困，
我是悲哀。
我是你祖祖辈辈
痛苦的希望啊，
是"飞天"袖间
千百年未落到地面的花朵；
——祖国啊！

我是你簇新的理想，
刚从神话的蛛网里挣脱；
我是你雪被下古莲的胚芽；
我是你挂着眼泪的笑涡；
我是新刷出的雪白的起跑线；
是绯红的黎明，
正在喷薄；
——祖国啊！

我是你的十亿分之一，
是你九百六十万平方的总和；
你以伤痕累累的乳房，
喂养了
迷惘的我、深思的我、沸腾的我；
那就从我的血肉之躯上
去取得
你的富饶、你的荣光、你的自由；
——祖国啊！
我亲爱的祖国！

（选自舒婷《祖国啊，我亲爱的祖国》）

（二）把握基调

作品的基调是指作品的基本情调，是作品层次、段落、语句中具体思想感情的综合表露，即作品的总的态度感情，总的色彩和分量。

把握作品基调，要注意以几点：①正确、深入地理解作品的思想内容。力求从作品的体裁、主题、结构、语言、风格等方面入手，进行认真、充分和有效的解析。②深刻、细致地感受作品。朗诵者要唤起听众的感情，使听众与自己同喜同悲同呼吸，就必须走进作品，仔细体味，进入角色，进入情境。③借助丰富、逼真的想象。

【训练二】 先分析下面这段文京的情感，然后进行朗诵，由同学们评析是否感情到位。

我把一切应用的东西当做艺术，我在生活中的第一件艺术品——就是小屋。白天它是清晰的，夜晚它是朦胧的。每个夜幕深垂的晚上，山下亮起灿烂的万家灯火，山上闪出疏落的灯光。山下的灯把黑暗照亮了，山上的灯把黑暗照淡了，淡如烟，淡如雾，山也虚无，树也缥缈。小屋迷于雾失楼台的情景中，它不再是清晰的小屋，而是烟雾之中、星点之下、月影之侧的空中楼阁！

这座空中楼阁占了地利，可以省去许多室内设计和其他的装饰。

虽不养鸟，每天早晨有鸟语盈耳。

无需挂画，门外有幅巨画——名叫自然。

（选自李乐薇《我的空中楼阁》）

【训练三】 展开丰富的联想，感受作品的深刻内涵。

很久以前，在一个漆黑的秋天的夜晚，我泛舟在西伯利亚一条阴森森的河上。船到一个转弯处，只见前面黑黢黢的山峰下面一星火光蓦地一闪。

火光又明又亮好像就在眼前……

“好啦，谢天谢地！”我高兴地说，“马上就到过夜的地方啦！”

船夫扭头朝身后的火光望了一眼，又不以为然地划起桨来。

“远着呢！”

我不相信他的话，因为火光冲破朦胧的夜色，明明就在那儿闪烁。不过船夫是对的，事实上火光的确还远着呢。

这些黑夜的火光的特点是：驱散黑暗，闪闪发亮，近在眼前，令人神往。乍一看，再划几下就到了，其实却还远着呢！……

我们在漆黑如墨的河上又划了很久。一个个峡谷和悬崖，迎面驶来，又向后移去，仿佛消失在茫茫的远方，而火光却依然停在前头，闪闪发亮，令人神往——依然是这么近，又依然是那么远……

现在，无论是这条被悬崖峭壁的阴影笼罩的漆黑的河流，还是那一星明亮的火光，都经常浮现在我的脑际，在这以前和在这以后，曾有许多火光，似乎近在咫尺，不止使我一人心驰神往。可是生活之河却仍然在那阴森森的两岸之间流着，而火光也依旧非常遥远。因此，必须加劲划桨……

然而，火光啊……毕竟……毕竟就在前头！

（选自［俄］柯罗连科《火光》，张铁夫译）

（三）情感充沛

情感是朗诵的生命。朗诵要以文生情，以心注情，以情带声，以声传情。朗诵要通过感情体验和艺术分析，形成对作品的深切感受，将作者的创作冲动变成朗诵者自己热切朗诵的愿望，并加以开拓和升华。然后，从朗诵的表达角度，展开丰富的想象，用特定的语调、语气将无声的文字作品的情感进行再现，从而传达作品丰富的思想感情，实现作品、朗诵者和听众三者之间的情感共鸣。

【训练四】 朗诵下段材料，注意语调的把握，力求感情表达得体。

骨灰撒大海，鲜花送伟人。

11 时 50 分，专机盘旋着向大海告别。

透过舷窗望去，水天一色，波翻浪涌。从那永不停息的涛声中，人们仿佛又听到了震撼过无数人心灵的声音：

“我荣幸地以中华民族一员的资格，而成为世界公民。我是中国人民的儿子。我深情地爱着我的祖国和人民。”

一个人的生命是有限的，而人民的事业是永恒的。

如同一朵浪花，他从故乡的山溪流入嘉陵江、长江，然后穿云雾，过三峡，奔腾而下，经过九曲十八折，最终汇入浩瀚的大海……漫长的征程，昭示着一个朴素的真理：敢向时代潮头立，沧海一粟也永恒。

邓——小——平

——一个铭刻在亿万人民心中不朽的名字，他在大海中得到永生！

（选自新华社《在大海中永生》）

（四）运用共鸣

【训练五】 朗诵下段材料，注意运用共鸣，力求感情表达充分、得体。

风雨送春归，
飞雪迎春到。
已是悬崖百丈冰，
犹有花枝俏。
俏也不争春，
只把春来报。
待到山花烂漫时，
她在丛中笑。

（选自毛泽东《卜算子·咏梅》）

（五）态势得体

朗诵具有表演性，态势语的运用十分重要。朗诵时，形体动作应是思想感情的真实流露，要跟语言表达协调配合。运用手势要少而精，自然、果断；形体姿态要端庄大方，彬彬有礼。眼神在态势语中尤为重要，正确运用眼神可以把作品的思想感情更逼真地传给听众，把听众引入作品规定的情景之中，使其如临其境，如见其人，产生强烈的共鸣。

【训练六】 朗诵下段材料，注意态势语的运用。

撑着油纸伞，独自
彷徨在悠长、悠长
又寂寥的雨巷，
我希望逢着
一个丁香一样地
结着愁怨的姑娘。
她是有
丁香一样的颜色，
丁香一样的芬芳，
丁香一样的忧愁，
在雨中哀怨，
哀怨又彷徨；
她彷徨在这寂寥的雨巷，
撑着油纸伞
像我一样，
像我一样地
默默行着
冷漠、凄清，又惆怅。
她默默地走近，
走近，又投出
太息一般的眼光
她飘过
像梦一般地，
像梦一般地凄婉迷茫。
像梦中飘过
一枝丁香地，
我身旁飘过这女郎；
她静默地远了，远了，
到了颓圮的篱墙，
走尽这雨巷。
在雨的哀曲里，
消了她的颜色，
散了她的芬芳，
消散了，甚至她的
太息般的目光
丁香般的惆怅。
撑着油纸伞，独自
彷徨在悠长、悠长
又寂寥的雨巷，
我希望飘过
一个丁香一样地
结着愁怨的姑娘。

（选自戴望舒《雨巷》）

【课堂训练】 按要求进行有角色语言的朗诵训练。

要求：

1. 教师事先选择较受欢迎的名剧、电影对白片段，同时准备好范例材料。
2. 学生分角色准备。角色性的、旁白性的语言各选学生承担。
3. 学生朗诵完毕，教师针对其“表演”，结合示范录音作双向评价。

【课后练习】

1. 朗诵下面这篇文章，注意体会马克思对燕妮和自己孩子们最热烈的感情。

致 燕 妮

马克思

我的亲爱的：

我又给你写信了，因为我孤独，因为我感到难过，我经常在心里和你交谈，但你根本不知道，既听不到也不能回答我。你的照片纵然照得不高明，但对我却极有用……你好像真的在我的面前，我衷心珍爱你，自顶至踵地吻你，跪倒在你的眼前，叹息着说：“我爱你，夫人!”

暂时的别离是有益的，因为经常的接触会显得单调，从而使事物间的差别消失。甚至宝塔在近处也显得不那么高，而日常生活琐事若接触密了就会过度地胀大。热情也是如此。日常的习惯由于亲近会完全吸引住一个人而表现为热情。只要它的直接对象在视野中消失，它也就不再存在。深挚的热情由于它的对象的亲近会表现为日常的习惯，而在别离的魔术般的影响下会壮大起来并重新具有它固有的力量。我的爱情就是如此。只要我们一为空间所分隔，我就立即明白，时间之于我的爱情正如阳光雨露之于植物——使其滋长。我对你的爱情，只要你远离我身边，就会显出它的本来面目，像巨人一样的面目。在这爱情上集中了我的所有精力和全部感情。我又一次感到自己是一个真正的人，因为我感到了一种强烈的热情。

你会微笑，我的亲爱的，你会问：为什么我突然这样滔滔不绝？不过，我如能把你那温柔而纯洁的心紧贴在自己的心上，我就会默默无言，不作一声。我不能以唇吻你，只得求助于文字，以文字来传达亲吻……

诚然，世间有许多女人，而且有些非常美丽。但是哪里还能找到一副容颜，它的每一个线条，甚至每一处皱纹，能引起我的生命中的最强烈而美好的回忆？

再见，我的亲爱的，千万次地吻你和孩子们！

2. 有感情地朗诵下面文章，体会父母对子女的爱。

父亲的爱

爸不懂得怎样表达爱，使我们一家人融洽相处的是我妈。他只是每天上班下班，而妈则把我们做过的错事开列清单，然后由他来责骂我们。

有一次我偷了一块糖果，他要我把它送回去，告诉卖糖的说是我偷来的，说我愿意替他拆箱卸货作为赔偿。但妈妈却明白我只是个孩子。

我在运动场打秋千跌断了腿，在前往医院的途中一直抱着我的，是我妈。爸把汽车停在急诊室门口，他们叫他驶开，说那空位是留给紧急车辆停放的。爸听了便叫嚷道：“你以为这是什么车？旅游车？”

在我生日会上，爸总是显得有些不大相称。他只是忙于吹气球，布置餐桌，做杂务。把插着蜡烛的蛋糕推过来让我吹的，是我妈。

我翻阅照相册时，人们总是问：“你爸爸是什么样子的？”天晓得！他老是忙着替别人拍照。妈和我笑容可掬地一起拍的照片，多得不可胜数。

我记得妈有一次叫他教我骑自行车。我叫他别放手，但他却说是应该放手的时候了。我摔倒之后，妈跑过来扶我，爸却挥手要她走开。我当时生气极了，决心要给他点颜色看。于是我马上爬上自行车，而且自己骑给他看。他只是微笑。

我念大学时，所有的家信都是妈写的。他除了寄支票外，还寄过一封短柬给我，说因为我没有在草坪上踢足球了，所以他的草坪长得很美。

每次我打电话回家，他似乎都想跟我说话，但结果总是说：“我叫你妈来接。”

我结婚时，掉眼泪的是我妈。他只是大声擤了一下鼻子，便走出房间。

我从小到大都听他说：“你到哪里去？什么时候回家？汽车有没有汽油？不，不准去。”爸完全不知道怎样表达爱。除非……

会不会是他已经表达了而我却未能察觉？

（选自［美］艾尔玛·邦贝克《父亲的爱》）

第三节　读诵综合训练

一、多种文体的读诵技法

（一）诗歌的读诵

读诵诗歌，要突出其深邃的意境和鲜明的节奏这两个特征。自由诗的节拍不像格律诗那样固定整齐，具体确定要依赖于诗歌的内容和句义。读诵时要积极展开想象，将自己置身于诗所描绘的情景中，从而获得并再创诗人情感。

【训练一】

1. 自由诗。

天上的街市

郭沫若

远远的｜街灯——明了，↗
好像是｜闪着｜无数的｜明星。↗
天上的｜明星——现了，↘
好像是｜点着｜无数的｜街灯。→
我想/那缥缈的｜空中，↗
定然有｜美丽的｜街市。↘
街市上｜陈列的｜一些物品，↗
定然是｜世上｜没有的｜珍奇。↘
你看，/那浅浅的｜天河，↗
定然是｜不甚｜宽广。↘
那隔着｜河的｜牛郎织女，↗
定能够｜骑着牛儿｜来往。↘
我想/他们｜此刻，↗
定然在｜天街｜闲游。↘
不信，/请看那朵｜流星，↗
是他们｜提着灯笼｜在走。↘

提示：这首诗描绘的是那遥远缥缈的星空中美丽的街市和神话传说中牛郎织女的自由幸福生活的画面。整首诗都体现了诗人奇特大胆而美丽的想象。读诵时适合采用亲切、舒缓的语调，传达诗中迷离优美的意境，抒发诗人向往光明幸福、追求自由美好生活的欣喜、执著又深沉的感情。要处理好各种停顿和逻辑重音、句调。

2. 格律诗。读诵传统格律诗，万言诗注意二二一、二一二的节奏，七言诗注意二二一二和二二二一的节奏。

山居秋暝

王　维

空山/新雨/后，天气/晚来/秋。
明月/松间/照，清泉/石上/流。
竹喧/归/浣女，莲动/下/渔舟。
随意/春芳/歇，王孙/自可/留。

登　高

杜　甫

风急/天高/猿啸/哀，渚清/沙白/鸟/飞回。
无边/落木/萧萧/下，不尽/长江/滚滚/来。
万里/悲秋/常/作客，百年/多病/独/登台。
艰难/苦恨/繁/霜鬓，潦倒/新停/浊/酒杯。

（二）散文的读诵

朗诵散文必须感情饱满。散文是作者思想感情的结晶。有的是托物言志，直抒胸臆；有的是寓情于景，借景抒情；还有的是记人叙事，表示怀念或歌颂。无论哪种散文，都凝聚着作者炽热的情感。

【训练二】　有感情地读诵作品。

背　　影（节选）

朱自清

我与父亲不相见已二年余了，我最不能忘记的是他的背影。

那年冬天，祖母死了，父亲的差使也交卸了，正是祸不单行的日子。我从北京到徐州，打算跟着父亲奔丧回家。到徐州见着父亲，看见满院狼藉的东西，又想起祖母，不禁簌簌地流下眼泪。父亲说："事已如此，不必难过，好在天无绝人之路！"

回家变卖典质，父亲还了亏空；又借钱办了丧事。这些日子，家中光景很是惨淡，一半为了丧事，一半为了父亲赋闲。丧事完毕，父亲要到南京谋事，我也要回北京念书，我们便同行。

……

近几年来，父亲和我都是东奔西走，家中光景是一日不如一日。他少年出外谋生，独力支持，做了许多大事。哪知老境却如此颓唐！他触目伤怀，自然情不能自己。情郁于中，自然要发之于外；家庭琐屑便往往触他之怒。他待我渐渐不同往日。但最近两年的不见，他终于忘却我的不好，只是惦记着我，惦记着我的儿子。我北来后，他写了一信给我，信中说道："我身体平安，惟膀子疼痛厉害，举箸提笔，诸多不便，大约大去之期不远矣。"我读到此处，在晶莹的泪光中，又看见那肥胖的、青布棉袍黑布马褂的背影。唉！我不知何时再能与他相见！

提示：读诵记人叙事性作品要用接近日常口语的语气和语速，要读得亲切，有声有色，使听的人如身临其境。叙事处要读得层次分明，有明显的感情变化。要把作者的叙述语言与文中人物语言区别开，状物写景处要寄托情感。

【训练三】　读诵下面短文，注意文后提示。

读书人是幸福人（节选）

谢　冕

我常想读书人是世间幸福人，因为他除了拥有现实的世界之外，还拥有另一个更为浩瀚也更为丰富的世界。现实的世界是人人都有的，而后一个世界却为读书人所独有。由此我又想，那些失去或不能阅读的人是多么的不幸，他们的丧失是不可补偿的。世间有诸多的不平等，如财富的不平等，权力的不平等，而阅读能力的拥有或丧失却体现为精神的不平等。

一个人的一生，只能经历自己拥有的那一份欣悦，那一份苦难，也许再加上他亲自闻知的那一些关于自身以外的经历和经验。然而，人们通过阅读，却能进入不同时空的诸多他人的世界。这样，具有阅读能力的人，无形间获得了超越有限生命的无限可能性。阅读不仅使他多识了草木虫鱼之名，而且可以上溯远古下及未来，饱览存在的与非存在的奇风异俗。

更为重要的是，读书加惠于人们的不仅是知识的增广，而且还在于精神的感化与陶冶。

一个人一旦与书本结缘，极大的可能是注定与崇高追求和高尚情趣相联系的人。说"极大的可能"，指的是不排除读书人中也有卑鄙和奸诈，况且，并非凡书皆好，在流传的书籍中，并非全是劝善之作，也有无价值的甚而起负面效果的。但我们所指读书，总是以其优好品质得以流传一类，这类书对人的影响总是良性的。我之所以常感读书幸福，是从喜爱文学书的亲身感受而发。

所以，我说，读书人是幸福人。

提示：对于侧重说理的议论性散文，朗诵则要力求语言准确、速度均匀，风格要庄重一些，以表现文章的逻辑性和说服力。

（三）解说词的读诵

【训练四】　读诵电视系列片《大国崛起》解说词节选，注意文后提示。

序

绝大多数历史学家认为：公元1500年前后是人类历史的一个重要分水岭，从那个时候开始，人类的历史才称得上是真正意义上的世界史。在此之前，人类生活在相互隔绝而又各自独立的几块陆地上，没有哪一块大陆上的人能确切地知道地球究竟是方的还是圆的，而几乎每一块陆地上的人都认为自己生活在世界的中心。

但就在公元1400年以后的200年间，欧洲绘图人笔下的几大块陆地宛如正在成长的胚胎，逐渐由模糊的团状演变成我们今天所熟悉的清晰可见的模样。

正是从那个时候起，割裂的世界开始连接在一起，经由地理大发现而引发的国家竞争，拉开了不同的文明间相互联系、相互注视，同时也相互对抗和争斗的历史大幕。

不可思议的是，开启人类这一历史大幕的，并不是当时欧洲的经济和文化中心，而是偏居在欧洲大陆西南角上两个面积不大的国家——葡萄牙和西班牙。

那么，究竟是什么力量推动小小的伊比利亚半岛征服海洋、进而主宰世界长达一个多世纪呢?

导　语

公元1500年前后的地理大发现，拉开了不同国家相互对话和相互竞争的历史大幕，由此，大国崛起的道路有了全球坐标。

500年来，在人类现代化进程的大舞台上，相继出现了9个世界性大国，它们是葡萄牙、西班牙、荷兰、英国、法国、德国、日本、俄罗斯和美国。

大国兴衰更替的故事，留下了各具特色的发展道路和经验教训，启迪着今天，也影响着未来……

……

大国之思

历史进入了一个新的千年。当全球市场把世界紧紧联结在一起，大国之间的互动、合作和依存关系开始增强时，具有历史眼光和战略智慧的国家开始作出理性的判断：无论是崛起为大国还是维持大国地位，已不可能再走那种依靠战争打破原有国际体系，依靠集团对抗来争夺霸权的老路。如果沿用传统大国的思维方式来构造今天的世界，如果以不切实际的征服幻想来鲁莽从事，都将是一种时代的错位。

和平与发展，已经成为当今世界的基本主题。沿着这条新路，人们开始表达新的愿望，寻求新的答案：当今世界，究竟什么样的国家，才称得上是大国？怎样才能成为一个大国？

提示：2003年11月，中共中央政治局进行了第九次集体学习，这次学习引起了广泛的关注。学习的内容是：世界上9个主要国家自15世纪以来的兴衰史。此后，关于这段历史的学习在其他各级党政部门多次进行。基于这样的社会背景，2006年，中央电视台推出了12集电视系列片《大国崛起》来解读15世纪以来世界性大国崛起的历史，探究其兴盛背后的原因。

【训练五】　读诵下面这两篇文章，注意文后提示。

心　愿（节选）

张爱玲

时间好比一把锋利的小刀，使用得不恰当，会在美丽的面孔上刻下深深的纹路，使旺盛的青春月复一月、年复一年地消磨掉；但是，使用恰当的话，它却能将一块普通的石头雕刻成宏伟的雕像。圣玛丽亚女校虽然已有五十年历史，仍是一块只经稍加雕琢的普通白石。随着时光的流逝，它也许会给尘埃染污，受风雨侵蚀，或破裂成片片碎石。另一方面，它也可以给时间的小刀仔细地、缓慢地、一寸一寸地刻成一个奇妙的雕像，置于米开朗琪罗的那些辉煌的作品中亦无愧色。这把小刀不仅为校长、教师和明日的学生所持有，我们全体同学都有权利操纵它。

如果我能活到白发苍苍的老年，我将在炉边宁静的睡梦中，寻找早年所熟悉的穿过绿色梅树林的小径。当然，那时候，今日年轻的梅树也必已进入愉快的晚年，伸出有力的臂膊遮蔽着纵横的小径。饱经风霜的古老钟楼，仍将兀立在金色的阳光中，发出在我听来是如此熟悉的钟声。在那缓慢而庄严的钟声里，高矮不一、脸蛋儿或苍白或红润、有些身材丰满、有些体形纤小的姑娘们，焕发着青春活力和朝气，像小溪般涌入教堂。在那里，她们将跪下祈祷，向上帝低声细诉她们的生活小事：她们的悲伤，她们的眼泪，她们的争吵，她们的喜爱以及她们的宏愿。她们将祈求上帝帮助自己达到目标，成为作家、音乐家、教育家或理想的妻子。我还可以听到那古老的钟楼在祈祷声中发出回响，仿佛是低声回答她们："是的，与全中国其他学校相比，圣玛利亚女校的宿舍未必是最大的，校内的花园也未必是最美丽的，但她无疑有最优秀、最勤奋好学的小姑娘，她们将以其日后辉煌的事业来为母校增光！"

听到这话语时，我的感受将取决于自己在毕业后的岁月里有无任何成就。如果我没有克尽本分，丢了荣耀母校的权利，我将感到羞耻和悔恨。但如果我在努力为目标奋斗的路上取得成功，我可以欣慰地微笑，因为我也有份用时间这把小刀，雕刻出美好的学校的形象，虽然我的贡献是那样微不足道。

提示：

1. 张爱玲（1920.9.3—1995.9.8）原名张煐，现代作家。原籍河北丰润，生于上海。童年在京、津度过，1929 年迁回上海。中学毕业后到香港读书。1942 年香港沦陷，未毕业即回上海给英文《泰晤士报》写剧评、影评，也替德国人办的英文杂志《二十世纪》写"中国的生活与服装"一类的文章。1943 年她的小说处女作《沉香屑》（第一、二炉香）被周瘦鹃发在《紫罗兰》杂志上。随后接连发表《倾城之恋》《金锁记》等代表作。此后三四年是她创作的丰收期，1950 年参加上海第一届文代会。1952 年移居香港，1955 年旅居美国过"隐居"生活。1995 年 9 月 8 日，被发现老死于美国洛杉矶自己的寓所内。其创作大多取材于上海、香港的上层社会，社会内容不够宽广，却开拓了现代文学的题材领域。这些作品，既以中国古典小说为根底，又突出运用了西方现代派心理描写技巧，并将两者融合于一体，形成颇具特色的个人风格。主要作品有小说集《传奇》和散文集《流言》，随后，又写有中篇小说《小艾》、长篇小说《十八春》《秧歌》《赤地之恋》、《怨女》和评论集《红楼梦魇》等。
2. 读诵散文要注意其"形散神聚"的特点，找出贯穿全文的主线。

幽深秀丽的巫峡（节录）

——《壮丽的三峡》之一

有人说，↗游览长江/而没有到三峡，↘就等于白跑一趟。↘这样说｜虽然有点夸张，↗却也不失为经验之谈。↗川江两岸尽管也有山，↘也算峡谷，↘可是总觉得｜舒缓有余，变化不足。↘只有在三峡｜这条天然的艺术长廊里，↗才能饱赏｜一幅幅神笔绘成的山水画卷，↘谛听一曲曲｜万籁交响的乐章。

（选自《话说长江》）

提示：读诵说明文与解说词，咬字吐词要准确清晰，语气语调要平和稳重，节奏要舒缓随和。读诵时，要尽量保持理性客观的心态，情感表现不宜过度。

（四）寓言、童话、幽默小品文、喜剧台词等的读诵

对于寓言、童话、幽默小品文、喜剧台词等的读诵注意以下几个方面：深刻理解作品的寓意；充分发挥想象力；善于运用夸张技巧。

【训练六】

海的女儿（节选）

她知道这是她看到他的最后一晚——为了他，她离开了她的族人和家庭，她交出了她美丽的声音，她每天忍受着没有止境的苦痛，然而他却一点儿也不知道。这是她能和他在一起呼吸同样空气的最后一晚，这是她能看到深沉的海和布满了星星的天空的最后一晚。同时一个没有思想和梦境的永恒的夜在等待着她——没有灵魂、而且也得不到一个灵魂的她。一直到半夜过后，船上的一切还是欢乐和愉快的。她笑着，舞着，但是她心中怀着死的思想。王子吻着自己的美丽的新娘：新娘抚弄着他的乌亮的头发。他们手挽着手到那华丽的帐篷里去休息。

提示：安徒生（1805—1875），丹麦作家，诗人，因为他的童话故事而世界闻名，被尊为现代童话之

父。1805年4月2日生于丹麦菲英岛欧登塞的贫民区。他最著名的童话故事有《小锡兵》《冰雪女王》《拇指姑娘》《卖火柴的小女孩》《丑小鸭》和《红鞋》等。其创作的童话被称为"安徒生童话"。

《海的女儿》讲述的是一位美丽的小美人鱼姑娘爱上了人间王子的故事。为了得到王子的爱，小美人鱼姑娘找到了海的巫婆，不惜付出变成哑巴和每走一步都像是踩在刀剑上面那样痛的代价，将尾巴变成了两条腿，变成了一个真正的人类。然而，英俊的王子却不知道美人鱼姑娘对他的爱，他竟爱上了一位美丽的公主。最后，小美人鱼姑娘因为不忍心杀死王子，在王子结婚的早上化成了海上的泡沫。

【课堂训练】

教师运用多媒体教学或自己示范，然后指导学生完成训练。

【课后练习】

1. 读诵下面的作品，注意运用普通话的技巧。

站在历史的枝头微笑

[美] 本杰明·拉什

Rén huó zhe zuì yào jǐn de shì xún mì dào nà piàn dài biǎo zhe shēng mìng lǜ sè hé rén lèi xī wàng de cóng lín rán hòu xuǎn yī
人活着，最要紧的是寻觅到那片代表着生命绿色和人类希望的丛林，然后选一
gāo gāo de zhī tóu zhàn zài nà · lǐ guān lǎn rén shēng xiāo huà tòng kǔ yùn yù gē shēng yú yuè shì jiè
高高的枝头站在那里观览人生，消化痛苦，孕育歌声，愉悦世界！

Zhè kě zhēn shì yī zhǒng xiāo sǎ de rén shēng tài du zhè kě zhēn shì yī zhǒng xīn jìng shuǎng lǎng de qíng gǎn fēng mào
这可真是一种潇洒的人生态度，这可真是一种心境爽朗的情感风貌。

Zhàn zài lì shǐ de zhī tóu wēi xiào kě yǐ jiǎn miǎn xǔ duō fán nǎo zài nà lǐ nǐ kě yǐ cóng zhòng shēng xiàng suǒ bāo hán de
站在历史的枝头微笑，可以减免许多烦恼。在那里，你可以从众生相所包含的
suān-tián-kǔ-là bǎi wèi rén shēng zhōng xún zhǎo nǐ zì jǐ nǐ jìng yù zhōng de nà diǎnr tòng kǔ yě xǔ xiāng bǐ zhī xià zài yě
酸甜苦辣、百味人生中寻找你自己；你境遇中的那点儿痛苦，也许相比之下，再也
nán yǐ zhàn jù yī xí zhī dì nǐ huì jiào róng yì dé huò de cóng bú yuè zhōng jiě tuō líng hún de lì liàng shǐ zhī bù zhì biàn de huī sè
难以占据一席之地；你会较容易地获得从不悦中解脱灵魂的力量，使之不致变得灰色。

Rén zhàn dé gāo xiē bù dàn néng yǒu xìng zǎo xiē lǐng lüè dào xī wàng de shǔ guāng hái néng yǒu xìng fā xiàn shēng mìng de lì
人站得高些，不但能有幸早些领略到希望的曙光，还能有幸发现生命的立
tǐ de shī piān Měi yī gè rén de rén shēng dōu shì zhè shī piān zhōng de yī gè cí yī gè jù zi huò zhě yī gè biāo diǎn Nǐ kě néng méi
体的诗篇。每一个人的人生，都是这诗篇中的一个词、一个句子或者一个标点。你可能没
yǒu chéng wéi yī gè měi lì de cí yī gè yǐn rén zhù mù de jù zi yī gè jīng tàn hào dàn nǐ yī rán shì zhè shēng mìng de lì tǐ shī
有成为一个美丽的词、一个引人注目的句子、一个惊叹号，但你依然是这生命的立体诗
piān zhōng de yī gè yīn jié yī gè tíng dùn yī gè bì bù kě shǎo de zǔ chéng bù fen Zhè zú yǐ shǐ nǐ fàng qì qián xián méng shēng wèi
篇中的一个音节、一个停顿、一个必不可少的组成部分。这足以使你放弃前嫌，萌生为
rén lèi yùn yù xīn de gē shēng de xìng zhì wèi shì jiè dài lái gèng duō de shī yì
人类孕育新的歌声的兴致，为世界带来更多的诗意。

Zuì kě pà de rén shēng jiàn jiě shì bǎ duō wéi de shēng cún tú jǐng kàn chéng píng miàn Yīn wèi nà píng miàn shàng kè xià de
最可怕的人生见解，是把多维的生存图景看成平面。因为那平面上刻下的
dà duō shì níng gù le de lì shǐ guò qù de yí jì dàn huó zhe de rén men huó dé què shì chōng mǎn zhe xīn shēng zhì huì de yóu
大多是凝固了的历史——过去的遗迹；但活着的人们，活得却是充满着新生智慧的，由
bù duàn shì qù de xiàn zài zǔ chéng de wèi lái Rén shēng bù néng xiàng mǒu xiē yú lèi tǎng zhe yóu rén shēng yě bù néng xiàng mǒu
不断逝去的"现在"组成的未来。人生不能像某些鱼类躺着游，人生也不能像某
xiē shòu lèi pá zhe zǒu ér yīng gāi zhàn zhe xiàng qián xíng zhè cái shì rén lèi yīng yǒu de shēng cún zī tài
些兽类爬着走，而应该站着向前行，这才是人类应有的生存姿态。

2. 读诵下面节选的作品，注意运用朗读技巧。

大道行思（结篇）

1945年1月，苏联红军从德国法西斯的统治下解放了波兰首都华沙。人们陆陆续续开始回家。老城广场，已是一片碎石。陆续回家的人们来到这里，喂养战争中幸存下来的鸽子。

战争就要结束，人们相信和平已经来临。

60 年过去了。世界格局再一次发生了深刻的变化。

忽视过去的人，在未来行程里只是一个缺乏思想准备的匆匆过客。

忽视过去的国家，面对世界变局将不会有成熟的选择，甚至有迷失方向的风险。

（选自 12 集电视系列片《大国崛起》解说词）

二、读诵诗文选

1. 按本章所学技巧，读诵下列诗歌。

赞　美（节选）

走不尽的山峦的起伏，河流和草原，
数不尽的密密的村庄，鸡鸣和狗吠，
接连在原是荒凉的亚洲的土地上，
在野草的茫茫中呼啸着干燥的风，
在低压的暗云下唱着单调的东流的水，
在忧郁的森林里有无数埋藏的年代。
它们静静地和我拥抱：
说不尽的故事是说不尽的灾难，沉默的
是爱情，是在天空飞翔的鹰群，
是干枯的眼睛期待着泉涌的热泪，
当不移的灰色的行列在遥远的天际爬行；
我有太多的话语，太悠久的感情，
我要以荒凉的沙漠，坎坷的小路，骡子车，
我要以槽子船，漫山的野花，阴雨的天气，
我要以一切拥抱你，你，
我到处看见的人民啊，
在耻辱里生活的人民，佝偻的人民，
我要以带血的手和你们一一拥抱。
因为一个民族已经起来。

提示：穆旦（1918—1977），原名查良铮，笔名梁真，浙江海宁人，中国现代“九叶诗派”著名诗人、翻译家。

1938 年，北京大学、清华大学与南开大学由长沙迁往昆明，组成西南联大。师生徒步穿越湘、黔、滇三省，行程 3500 华里，历时 68 天。此行为他展现了一幅烽火连天、山河破碎的现实画图，并给他烙下了关于民族生存现状的痛苦记忆。面对日本入侵，中华民族既背负着历史积淀的贫穷和苦难，又在抗日烽火中走向觉醒，正为摆脱屈辱而战。在抗战最为艰苦的敌我“相持阶段”，1941 年 12 月诗人写下此诗，通过诸如痛苦、悲悯、爱恋、忧患、愧疚、幸福等种种矛盾对立情感的交错展现，表达赞美祖国、赞美祖国的土地、赞美土地上的人民、赞美祖国人民以“一个民族”的整体形象已经在世界上站立起来的思想感情。

2. 有感情的读诵下面散文。

听听那冷雨（节选）

余光中

惊蛰一过，春寒加剧。先是料料峭峭，继而雨季开始，时而淋淋漓漓，时而淅淅沥沥，天潮潮地湿湿，即连在梦里，也似乎把伞撑着。而就凭一把伞，躲过一阵潇潇的冷雨，也躲不过整个雨季。连思想也都是潮润润的。每天回家，曲折穿过金门街到厦门街迷宫式的长巷短巷，雨里风里，走入霏霏令人更想入非非。想这样子的台北凄凄切切完全是黑白片的味道，想整个中国整部中国的历史无非是一张黑白片子，片头到片尾，一直是这样下着雨的。这种感觉，不知道是不是从安东尼奥尼那里来的。不过那一块土地是久违了，二十五年，四分之一的世纪，即使有雨，也隔着千山万水，千伞万伞。二十五年，一切都断了，只有气候，只有气象报告还牵连在一起，大寒流从那块土地上弥天卷来，这种酷冷吾与古大陆分担。不能扑进她怀里，被她的裙边扫一扫也算是安慰孺慕之情吧。

……

前尘隔海。古屋不再。听听那冷雨。

提示：余光中，1928 年生于南京，祖籍福建，1949 年随父母去了香港，1950 年迁居台湾。《听听那冷雨》这篇散文，正如作品中所说，作者已经阔别大陆 25 年。

第四章　演讲训练

演讲是人类较高级、较完善的口才表达形式，学习和掌握这门学问的知识、技巧，不仅能提高独白体交流水平，同时也有助于提高其他形式的口才表达能力。本章在理论概述后，将对演讲的一般知识、技巧及命题演讲、即兴演讲、演讲撰稿进行训练，同时为提高学生的综合演讲能力与演讲审美水平，还编写了借鉴演讲评介部分。

第一节　演讲知识

演讲又称讲演、演说，是指在人数较多的场合，运用口语，借助态势语，郑重地陈述观点和意见，并予以论证，以达到宣传思想、鼓动群众、抒发感情的目的的一种口语表达的高级形式。“演”含有“表演”的意思，指辅助语言表达情感的姿势和动作。“讲”是陈述，即把经过组织的语言表达出来。演讲既要运用表情、姿势等体态语动作给人以具象，又要运用口语进行表述与论证。二者之间，“演”服从于“讲”，目的都是为了说明事理与说服听众。

一、演讲的特点

1. 声形同步，以声带形。演讲必备三要素：演讲者、信息和听众。演讲的基本形式是“一人讲，众人听”。对演讲者来说，一句话（声音）和相配的一个手势（形象）传递的是一个整体信息，也就是说，在效果上听者获得的是一个意思而不是两个意思，即“声形一体化”。对听众来说，不仅要听，而且要看，视听同时起作用；既听有形象的声音，又看有声音的形象，看听融于一体。整个演讲就是在这种特定的场景下，由演讲者运用有声语言，并追求言辞的表现力和声音的感染力，同时，辅之以可以理解的体态语动作，与听众进行交流，以达到“使人知、使人信、使人感动、使人赞同”的目的。

2. 说服力强，鼓动性大。表现在：①演讲者态度鲜明，或褒或贬，或赞扬或批判，是非分明；②演讲者的论证是严密的，过程是清晰的，虽然话题单纯，但旁征博引，有理有据，深入浅出；③演讲者以自己的真心去呼唤听众的心声，以自己的感情火花去点燃听众的感情烈火，激发起听众对某些现象的注意和思考，从而接受演讲者的观点，达到影响、征服听众的目的。说服是鼓动的前提，只有说服了听众，才能引起听众的共鸣和改变听众的态度，才能有鼓动其行为的可能。

3. 艺术性高，感染力强。演讲是通过有声语言和无声语言等手段进行表现的艺术。演讲是由多系统（如语言系统、声音系统、表演系统、文体形象系统、时境系统等）、多要素构成的综合时间活动，有戏剧、曲艺、舞蹈、雕塑、绘画等各种艺术种类的某些特点和因素。而这些因素又有机、和谐、自然统一在一起，从属于演讲、服务于演讲，因而能产生巨大的艺术魅力。若能达到这一语言艺术境界，那么演讲也就能成为高级的、完美的、富有审美价值的口才艺术了。

【范例】　在每一场演讲中，都应力求做到8个字：相声、小说、戏剧和朗诵。具体操作方法是：“演讲开始几分钟内，就要有相声般的幽默；在演讲过程中，贯穿有小说般的形象；讲到高潮时，必须有戏剧般的冲突；结束之前，要有诗歌般的激情。”

总之，演讲既不同于有声化的朗读、追求艺术美的朗诵，也不同于以艺术化表演为手段的戏剧，而是介于舞台表演与生活言语之间的以交流思想、传达感情、发表观点、提出号召，从而达到宣传教育目的的说话实践活动。

演讲是说话的形式之一，它既能对培养学生的说话能力起到十分重要的作用，又能综合应用其他表达形式，因此在整个口才训练中占有重要地位。

演讲可提高素质、塑造形象、改善关系，也可以促进正确舆论的形成、社会感情的美化，进而引导听众行动、促进精神文明建设。

【训练一】 列表比较朗读、朗诵与演讲，说出三种口语表现形式的异同。

二、演讲的种类

演讲因划分标准不同而多种多样。按内容可分为政治演讲、学术演讲、诉讼演讲、社会生活演讲、宗教演讲等；按体裁可分为说明式演讲、议论式演讲、论辩式演讲等；按形式可分为集合性演讲、会议性演讲、告别性演讲等；按过程可分为有准备演讲与无准备演讲（即本书所说的命题演讲与即兴演讲）。本书将着重介绍并训练命题演讲与即兴演讲两种。

1. 命题演讲。命题演讲即由其他人或自己在演讲前拟定题目或范围，并经过演讲者做较充分准备后而发表的演讲。其特点：主题鲜明，针对性强，内容稳定，结构完整。

2. 即兴演讲。即兴演讲是指演讲者在事先无准备的情况下，就眼前的场面和情景有感而发的演讲。其特点：有感而发，时境感强，篇幅短小。其要求：紧扣主题，抓住兴头，迅速组合，言简意赅。

【训练二】 学生思考后，用演讲的方式分组讲解：命题演讲中的即兴演讲和即兴演讲中的命题演讲。

【课后练习】 模拟练习演讲林肯《葛底斯堡演讲》（见本章第六节），体会演讲的特点。

第二节　演讲技巧

演讲技巧是多方面的，本节将对演讲的准备、控制技巧、应变技巧进行讲解与训练。

一、演讲的准备

（一）常规准备

演讲者在演讲前必须认真考虑下列问题：

（1）是否进行过听众情况调查统计？

（2）是否知道听众对你所讲的主题的了解程度？

（3）准备演讲材料时，是否考虑到了影响听众理解的各种因素？

（4）是否已明白自己演讲的类型与场合？

（5）是否已写讲稿、提纲或已打有腹稿？

（6）是否已设法进行了试讲并体味效果，完善讲词，对可能影响演讲效果的外部情况考虑好了相对应的措施？

【范例】 林肯当年在葛底斯堡烈士公墓落成仪式上所作的演讲就是在一个充分准备下而获得巨大成功的典范。他在两周时间内反复琢磨思考，对讲稿不断修改删减，又多次面对白宫职员试讲并虚心听取他们的意见，最后以十分简洁凝练的10句话作了这次符合身份、切合场景地点又满足听讲双方感情愿望的名垂青史的演讲。

【训练一】 假如你被聘担任班级或校（院、系）学生会的某一学生干部职务，你将如何针对班级同学或全校学生准备你的就职演讲？

（二）其他准备

1. 巧提观点。演讲中怎样让自己的观点给听众留下深刻的印象呢？依据心理学记忆部位律，人们一般认为，在演讲开头与结尾阐述的内容有较强的说服力，对听众的心理刺激痕迹较深，演讲者应该把自己主张的观点，放在开头或结尾提出来，以保证听众接受的可能性与可靠性。很久以前人们不曾怀疑“说服中的首位律”，即在阐述两种相反的观点时，先阐述的一种比后阐述的一种有较大的影响。到了20世纪50~60年代，有人通过一些心理实验的研究，发现了“说服中的新奇律”，即后阐述的观点听众感到比较新鲜，其影响要大于先阐述的观点。两条规律的内容截然相反，演讲者应如何处理它们之间的关系，并且综合运用于演讲过程呢？正确的做法理当这样：在阐述两种相反的观点时，演讲者应当先阐述自己的观点，再批判地分析相对立的观点，最后重新提出自己的观点，运用“新奇律”为自己的观点服务。按照这种程序综合运用两种规律，符合听众心理活动的一般规律，就容易使演讲者获得成功。

2. 选用实例。演讲中选用实例来阐明自己的论点，可避免空洞的说教并且使演讲内容生动有趣，吸引和说服听众。

选用实例要注意5个方面：人性化、个性化、翔实化、戏剧化和视觉化。

（1）人性化。就是使演讲富有人情味和感染力。演讲者应只讲述少数要点，然后以具体的事例作为引证，这样建构演讲的方法一定会吸引人的注意。

【范例】 《我生命中的三次感动》的演讲者钱学森就是通过自己所经历的几件感人的事情，阐述了对“钱学森同志”这个神圣称谓认识的逐步深化，从而说明了加入中国共产党的原因。引人深思，感人肺腑。

（2）个性化。就是说名道姓，使演讲个性化。说故事，中间牵涉别人时，无论如何，应该使用他们的姓名为佳；假如想保护他们的身份，可用化名。

（3）细节化。就是使演讲实例细节化。在举例时应遵循新闻写故事的5W公式（When? Where? Who? What? Why?）。如此，举例就会翔实生动、多姿多彩。

（4）戏剧化。就是使演讲戏剧化。举例之中加进对话，对听众起到戏剧性的作用。若演讲者还有些模仿技巧，能将原来的语气语调说进字句里去，对话就更见效果了。而且，若对话是日常生活中的会话，会使演讲更为真实可信。

（5）视觉化。就是使演讲视觉化，是在其中加入视觉的展示，也就是借助态势语言的辅助。例如，你花费几小时只为了告诉我们如何打保龄球，而我却可能感到厌烦；可是你若站起来表演一下怎样掷球，那我就会全神贯注地倾听了。同样地，你若用手臂和肩膀来描绘飞机飘移不稳的情况，我定然会更关注你轻扣鬼门关的结果。

【训练二】 以《我最××的一件事》为题，分组进行演讲。

二、控制技巧

此部分参见本书第二章第四节的内容。

三、应变技巧

在演讲中，要做到镇定自如、随机应变，就应该掌握一些应变技巧。下面通过范例来介绍几种演讲中的应对技巧。

【范例】

1. 忘记讲词，灵活转接。如果一走上讲台，就忘了开场白，只要不冷场，听众一般是不知道的。可根据演讲环境的有关情况寻找新的话题，巧妙过渡到演讲；或从自身心理出发，逐步过渡到演讲内容。如果是中途丢掉一句（段），尽量顺着往下说，只要整个演讲大体上过得去，少一两句或丢一段都无关系。有位最后演讲的同学上台就忘了演讲词，他就临时对大家说了一番话：

同学们，大家今天在这里静坐了近4个小时了，我知道大家也一定和我一样，肚子早已"叽里咕噜地闹革命"了，假如我的演讲再啰啰嗦嗦，那我就是存心与大家、与我自己过不去了，为了大家，也为了我的肚子，我打算坚决把演讲压缩在15分钟以内，着重讲以下三个问题……（如果这时还记不起，可以掏出事先准备好的"备忘卡"说出题目或内容要点）

2. 说错意思，顺水推舟。意思就是不承认自己是失言而是特意这么说的，而这么说又是有道理的。

3. 听众发难，冷静应对。面对发难，要灵活冷静地应付。可采取反诘法，即不正面回答，而是提出另一个问题来回敬对方。当代作家刘绍棠在一次演讲中看到听众递上来的一个条子，上面写着："共产党不是伟大光荣正确和战无不胜的吗？为什么连'现代派'和'存在主义'都在抵制，怕得不得了呢？"他看后，站起来问道："你们说我身体好不好？"（刘绍棠当时红光满面，体魄健壮）大家异口同声地说"棒！"这时他又问道："那么你们说，我为什么不能吞进苍蝇？"于是博得会场一片掌声。

4. 时间即到，快速缩讲。快速缩讲应变公式 = 结合场景 + 用一句话概括未完内容 + 谢谢大家。一位学生在演讲"大学生脚下的路"时，本来还有一大段话才结束，这时限时铃声响了，他便从容说道："铃声再一次警示我们大学生，时不我待，抓住机遇，迎接挑战，大学生的路就在脚下。"

【训练三】　请针对下列的"变"，设计"应变"。

1. 你上台演讲，由于太紧张，头脑里出现一片空白。

2. 你参加一次推广普通话的演讲会，而上台一开口，自己就不能讲好普通话。

3. 听众问：你说"大学生求学期间谈恋爱结婚，结果往往是苦涩的"，你为什么正在谈恋爱？

4. 请快速缩讲这篇题为《一位教师就是一座桥》的演讲的结尾。

最后，我想用一位有几十年教龄的前辈在教师节时发出的心声作为我演讲的结尾：

从不企望
有一首歌
唱我的劳作与奉献；
从不奢望
有一座纪念碑
镌刻上我的名字。
但群星满天、栋梁遍地的回首，
却忠实记载了我这座默默无闻的桥的功劳。
也许有一天，
人们走过后
桥也粉身碎骨；
清贫一世的我
虽白发苍苍但依旧坦然。
因为身边这蜿蜒不尽的路上，
不仅有我的酸涩的记忆昔日的辉煌和青春的风采，
也有从我这里延续下去的浩然正气。

（选自德阳市首届"为人师表"演讲赛，张波文）

【课后练习】

请学生自己选择一段演讲内容，反复练习，以训练自己的演讲技巧。

第三节 命题演讲

命题演讲是演讲前由其他人给定话题或确定范围，个人在充分准备的基础上所作的演讲。本节将介绍命题演讲的特点及要求。

一、观点角度新颖，立意深刻

命题演讲常常是几个人同时演讲相同的题目，这就要求提出的观点不仅要鲜明，而且要角度新颖、立意深刻。角度新颖就是要避免老生常谈，特别是对老话题和众人所谈的同一话题要讲出新意。立意深刻就是要求主题有深度，深刻是检验演讲者对演讲问题的认识程度。这是命题演讲是否成功的一个根本标准。

新东方创始人，著名英语教学与管理专家俞敏洪在一次对大学生的演讲中，紧紧围绕男生女生找恋爱对象的话题谈做“耐得住寂寞的男人们”，他讲到：有人说：女生到社会上会遇到比学校更优秀的男生，而男生很难找到比在学校更好的女生，我现在告诉你，这句话你们都理解错了。这句话的意思是：男生在校园都还不成熟，19～25岁的男孩一般都比同龄女孩显得放不开，但到社会上，很快男人变得就优秀多了，这说明大学几年是男生成熟的重要时期。而女生到社会变得实际了，于是就有了你们经常听到的那一句话！而我一直认为，清华大学比北京大学的男生优秀就在于清华大学的男生能学会等待！这也就是为什么清华出的国家领导人要远远多于北大。一个男人，是需要孤独的，如果你忍受不了孤独，只能说明你内心还不够强大！很多男生认为能证明自己的魅力在于自己有多少朋友，有多么漂亮的女朋友，那么我只能说你真的还需要成长，一个真正的优秀男人一定是朴实无华，甚至是谨小慎微的，一定是一个孤独者，因为只有静才能生智，而不是急！诸葛亮的《戒子书》中说：静以修身，俭以养德！如果在这一个男人最重要的几年中，你投资的是一个女人，那么你后边几十年里，你将不断地求着这个女人不要离开你。你如果投资的是自己，那么在剩下的几十年里，你会很顺利地收获真正属于你的爱情。记住：爱情是以物质为基础的奢侈的精神享受！

二、听众对象明确，针对性强

针对性强是命题演讲的一大特点，也是它的一大优势。还是在上面那次演讲中，俞敏洪又讲到：我曾经在郑州大学说过怎么看一个男人是否将来会很优秀，那就是长得比我还要难看的，却能很自信地笑的男生。为什么，因为在大学中，这种男生一般不会太引人注意，他们更不会受到女生的青睐，于是，他们只能做好自己的事，来弥补被人冷落的空虚。可事实证明，干好自己的事情，比被谁青睐都更有价值！自己不哭，走好自己的路，才能走出未来！感谢那些离开你的女生，男人可以不勇敢，可以不斯文，但不能没有胸怀，有多大的心就有多大的未来！何况调查发现，一个男人要被4～5个女人伤害才会变成熟，所以可以说是离开你的那些女人造就了你的优秀，何况人家是在用一个女人最美好的时光来教育你，这个投资应该说相当大了，所以你应该感激！这就是为什么俞敏洪、马云、史玉柱、李阳，这些老男人能有今天，你可以去看看，我们当初有谁在学校特别被人欢迎？没有！我们倒是都自卑过，因为长相，因为穷！所以，不要认为你一无所有，当你一无所有的时候，是上帝帮你倒空了垃圾，让你装进去对你最有用的东西，此时，你离那个人生腾飞点已经很近了！

三、充分准备

命题演讲一般是在经过充分准备的情况下进行的，其主题、总体结构、转合关键、重要理论依据的要素，都是经过反复推敲的，一般内容较少变动。当然，我们并不排除在个别情境中，命题演讲者也要对他们的演讲内容作一定修改的可能性。但我们也可以肯定地说，这种修改、变动只是局部的、少量的，就整个演讲内容来看是稳定的。

【训练一】　请拟出《葛底斯堡演讲》演讲稿的思路提纲（文见本章第六节）。

【训练二】　命题演讲综合训练。

1. 阅读下面的材料，针对规定的角度，提炼演讲的主旨和题目。

学院新建了一座教学楼。楼被一大片绿地包围，进出教学楼的道路沿绿地外围绕了一大圈。因此，如果不穿越绿地，通行者就必须沿道路绕行，部分讲求快捷方便的人，就践踏绿地进出教学楼，现在这座教学楼前的绿地上，已出现一条被人走出来的“道路”。

（1）从道路设计者的角度：主旨
题目

（2）从践踏者的角度：主旨
题目

（3）从绕行者的角度：主旨
题目

（4）从旁观者的角度：主旨
题目

（5）从“以人为本”的角度：主旨
题目

（6）从“遵章守纪”的角度：主旨
题目

2. 用一句话概括出下面三则材料反映出的思想。

（1）据英国科学家盖洛普曾对过去 300 年中 300 位最著名科学家的信仰进行的调查，其中 38 人因无法查明其信仰而不计以外，其余 262 位科学家中不信上帝的有 20 人，占总数的 8%；信上帝者则有 242 人，占 92%。甚至全世界最具影响力的十大科学家全都是信上帝的。

（2）继高官陈希同、陈良宇落马被法办后，2013 年 9 月 22 日，山东省济南市中级人民法院公布薄熙来受贿、贪污、滥用职权案一审的判决结果：被告人薄熙来犯受贿罪，判处无期徒刑，剥夺政治权利终身，并处没收个人全部财产；犯贪污罪，判处有期徒刑 15 年，并处没收个人财产人民币 100 万元；犯滥用职权罪，判处有期徒刑 7 年，决定执行无期徒刑，剥夺政治权利终身，并处没收个人全部财产。

（3）产品有规格，商品有价格，为人有“人格”。产品规格有优劣，商品价格有高低，为人之人格也分高下。

【课后练习】

请以《骨气》为话题，准备一次命题演讲。

第四节　即 兴 演 讲

一、即兴演讲知识

即兴演讲又称即席演讲，是一种事先无准备而临时决定进行的演讲。普通话水平测试第四题为“说话”，占总测评的 40% 分值。此项检测实际就是即兴演讲。测试中，考生要注意大胆用普通话讲话，不能出现因考生原因而导致的考官与考生的“双向说话”。测试时保持主动、流畅、洪亮的说话面貌。

因为即兴演讲是临时决定的演讲，因而它不容演讲者深思熟虑、字斟句酌，这就需要即兴演讲者具备敏锐的观察力、丰富的知识储备、良好的综合概括分析能力和思想观点快速组合能力，具备随时准备演讲的心理状态。

二、即兴演讲的类型与特点

即兴演讲可分为生活场景式和命题比赛式两种。

（一）生活场景式

生活场景式即兴演讲是根据各种生活场景中的中心事件和听众对象即兴而发的，是在特定的场合中、以特定的身份、针对特定的事情和特定的听众对象而作的演讲。要成功地进行生活场景式即兴演讲，必须做到以下4点。

1. 把握现场气氛，即景生情。

【范例】 《在老同学聚会上的发言》（文见本章第六节）就是遵循老同学聚会这一特定场景气氛，从忆过去、叙旧情入手，发表了自己对人生的体验，概括了同学们20年来的奋斗历程，表达了老同学间的深厚情谊。

2. 了解听众，把握讲话分寸。

【范例】 《妙趣横生的演讲》（文见本章第六节）是1990年春节晚会上台湾电视节目主持人凌峰的即兴演讲。凌峰初次与大陆电视观众见面，又是在收视率最高的春节晚会上，面对这样复杂、众多的观众，他抓住观众的共性，不仅诙谐有度、妙趣横生地介绍了自己的身份，而且增添了春节晚会上的欢乐气氛，使自己一夜之间成为家喻户晓的明星。

3. 把握事情实质，借题发挥。

【范例】 《我为什么报考导游?》（文见本章第六节）。

4. 把握自己的身份，内容新颖别致。

【范例】 《我为什么报考导游?》（文见本章第六节）的演讲者尹浩洋，便是从自己独特的身份——教师、男性、30岁出发，谈自己报考导游的不利条件和有利条件。

（二）命题比赛式

命题比赛式即兴演讲实际上是一种命题式的口头作文。一般说来，它比生活场景式即兴演讲所受的制约要大。

命题比赛式即兴演讲受现场气氛和听众对象的制约较少，而主要是受所抽题目的制约，所以，这种演讲最关键的问题就是处理好审题和取材这两个环节。当然，构思也不可忽视。

1. 审题。审题是命题比赛式即兴演讲的第一步，也是最重要的一步。审题出了偏差，整个演讲就会失败。这种即兴演讲的题目大致分为两类：一类是论题式题目，另一类是论点式题目。

【范例】 《欢迎你到徐州来》（文见本章第六节）是全国十城市青少年演讲邀请赛中江苏选手吕天在即兴演讲前所抽的题签。因为作者是徐州人，当然讲的是《欢迎你到徐州来》。作者审题抓住“徐州”这一题眼，然后思考确定演讲的主题：“什么是徐州的骄傲呢?”

2. 取材。由于这种演讲准备的时间都很短，所以最困难的环节就是如何迅速地组织充分、精当的材料来说明问题。无论抽到论点式题目还是抽到自己立意的论题式题目，它们都体现了“主题先行”的性质，先行的主题就是取材的基本尺度和聚集点。

命题比赛式即兴演讲取材的方法一般有三种：一是“纵向扫描法”，即扣住所讲的题目，从历史发展的角度看问题，以前怎样，现在怎样，将来又会怎样，或者对问题进行由浅入深的考察，主要着眼点在于事物的发展与变化；二是“横向拓展法”，即根据事物的多面性，从相互联系的角度看问题，从不同的方面来考察这一事物，或者从此事物与其他同类事物的异同出发，来提示这一事物的独特之处，主要着眼点在于事物的特征；三是“正反对照法”，即从对立统一的角度看问题，把所谈问题和事物的正反两方面进行对照。

【范例】 《欢迎你到徐州来》演讲者吕天在确定演讲主题后，对自己头脑中所储存的有关徐州的历史沿革、风俗人情、山川河流、名胜古迹、交通物产、经济文化、英雄模范等资料进行搜寻，并根据演讲的主题用一分钟时间将这些材料次序安排好，开始演讲。这个演讲的组材方法采用的是“横向拓展”法。

无论是“生活场景式”还是“命题比赛式”即兴演讲都要求扣题而讲，内容新颖，构思敏捷，条理清楚，语言简练，表达准确。

三、即兴演讲的构思

即兴演讲事先并无准备，但要心中有“数”，这个“数”即快速构思。掌握快速构思的方法，在构思的基本框架、思路和要点的基础上随想随说。下面通过范例讲解即兴演讲构思的一般步骤。

1. 借引媒介，引出话题。即兴演讲中的“媒介”是指与场景、主题有紧密关联的事物，即演讲的由头。具体如图4-4-1所示。

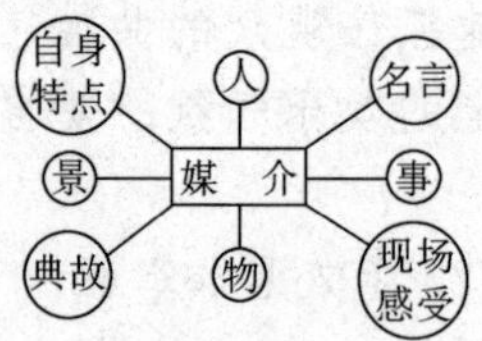

图4-4-1 媒介图

借引媒介，就是要借用这些人、事、物、景、名言警句、典故等来开头，从而引出话题，达到沟通演讲者和听众的目的。

借引媒介、引出话题的方法有以下三种。

（1）根据具体的场景、主题来借引媒介，确定话题。

【范例】 上海市新闻工作者协会主席王维同志一次出席上海市企业报新闻工作者协会成立大会。大会是在上海市第三钢铁厂新建的俱乐部会议大厅举行的。他发表了如下的即兴演讲：

我来参加会议，没有想到有这么好的会场，这个会场不要说是上海市企业报记者协会成立大会，就是上海市记协成立大会也可以在这里召开。没有想到有这么多的企业报记者、编辑参加这个大会，它说明企业报的同仁热爱自己的组织，支持这个组织。没有想到，今天摆在主席台上的杜鹃花这么美丽。鲜花盛开标志着企业报记者协会也会像这杜鹃花一样兴旺、发达……

（王维的即兴演讲成功地抓住了表现会场气氛的三个媒介点：会场、人员、鲜花；又通过三个“没有想到”，把三个散点巧妙地连缀成一体。）

（2）选择听众所熟悉、易理解的事物为媒介，引出话题。

【范例】 熊焰波在1986年“全国十城市青少年演讲邀请赛”上的即兴演讲。

他从“万事开头难”说起，抓住第一个发言这一材料，并引用《诗经》的话，新颖别

致，即兴而发，不同凡响，开场博得满堂掌声。接着从“人总有被误解的时候”出发，以张海迪、曲啸、自己的经历为例为佐证，规劝人们不应为被误解而发愁，应该用行动去让人理解，确能发人深省。最后把赛场警告铃声巧妙地引入演讲之中，浑然天成。

当你被误解的时候

熊焰波

有一句老掉牙的老话，叫做（用四川方言讲）“万事开头难”。演讲如此，即兴演讲更是如此。不过，我总感觉到万事结束更难。我们在座的很多同志都知道《诗经》上有这样一句话：“靡不有初，鲜克有终”，也就是说任何事物都有一个开头，但很难得到一个圆满的结尾。但好的开头也是很难的，所以我庆幸我第一个走上了即兴演讲的讲台。（热烈鼓掌）

……

（3）选择与演讲主题有关、能充分表达演讲者此时此地特定思想感情的事物为媒介，做到客观媒介与演讲主题和谐一致，从而引出话题。

【范例】 《妙趣横生的演讲》（文见本章第六节）是台湾著名艺人凌峰参加中央电视台 1990 年春节联欢晚会时，节目主持人赵忠祥问他可否能为观众讲几句话，凌峰立即回答“当然可以”，于是发表的一段即兴演讲。

2. 展开联想，搜集材料。借引媒介主要是解决如何引出话题的问题，而这一步是要解决讲什么的问题。演讲者必须在大脑里快速搜集储存的信息，展开联想便是最基本的形式。由某一事物联想到另一事物，发生连锁反应，源源不断地再现储存的信息，提供所需的材料，主要的方法是借助即兴情感的推动，把演讲和听众的感知（体验）及理解联结在一起，将现场场景、氛围、主题、时境所提供的特定条件跟自己记忆中的同演讲主题有内在联系的各种富有感情色彩的生动事例、幽默故事、风趣话语、格言警句、诗词歌赋等材料自然结合起来。

【范例】 话题“你心目中的男子汉”，由此必定会联想到项羽、孙中山、毛泽东、拿破仑、泰森、比尔·盖茨等；联想到巍巍昆仑、滚滚长江、滔滔黄河、苍松翠柏、金戈铁马、商场市场等。

3. 布点连线、理脉成文。

（1）布点。即对互不联系的、独立的、零乱的、散碎的“点”的材料迅速地加以筛选，选择自己所需要的部分，作为组成演讲词腹稿内容的“点”；然后围绕主题，根据各“点”之间的联系，合理布局，快速组合，最后连贯成文。

（2）连线。即把所布的点，根据一定的逻辑关系放到恰如其分的位置上，成为一个有机的系统，从而理脉成文。

【范例】 著名诗人流沙河在太原参加《山西青年》主办的全国青年散文大奖赛的颁奖活动后，与获奖者同船去成都旅游途中应邀作了一次别开生面的即兴演讲：

各位乘客同志，你们好！你们是散文的获奖者，都上了这条船，方方的小船，要渡到对岸去找读者，我不是散文获奖者，不能代表各位讲话。俗话说：“百世修来同渡船”。我与各位有缘，各位彼此也有缘，我们大家修行积德，今夜同舟一渡，不说几句，岂不辜负如此良缘？读者在对岸，今夜看不见，我就讲给我们自己听吧。

第一，明晨登岸，各位须有思想准备，码头上不会出现热烈欢迎的场面，不会有轰动的效应。这是因为各位都是文星，不是歌星、舞星、球星、时装星、气功星，冷遇是意料中的。就说文吧，如果会弄，也能弄出一点轰动效应，所谓蜚声文坛是也。奈何你们中间既无耸人听闻的主义新潮，又无使人糊涂的艺术手法，谁肯来给你们抬轿？抬与被抬，总要互利，无利谁抬。现在时间就是金钱，一颦一笑都要讲求效益呢。

第二，登岸之后，各位宜走冷僻的小路，甘心寂寞，埋头向前。热闹的阳关道摩肩接踵，多有侠客武打，凶手杀人，警匪斗智，男女纵情，深宫盗宝，倚闾卖春，那不是你们的去处，虽然铜香扑鼻，钞色晃眼。现在就别提“大众化”了吧。你们“化”得赢阳光道上的？他们“化”大众，工农兵通吃，几乎吃到知识分子大学生群中来矣，吃了还不犯法，亦不算自由化，何乐而不“大众化”哉！你们能做到小众化，2000 万名知识分子中能“化”1%，这本散文选集便该印 20 万册。哎哟哟，吓死我了，由此可见走小路、小众化，亦殊非易事也，够各位累到死。

第三，上路之后，各位还得振作精神，不要气馁，更不要妄自菲薄，你们文字精通，感情真实，心灵洁净，智慧明晰，所以有“经久耐用”的优势。靠轰动效应冒出来的不经久。热潮一退，便冷硬了。阳光道上的不耐用，易拉罐饮料，喝完便去。他们没有这个优势，而你们有。你们比他们活得长。你们对未来，应该有信心。骗人的假货，害人的劣货，固然排挤你们，逼你们走小路，但是也使你们相形增值。无浊流，何以见清流？无渭，何以见泾？

【训练一】 采用散点边缀法，即教师随意出 3 ~4 个词语，让学生将这些词语用在一段即兴演讲中。

1. 歌友会 咖啡 遭遇 超级女生

2. 春天 马航客机失联 环境保护 《甄嬛传》

【训练二】 分组为即兴演讲常用的“抓兴”媒介编写序号，然后按序号的先后以《感恩的心》为题，进行即兴演讲。

【课堂训练】 以《大学生如何面对就业压力》为即兴演讲题目，教师确定部分小题目，训练学生的即兴演讲能力。

【课后练习】

请模拟某一场景进行即兴演讲。

第五节 演讲撰稿

演讲撰稿的训练方法很多，下面分别从思想内容和结构形式两个方面进行讲解和训练。

一、思想内容

（一）主题鲜明，要点突出

1. 主题鲜明。演讲者在演讲中所表达的观点和看法就是演讲稿的主题。没主题便无法选择和组织材料，演讲就成了无的放矢。确定了主题就可以围绕它选用典型的材料，不致使材料零散杂乱，从而最大限度地发挥其作用。一篇演讲稿只能有一个主题。否则，就会影响主题的明确、集中，让人不明就里，进而影响演讲的效果。所以提炼主题是不容忽视的。

2. 要点突出。主题来源于材料，是材料的高度概括，同时主题的表现又必须依赖材料才能完成，因此在使用材料表现主题时要力求做到要点突出。演讲稿不同于一般读物，可以在阅读过程中采用放慢阅读速度，甚至掩卷思考的方式来完成对内容要点的理解。因此演讲撰稿过程中就必须注意，不仅要从全部材料中提炼主题，还要从各个具体材料中突出要点，表现主题。这样，具体感性的材料可以上升到理性去理解，复杂纷繁的材料可以转化成简单的道理去认识，材料对于主题的表现作用就得到了突出和强化。

【范例】 我们是非常幸运的人，我其实在想10年前的今天，是“非典”在中国最危险的时候，所有人都没有信心，大家不看好未来，阿里十几个年轻人一起，我们相信10年以后的中国会更好，10年以后，电子商务会在中国受更多人的关注，很多人会用。

……

看到你们，看到中国的年轻人，我不希望有一天我们这些人再来一个致我们逝去的中年。这世界谁也没把握你能红5年，谁也没有可能说你会不败，你会不老，你会不糊涂。解决你不败、不老、不糊涂的唯一办法，相信年轻人！因为相信他们，就是相信未来。所以我将不会再回到阿里巴巴做CEO。

要我回也不会回来，因为回来也没有用，你们会做得更好！

……

……明天开始，生活将是我的工作，欢迎陆兆禧。

马云在纵向讲解自己公司的成长历程时，始终突出一个主题：未来总是属于年轻人，相信未来。

（选自马云卸任CEO演讲《明天起生活将是我的工作》）

【训练一】 读下面这篇短文，然后确定一个演讲主题。

2013年8月22日，发生在上海地铁3号线车厢的一幕，被市民用手机拍下，并上传网络。当晚6点50分左右，正值下班高峰，列车上站满了乘客。从几人的对话内容来看，当时，一对年轻父母正在车厢内给怀中婴儿把尿，尿溅到一名女乘客脚上。面对周围乘客的批评，婴儿的父亲非但不道歉，还气焰嚣张，甚至试图飞脚踹这名女乘客，所幸被婴儿的爷爷拉住。之后，轨道方面和民警对婴儿父亲的不当行为进行了批评教育。

8月24日，孩子的爷爷专程来到轨道交通派出所，写下了一封道歉信，说当时儿子太冲动，今天自己为儿子的不当言行向乘客道歉，孩子爷爷说，“我儿子太小不懂事，我们不对，我代表全家人向乘客和女乘客说对不起。”

（二）情理并茂，材料鲜活

1. 情理并茂。演讲稿就其功能和特点而言，比较接近议论文，即以对问题的议论为手段，以获得结论或提出观点为目的。因此，摆事实、讲道理就成为演讲稿撰写过程中常用的思维方式。演讲稿除有让人感兴趣的事实，还得蕴含有让人警策的道理。这个理不仅指被证实过的大道理，更多的是作者独有的、从事实材料中概括得出的理，具有作者个性色彩的感悟和体验。把握理要注意以下三个环节。

（1）处处寻理。撰写者要用敏捷的思想、敏锐的眼光、敏感的反应去挖掘、去发现理。

【范例】 近百年来世界六大演说家：苏珊·安东尼（1820—1906）美国妇女运动的领袖与组织天才，更是著名的雄辩家，她的演讲为美国妇女争得了投票参政权；弗拉基米尔·列宁（1870—1924），无产阶级革命领袖，具有惊人的说服力，他号召俄国人民起来革命，推翻沙皇统治，改变了整个世界的局势；富兰克林·罗斯福（1882—1945），这位任期长达12年的美国总统，遭遇美国历史上两件大事——20世纪30年代世界性经济危机和40年代的第二次世界大战，他都能运用自己的权力和说服力，使美国人民保持充沛的自信渡过难关；温斯顿·丘吉尔（1874—1965），近代史上的英国政治家，在第二次世界大战盟国处于黯淡的劣势时期，以其精辟的演讲振奋了英国人民的士气，使英国人民深信战争终将获胜；甘地（1869—1948），毕生倡导“非暴力不合作”，运动，终为印度赢得独立；马丁·路德·金（1929—1968），美国黑人牧师兼民权运动领袖，至死也在讲述有色人种与白人平等的梦想，因而让世界各种族的人们尊敬。

（2）概括成理。生活中蕴藏着许多新鲜、深刻的理，当这些理尚未被提示出来的时候，通常是以事实的方式存在于我们周围的。经过认真地分析和研究，找到并概括使之成理。因此，撰写时就要有意识地分析话题、提炼材料，善于从中概括和归纳出可以给人以启示的理。

（3）言之有理。要求撰写者不仅讲出一个理，而且要讲清讲好这个理，要考虑并且根据不同听众的不同情况去设计或推导，由此及彼、层层推进，在演绎中逐步完成理的揭示；或举例，一斑见豹，运用归纳形成对问题的共同认识。论理要注意步骤和方法，做到顺理成章，引导听众循着作者的思维一步一步认同理、接受理。

“情”是演讲的另一个重要因素。感情的恰当运用可以使演讲更贴近听众，得到认可，产生很好的感染效果。一个会撰写演讲稿的人也应该知道怎样通过感情的表达来强化演讲的效果。与议论文充满理性色彩和逻辑论证的特征相比，演讲稿的阐述显得通俗而亲切，作者常常是将道理搁置一旁，用通俗易懂、众所周知的事实清楚明白地表达发自内心的激情，给人留下深刻的印象。

【范例】 美国，我们已经走过漫漫长路。我们已经历了很多。但是我们仍有很多事情要做。因此今夜，让我们自问——如果我们的孩子能够活到下个世纪；如果我们的女儿有幸活得和安一样长，他们将会看到怎样的改变？我们将会取得怎样的进步？

现在是我们回答这个问题的机会。这是我们的时刻。这是我们的时代——让我们的人民重新就业，为我们的后代敞开机会的大门；恢复繁荣发展，推进和平事业；让“美国梦”重新焕发光芒，再次证明这样一个基本的真理：我们是一家人；一息尚存，我们就有希望；当我们遇到嘲讽和怀疑，当有人说我们办不到的时候，我们要以这个永恒的信条来回应他们：是的，我们能做到。

感谢你们。上帝保佑你们。愿上帝保佑美利坚合众国。

（选自《奥巴马竞选演讲稿》）

2. 材料鲜活。写好演讲稿，材料的收集和使用是至关重要的。无论是演讲稿的主题、观点，还是阐述的道理，都要建立在材料的基础上。演讲撰稿选用材料应该注意以下几个方面。

（1）选用新鲜的材料。新鲜的材料不仅指新近出现的材料，还包括已经发生但仍能挖掘出新意或未被使用的材料。要求选用者有新的观念、新的视角，紧紧把握时代节奏、社会脉搏，敢于摆脱传统观念习俗的束缚，不断研究新问题、新情况，同时要有较强的分析和概括能力，通过对材料的认真分析和概括，发掘出蕴藏在材料中的新鲜意义。

（2）选用确凿的材料。材料的来源是多渠道的，或亲身经历，或从书刊报纸、广播电视上获得。不论以何种方式得到的材料，都必须验证、推敲它是否真实可靠，考虑它的适用范围，看一看它是偶然发生的、还是必然要出现的，是表面现象的问题、还是本质特征的展示。只有确实可靠的材料才会具有说服力和感染力。

（3）选用有价值的材料。材料的价值体现在它能否为演讲的观点和主题服务。这就要求撰稿者不仅能够准确地把握演讲稿的观点、主题和所要阐述的道理，同时还要能够准确地把握材料本身所蕴含的意义，自始至终用材料来证明观点。

【训练二】 以《中国梦，我的梦》为话题，确定一个演讲主题与标题。

二、结构形式

演讲稿的结构通常包含三个部分：开头、主体和结尾。

(一) 开头

明确开头是演讲者与听众沟通的第一座桥梁，肩负着组织听众注意力的特殊使命，左右着听众自始至终的注意力指向。开头设计应力求以最快的速度吸引听众的注意力。开头的方式多种多样，一切皆要因人、因时、因演讲环境来设计，不应强求一律。开头设计的好坏，直接影响演讲的整体效果。

【范例】 开头撰写九法。

1. 开门见山法。直接切入讲题，不拐弯抹角。

我本来是搞国学研究工作的，是担任中国文史课的，论理应该规劝大家埋首古籍，多读中国书。但我在北京，就看到有人主张读经，提倡复古。来这里后，又看见有人老抱着《古文观止》不放。这使我想到：与其多读中国书，不如少读中国书。

（选自鲁迅1926年在厦门大学所做的演讲）

2. 诗文警句法。开头引用前人的诗文名句，民间妙语、俗语，也包括演讲者自己的富有诗情画意的语言。

“桂林的山来漓江的水，祖国的笑容这样美!”这是当代诗人贺敬之写的赞美桂林山水的诗，我以前读这诗的时候，心中就充满了对桂林山水的无限向往之情。今天，当我有幸饱览了美如仙境的桂林山水后，心中又涌出了陈老总（陈毅元帅）的诗句：“不愿做神仙，愿作桂林人!”因为桂林人不仅生活在仙境之中，而且桂林人的心灵，尤其是青年学生们的心灵亦如仙人一般纯洁善良，如漓江水一样清亮照人……

（北京大学谢冕教授桂林演讲的开头）

3. 赞美听众法。给予听众以真诚的赞美，注重与听众建立和谐、密切的关系。但要注意真诚、恰当，切忌虚情假意和过分肉麻。

士兵们！你们像山洪一样从亚平宁高原上迅速猛冲下来，你们战胜并消灭了一切阻拦你们前进的敌人。

奥地利暴政下解放出来的波埃蒙特，表现了与法国和平友好相处的天然感情。

米兰是你们的！在全伦巴迪亚上空，到处飘扬着共和国的旗帜……

（拿破仑1796年5月15日在米兰的演讲）

4. 自嘲自贬法。采用这种方法，可以引起听众的情绪，赢得尊重和肯定。可以真诚地自我解剖，也可以故意自我嘲讽。

我今年92岁，须发皆白，可谓是“皓首匹夫”；牙齿全脱，是个地道的“无耻（齿）之徒”；妻室早丧，独居一人，可说是“独夫”；古人云：“肉食者鄙。”我每天吃肉，看来又是个“鄙人”；家里厨房里的新式电器一概不懂用，这又可以说是个“笨伯”；俗话说：“老而不死为贼。”于是我又是个彻头彻尾的“老贼”了……

（一位92岁老人的讲话开头）

5. 故事引入法。开头讲故事，容易引起听众的兴趣，促使其关注演讲内容。

有这样一个有趣的儿童故事，名叫“杰克与豆杆”。这是一个关于一颗豆子的传说。豆子一个劲地长，耸入云霄直达天堂，它的叶子伸展成一个巨大的华盖。故事的主人公杰克就顺着豆杆爬了上去……

（选自达尔文《物种起源》）

6. 祈使发问法。以设问或祈使方式开端，能使听众变被动听讲为主动思考，并力图求解，而无法游离在演讲内容之外。

我想提个问题，谁能用一个字来概括青年与祖国的关系呢？（一下就激起了听众紧张的思维活动，接着演讲者自己回答）这个关系就是一个“根”字。

（选自1980年复旦大学举办的《祖国与青年》演讲比赛的参赛演讲）

7. 另辟蹊径法。一反常规，异向求索。采用此法往往语出新意，能引起听众的兴趣。

作为一名教师，我从不愿用“春蚕”“蜡炬”来鼓励自己。“春蚕到死丝方尽”，虽然崇高但却太悲切；“蜡炬成灰泪始干”，虽然伟大却又太哀婉。我认为：教师，应该是桥，是让别人从此岸走向彼岸的桥，而正是这些桥，人类才在自身文明发展的路上昂首阔步。

（选自德阳市首届“为人师表”演讲赛《一位教师就是一座桥》，张波文）

8. 惊人事实法。以令人吃惊的事实或震撼人心的事件引起听众的注意。此法常能收到意想不到的效果。

前不久，法国里昂为一场结果为0:0的足球赛举行了一次体育新闻报道大奖赛。在这次规模盛大、群英荟萃、强手如林的大奖赛中，一位年仅21岁的银行职员以一篇“嚯嚯——0比0”全文不到10个字的报道，轻而易举地夺得了金奖。

（选自成都市第三届职工演讲比赛《更重要的是……》）

9. 设置悬念法。故意先不把要论述的对象明确地告诉听众，让听众去关心、去猜测，从而产生急欲听下去的心理。用这种方式开头容易把握听众情绪，赢得控制会场的主动权。

我的演讲题目是：受骗的“上帝”。这可是个离经叛道的题目，说它“离经”是因为在信教的人看来，圣经上明明白白地写着，一切是上帝创造的，上帝又怎么能受骗呢？说它“叛道”是因为唯物主义观点是：从来就没有什么救世主，又哪来的上帝，更哪来受骗的上帝呢？不！“上帝”是有的。“上帝”就是你、我、他。有一句名言叫：顾客就是上帝。

（选自《演讲与口才》1989年10期）

【训练三】　选用上述方法，以《以人为本，构建和谐××》为题，撰写演讲稿开头。

（二）主体

主体是演讲稿的核心部分，主体部分的好坏直接影响到整个演讲的效果。主体部分必须做到条理清晰、合乎逻辑、重点突出、层次分明、承接顺畅、过渡自然、照应得体、语词优美等。下面着重介绍三种演讲主体部分的写法。

1. 叙述式。叙述式演讲结构方式与一般记叙性文章大体相同。其具体方法有时间法、因果法和问题法。

（1）时间法。按照时间的自然顺序和客观事物及事件发生、发展的先后次序来安排结构。它的优点在于可以将人物、事件的发展过程分阶段、分层次、有头有尾地讲述出来。凡是那些介绍自己奋斗历史、讲述自己所经历的一件事情的演讲，一般都可采取这种结构。

（2）因果法。按照客观事物发展的逻辑顺序来安排结构。它的优点在于容易使听众理解、接受和记忆。

（3）问题法。以问题为顺序来安排结构。

叙述式演讲结构虽然与一般记叙性文章大体相同，但它们之间还是有区别的。这就是夹叙夹议是叙述式演讲的主要方式，议论是演讲中不可缺少的组成部分，表现在结构上，便是在演讲过程中，不时出现一些议论句子或段落，以体现演讲者的见解和观点。而事实的叙述只不过是为议论提供可资证明的依据。

例文详见第二章第二节“莫言在瑞典的答谢辞”。

2. 议论式。议论式演讲结构与一般议论文的结构大体相同，具体方法有并列法、总分法、递进法和对比法。

（1）并列法。即把演讲的主题所涉及的若干个主要问题并列起来讲述，各层次之间是并列且有联系的，又是相对独立的。并列结构方法比较适合于长篇演讲。

（2）总分法。即先总说、后分说的结构方式。有三种情况：一是“总一分”；二是“总一分一总”；三是“分一总”。

（3）递进法。即根据分析问题时逻辑思维的自然顺序，由此及彼，论述一层比一层深入的方法。

（4）对比法。即把两种本质属性截然不同的事理放在一起，进行对照比较，从而使丑者更丑，美者更美，观点更突出更鲜明。

议论式演讲结构与一般议论文的不同在于：一般议论文举例概括典型，议论式演讲则要求在典型的基础上做到生动具体；一般议论文语言冷静抽象，议论式演讲则饱含激情。

例文详见本章第六节江泽民《实现中华民族的伟大复兴》。

3. 抒情式。抒情式演讲结构与抒情散文的写法极其相似，其结构或者按照情感的起伏跌宕来展开，或者按照观念的认识变化来组织材料。取材上不像叙述式那样记述铺张扬厉，重视完整的经历，它只是从演讲者自身经历中截取最有意义的片断或对自己触动最深的一幕，或把自己较长的生活经历加以高度浓缩，选取那些富有诗意的细节，从而抒发演讲者的感情。因此，它常常有形象的描绘，有诗一般的语言和激情。（例文详见本章第六节《在林肯纪念堂的讲话》）

【训练四】 按照上述方法，撰写演讲稿《中国梦，我的梦》的主体部分。

（三）结尾

演讲稿的结尾是全篇演讲的高潮和顶峰，是给听众留下的“最后印象”。结尾的最佳时机一般是“在听众兴趣未尽时戛然而止”。撰写结尾，要精心组织，把自己认为最有分量的话用在这里，使它发挥最大的威力 。无论怎样结尾都应做到：一是必须能收拢全篇，揭示题旨；二是必须表达新颖，不落俗套，切忌陈词滥调。结尾撰写四法：

1. 首尾照应法。

开头：女王陛下要求我组建新一届政府，我接受了这一要求。

结尾：这些是我关心的事情，也是这个政府即刻开始努力处理的事情。

谢谢。

（选自2010年卡梅伦就任英国首相的演说）

2. 总结明旨法。

自由展翅的科学上升得越高，它的视野就越宽广，科学知识应用于生活实际的可能就越充分。正如我们大家都知道的那样，在自然界，没有什么东西比人脑更奇妙，没有什么东西比思维更美好，没有什么东西比科学研究的成果更宝贵。

科学万岁！

（选自高尔基1917年4月的《科学万岁》）

3. 昭示鼓舞法。在即将结束时向听众发出号召，激励、鼓舞他们的斗志。此法多用于政治和军事演说中。

女士们、先生们、朋友们！

“长江后浪推前浪，世上新人换旧人。”青年人是世界的希望和未来，青年人有着蓬勃向上的生命活力和无穷的创造力。我衷心希望，中美两国青年携起手来，以实际行动促进中美两国人民友好，同世界各国人民一道，共创世界美好的明天。

谢谢各位。

（选自2006年胡锦涛在美国耶鲁大学的演讲）

4. 诗文名言法。采用诗文、名言结尾，既可以使演讲收到含蓄优美的艺术效果，又可以增加权威性和使听众认定主题的力量。

老师们、同学们！

俄罗斯有句谚语：“大船必能远航。”中国有句古诗：“长风破浪会有时，直挂云帆济沧海。”我相信，在两国政府和人民共同努力下，中俄关系一定能够继续乘风破浪、扬帆远航，更好造福两国人民，更好促进世界和平与发展。

谢谢大家。

（选自习近平在莫斯科国家关系学院的演讲《顺应时代前进潮流促进世界和平发展》）

【训练五】 撰写《中国梦，我的梦》的结尾部分。

【课堂训练】

学生分组讨论，搜寻几个贴近自身生活的话题，由教师据此确定几个演讲题目。

【课后练习】

1. 选择教师给出的一个题目，撰写一篇演讲稿。
2. 分析下面这篇演讲稿的主题与结构。

共创中美合作伙伴关系的美好明天（节选）

——习近平在美国友好团体欢迎午宴上的演讲

（2012年2月15日，华盛顿）

尊敬的希尔斯主席、穆泰康主席，尊敬的基辛格博士，尊敬的布赖森部长、骆家辉大使，女士们，先生们，朋友们：

今天，我很高兴在正式访问美国期间同各友好团体的朋友们在这里欢聚一堂，畅叙友情。

……

我这次应拜登副总统邀请对美国进行正式访问，是为进一步落实胡锦涛主席同奥巴马总统达成的重要共识，推进相互尊重、互利共赢的中美合作伙伴关系建设而来。

……

今天下午我将启程前往艾奥瓦州访问。这是阔别27年之后对艾州的故地重访。我会告诉艾州的老朋友们，当年马斯卡廷市政厅代表赠送给我们的“金钥匙”，是打开中美两国地方交流合作大门的一个象征，现在中美已建立38对友好省州和176对友好城市关系；美国50个州中有47个州在过去10年对华出口额增长了几倍甚至几十倍。这表明，中美地方交流合作的大门一经打开，就没有任何力量可以再把它关上了，相反，这扇门只会越开越大。

女士们、先生们！

中国有句民谚，饮水不忘掘井人。我们会永远缅怀当年以非凡战略眼光和卓越政治智慧打开中美友好合作大门的两国老一辈领导人。……中美关系也曾经历风风雨雨，但总的趋势是在不断前行中。有诗云：“青山遮不住，毕竟东流去。”在和平与发展已成为时代主题的条件下，中美友好与合作是大势所趋、人心所向，不可阻挡、不可逆转。

女士们、先生们！

进入本世纪第二个10年，中美关系站在新的历史起点上。我们应该认真落实去年1月胡锦涛主席同奥巴马总统就建设中美合作伙伴关系达成的重要共识，拓展两国利益汇合点和互利合作面，推动中美合作伙

伴关系不断取得新进展，努力把两国合作伙伴关系塑造成21世纪的新型大国关系。为此，双方可在以下4个方面共同作出努力。

第一，持续增进中美相互理解和战略信任。……

第二，切实尊重彼此核心利益和重大关切。……

第三，努力深化中美合作互利共赢的格局。中美交流合作的本质是互利共赢。……

第四，不断加强在国际事务和全球性问题上的协调合作。……

女士们、先生们！

1992年春天，我在中国福建省福州市工作时，从报纸上看到一篇《啊！鼓岭》的文章，讲述了一对美国夫妇对中国一个叫“鼓岭”的地方充满眷念与向往，渴望故地重游而未能如愿的故事。丈夫密尔顿·加德纳生前是美国加州大学物理学教授，他1901年随父母来到中国，往福州度过快乐的童年时光，福州的鼓岭给他留下了特别难忘的印象。1911年他们全家迁回美国加州。在此后的几十年里，他最大的心愿就是能再回到儿时的中国故园看一看。令人惋惜的是，加德纳直到去世也未能如愿。临终前，他仍不断念叨着“Kuling，Kuling”。加德纳夫人虽然不知丈夫所说的“Kuling”在什么地方，但为了实现丈夫魂牵梦萦了一生的心愿，她多次到中国寻访，最终都无果而返。后来，她在一位中国留美学生的帮助下，终于查明加德纳所说的地方就是福建省福州市的鼓岭。放下报纸，我立即通过有关部门与加德纳夫人取得联系，专门邀请她访问鼓岭。1992年8月，我和加德纳夫人见了面，并安排她去看了丈夫在世时曾念念不忘的鼓岭。那天鼓岭有9位年届90高龄的加德纳儿时的玩伴，同加德纳夫人围坐在一起畅谈往事，令她欣喜不已。加德纳夫人激动地说，丈夫的遗愿终于实现了，美丽的鼓岭和热情的中国人民使我更加理解了加德纳为什么那样深深地眷恋着中国。她表示要把这份情谊永远传承下去。我相信，像这样感人至深的故事，在中美两国人民中间还有很多很多。我们应该进一步加强中美两国人民的交流，厚植中美互利合作最坚实的民意基础。

当前，中方正在加大力度实施“三个一万”项目，即4年内为万名美国大学生来华留学提供奖学金、“汉语桥”万人来华研修、公派万人赴美攻读博士学位。美国政府也正在积极实施“十万人留学中国计划”。这预示着中美交流合作前景广阔、后继有人。我希望两国有更多的各界人士共同加入到中美友好事业中来，顺势而为、乘风破浪，抓住机遇、加强交流，增进互信、深化合作，把中美合作伙伴关系不断推向前进！

谢谢大家。

第六节　借鉴演讲评介

雅典男子誓言

我们决不以懦弱或不正当的行为给我们这个城市丢脸，也永远不抛弃我们队伍中患难与共的兄弟。我们将为本市的一切理想和神圣的事业而奋斗。我们将尊崇和服从法律，并以自己的模范行为，促使周围那些企图取消或无视它们的人遵从这一观念。我们将不停地努力，以激发全体市民的公共责任感。从而，在所有这些方面，我们将给这个城市留下远比它给予我们的更多、更美好的东西。

【简介】　古雅典规定：男子成年后，根据法律承担公民的权利和义务。这时，必须参加成年男子的宣誓仪式，以表明自己已成为真正的男子汉了。上面就是宣誓的誓词。誓词首先宣告自己“决不懦弱”，决不使“这个城市丢脸”，勇敢地捍卫这个城市，并且永远不抛弃“患难与共”的兄弟。其次庄严宣告自己将“尊崇和服从法律”，并用模范行动宣传法律，维护法律的尊严。最后就是激发“全体市民”的热情，共同建设这座美好的城市。这篇誓词被誉为雅典的希望和骄傲。洛杉矶市政府出版的《政府概览》将其放在首页。可见其在今天还有它的现实意义。

希波克拉底誓言

我谨向阿波罗神、医神、健康女神、药神及在天诸神起誓，将竭尽才智履行以下誓约。

视业师如同父母，终生与之合作。如有必要，我的钱财将与业师共享。视其子弟如我兄弟。彼等欲学医，即无条件授予。口授箴言给我子及业师之子，诫其恪守医家誓词，不传他人。尽我所能诊治以济世，决不有意误治而伤人。病家有所求亦不用毒药，尤不示人以服毒或用坐药堕胎。为维护病人的生命和技艺圣洁，我决不操刀手术，即使寻常之膀胱结石，亦责令操此业之匠人。凡入病家，均一心为患者，切忌存心误治或害人，无论患者是自由人还是奴隶，尤不可虐待其身心。我行医处世中之耳闻目睹，凡不宜公开者，永不泄露，视他人之秘密若神圣。此誓约若能信守不渝，我将负盛名、孚众望。倘违此誓或此时言不由衷，诸神明鉴，敬祈严惩。

【简介】 希波克拉底是古代希腊最有名的医生，生活在公元前5世纪。当时希腊有众多医学流派，由他吸收众家所长创立的希波克拉底学派有向诸神起誓的仪式，参加仪式者均要诵讲本誓言以确认自己所接受的造福于人的医学伦理道德。其后欧洲人称希波克拉底为“医学之父”。

葛底斯堡演说

林 肯

Fourscore and seven years ago, our fathers brought forth upon this continent, a new Nation, conceived in Liberty, and dedicated to the proposition that all men are created equal.

Now, we are engaged in a great Civil War, testing whether that Nation, or any nation so conceived and so dedicated, can long endure. We are met on a great battle field of that war. We have come to dedicate a portion of that field as a final resting-place for those who gave their lives that Nation might live. It is altogether fitting and proper that we should do this.

But, in a larger sense, we cannot dedicate, we cannot consecrate, we cannot hallow this ground. The brave men, living and dead, who struggled here, have consecrated it far above our power to add or detract. The world will little note nor long remember what we say here, but it can never forget what they did here. It is for us the living, rather, to be dedicated here to the unfinished work which they who fought here have thus far so nobly advanced. It is rather for us to be here dedicated to the great task remaining before us—that from these honored dead, we take increased devotion to that cause for which they gave the last full measure of devotion; that we here highly resolve that these dead shall not have died in vain; that this Nation, under GOD, shall have a new birth of freedom; and that government of the People, by the People and for the People shall not perish from the earth.

87年前，我们的先辈在这块大陆上创立了一个孕育于自由的新国家，他们主张人人生而平等，并为此而献身。

现在，我们正进行一场伟大的内战，这是一场检验这一国家或者任何一个像我们这样孕育于自由并信守其主张的国家是否能长久存在的战争。我们聚集在这场战争中一个伟大战场上，将这个战场上的一块土地奉献给那些在此地为了这个国家的生存而牺牲了自己生命的人，作为他们的最终安息之所。我们这样做是完全适当和正确的。

可是，从更广的意义上说，我们并不能奉献这块土地，我们不能使之神圣，我们也不能使之光荣。为那些在此地奋战过的勇士们，不论是还活着的或是已死去的，已经使这块土地神圣了，远非我们微薄的力量所能予以增减的。世人将不大会注意，更不会长久记住我们在这里所说的话，然而，他们将永远不会忘记这些勇士们在这里所做的事。相反，我们活着的人，应该献身于勇士们未竟的工作，那些曾在此战斗过的人们已经把这项工作英勇地向前推进了。我们应该献身于留在我们面前的伟大任务——由于他们的光荣牺牲，我们会更加献身于他们为之奉献了最后一切的事业；我们要下定决心使那些死去的人不致白白牺牲；我们要使这个国家在上帝的庇佑下，获得自由的新生；我们要使这个民有、民治、民享的政府永世长存。

【简介】 林肯在当选美国第十六任总统后，由于其废奴主义倾向，南方各州相继宣布脱离联邦，内战爆发，林肯总统领导人民对南方叛军作战。1863年7月3日，联邦军在宾夕法尼亚州葛底斯堡的胜利是美国内战的关键转折点。葛底斯堡战役是一场流血最多的战争，联邦军共损失23000多人。4个月后林肯总统到葛底斯堡战场，为这场伟大战役的阵亡将士墓举行落成仪式。这篇演说是在1863年11月19日发表的。

林肯的葛底斯堡演说是美国文学中最漂亮、最富有诗意的文章之一，通篇演讲不到3分钟。虽然这是

一篇庆祝军事胜利的演说，但它没有丝毫的好战之气；相反，这是一篇感人肺腑的颂辞，赞美那些作出最后牺牲的人以及他们为之献身的理想。在这篇演讲中，林肯提出了深入人心的“民有、民治、民享”的口号，成为后人推崇的民主政治的纲领。这篇演讲被认为是英语演讲中的最高典范，其演讲手稿被藏于美国国会图书馆，其演说词被铸成金文，长存于牛津大学。

生活万岁

奥斯特洛夫斯基

（1935年11月24日）

我接受我们国家革命政府所给的最高贵的奖赏。我能够用什么话来回答这个呢？我们在自己的生活中曾经努力地效法那些奇特的、被称为老布尔什维克的人，效法那些经过英勇的斗争、使我们得以享受在社会主义国家中生活幸福的人。我们青年人曾经努力使自己能像我们所深深敬爱的这些人们，做一个全心全意忠实于我们的司令官、我们的领袖的人。虽然疾病使我卧床不起，但是我仍然贡献出一切，以便向自己的教育者——老布尔什维克们证明，工人阶级的青年一代，在任何条件之下，决不投降。我也努力地奋斗过了，命运曾企图摧毁我，使我掉队，但是我说“决不投降”，因为我深信必能得胜。我继续前进，正因为在我的周围有党的温柔的抚爱。而现在我正在高兴地迎接生活，迎接这使我能够重新归队的生活。

只有列宁的共产党，才能教育我们有对革命献身的忠诚的精神。我希望每一个青年工人都努力做一个英勇的战士，因为没有比做工人阶级和党的忠实儿女更为幸福的了。我敢说，也只能这样。我们国家里也只能有这样的青年人，因为在他们的后边，有我们的18岁的少女——强盛、健康的国家，为他们的后盾。我们曾经由敌人的手下捍卫她，使她发育，成长，到现在，我们正进入幸福的生活，而且在前面还有更光明的前途等待我们。这种前途是如此地带着诱惑性，以致谁也不能阻止我们为它而斗争。你们看，正如“真理报”所写的那样，瞎眼的战士也在与人民的伟大队伍一道进军。

举起世界革命旗帜的国家中的生活万岁！

斗争万岁！美好的国家的青年们，前进！

做一个祖国的好儿女！

领导我们走向共产主义的，我们的强大的党万岁！

[简评]

作者在接受列宁勋章仪式上的演讲。

首先感谢政府给予自己的最高贵奖赏。

语言质朴无华。

表明自己在任何条件下决不向命运低头的刚强意志，体会到党的爱是自己前进的力量源泉。

号召青年以祖国为后盾，为祖国的光明前途而工作和斗争。

情真意切，感人至深。

最后，充满信心地呼喊，发出美好心声。

对人们有很强的鼓舞、教育作用。

作者：奥斯特洛夫斯基（1904—1936），出身于一个工人家庭，16岁参加苏联红军，20岁加入苏联共产党。在战争中曾多次负重伤，最后因病双目失明，全身瘫痪。但他以顽强的意志，同疾病进行斗争，终于在病榻上完成了《钢铁是怎样炼成的》一书。这部小说中为亿万中国青年所熟悉的主人公保尔·柯察金的原形就是奥斯特洛夫斯基本人。作为时代的楷模，保尔的形象鼓舞了千千万万的青年不屈不挠、自强不息地为社会主义事业奉献青春和才华。

没有胜利就没有一切（节选）

丘吉尔

（1940年5月13日）

上星期五晚上，我接受了英王陛下的委托，组织新政府。这次组阁，应包括所有的政党，既有支持上届政府的政党，也有上届政府的反对党，显而易见，这是议会和国家的希望与意愿……

……

正如我曾对参加现届政府的成员所说的那样，我要向下院说："我没有什么可以奉献，有的只是热血、辛劳、眼泪和汗水。"

摆在我们面前的，是一场极为痛苦的严峻的考验。在我们面前，有许多许多漫长的斗争和苦难岁月。你们问：我们的政策是什么？我要说，我们的政策就是用我们全部能力，用上帝所给予我们的全部力量，在海上、陆地和空中进行战争，同一个在人类黑暗悲惨的罪恶史上所未有的穷凶极恶的暴政进行战争。这就是我们的政策。你们问：我们的目标是什么？我可以用一个词回答：胜利——不惜一切代价去赢得胜利；无论多么可怕，也要赢得胜利；无论道路多么遥远和艰难，也要赢得胜利。因为没有胜利，就不能生存。大家必须认识到这一点：没有胜利，就没有英帝国的存在，就没有英帝国所代表的一切，就没有促使人类朝着自己目标奋勇前进这一世代相传的强烈欲望和动力。但是当我挑起这个担子的时候，我是心情愉快、满怀希望的。我深信，人们不会听任我们的事业遭受失败。此时此刻，我觉得我有权利要求大家的支持。我要说："来吧，让我们同心协力，一道前进。"

[简评]

1940年5月10日，丘吉尔就任英国首相兼国防大臣，13日，在下院对新政府信任投票时，发表的就职演说。

首先表明新政府是团结的。

表明自己及所领导的政府是值得信任的。

表明抗击法西斯的态度、决心和必胜信念。

新政府的政策和目标。

此演讲提出了简明的施政纲领，挫败了张伯伦的绥靖政策。从此，英国空前团结，热情奋发，经受了第二次世界大战的考验。

作者：温斯顿·丘吉尔（1874—1965），英国资产阶级政治家、史学家、演说家。第二次世界大战时提出"联俄"口号，在打败德、意法西斯战争中，起到重要作用。

我有一个梦（节选）

马丁·路德·金

（1963年8月28日）

我很高兴，今天能和大家一起参加这次示威游行。它必将作为美国有史以来为争取自由所举行的最伟大的示威游行而名垂青史。

100年前，一位伟大的美国人——我们现在正站立在他的灵魂的安息处——签署了《解放宣言》。这条重要法令的颁发，在一直忍受着不义与暴虐的火焰烧灼的千百万黑人奴隶的心中，竖起一座光明与希望的灯塔。

[简评]

演讲标题又译为《在林肯纪念堂前的演讲》

作者领导了这次最伟大的一次民权集会。

肯定了100年前林肯所颁法令的重大意义。

《解放宣言》似令人欢愉的黎明，即将结束种族奴役的漫漫长夜。

但从那时至今，已经有100年的历史了，可黑人仍无自由可言。

就某种意义而言，我们是来首都兑现期票的。

但是现在，很显然，就有色公民而论，美国却一直拒付这张期票。美国没有承担如期兑现这张期票的神圣义务。黑人满怀期望地得到的竟是一张空头期票，这张期票被签上“资金不足”的字样。然而我们绝不相信，正义的银行会破产。我们绝不相信，在美国，储存机遇的巨大金库竟会“资金不足”！

所以，我们来兑现这张期票来了，来兑现一张将给予我们堪称最高财富——自由和正义的保障的——期票。

我们来到这个尊为神圣的地点，其又一目的是提醒美国政府，现在是最为紧迫的时刻。现在既不是享用缓和和激动情绪的奢侈品的时刻，也不是服用渐进主义麻醉剂的时刻。现在是从黑暗荒凉的深渊中崛起，向阳光普照的种族平等的道路奋进的时刻。现在是把以种族歧视的流沙为基础的美国重建在兄弟情谊般的坚石之上的时刻。现在是为上帝的子孙实现平等的时刻！

如果再继续无视时机的紧迫，就将导致我们国家的不幸。

如果美国政府继续一意孤行，就会使那些幻想黑人只要发泄一下不满情绪就会满足的人猛醒。在未授予黑人以公民权之前，美国既不会安宁，也不会平静。

可是我必须对站在通往正义之宫的温暖入口处的人们进一言，我们在争取合法地位的进程中，决不能轻举妄动。我们决不能为了满足对自由的渴望，就啜饮敌意和仇恨。我们必须永远在自尊和教规的最高水平上继续我们的抗争。我们必须不断地升华到用精神的力量来迎接暴力的高尚顶峰。

已经吞没了黑人共同体的新的敌对状态令人不解，但它决不应该导致我们对所有白人的不信任——因为有许多白人兄弟参加了今天这个集会。这就告诉我们，他们已经逐渐认识到他们自己的命运与我们的自由是休戚相关的。

我们不能独自前进。而当我们前进的时候，我们必须宣誓永远向前，义无反顾。

我并非没有留意到，你们之中有些人是从巨大的痛

揭露100年后黑人仍被捆缚的现实。讽刺统治者对民权的许诺。

比喻精巧。

让听众明白他们与政府之间的关系，从而知道必须战斗。

要求政府兑现诺言。

语言优美，表达适度。

感情炽烈。

文采斐然。

抨击政府摧残黑人肉体和精神的罪恶。

警告“再继续无视时机的紧迫”将导致恶果。

表明黑人追求平等、正义的决心。

苦与磨难中来到这里的。那么，就怀着一定能获得拯救的信念坚持下去吧！

回到密西西比去吧！回到阿拉巴马去吧！回到南卡罗来纳去吧！回到乔治亚去吧！回到路易丝安纳去吧！既然知道这种境况能够而且必定改变，那么就回到我们北方城市中的陋巷和贫民窟去吧！我们决不可以在绝望的深渊中纵乐。

满怀信心地描述自己对未来在自由平等的绿州上的梦想。

表露有朝一日必获自由的心声。

充满感情。

今天，我对大家说，我的朋友们，纵使我们面临着今天与明天的种种艰难困苦，我仍然有个梦想，这是一个深深植根于美国之梦的梦想。我梦想着，有那么一天，我们这个民族将会奋起反抗，并且一直坚持实现它的信条的真谛——“我们认为所有的人生来平等是不言自明的真理。”

五个排比句使演讲淋漓尽致地表达了黑人对自由、平等、消除种族歧视的渴望，想象丰富，使人斗争信心倍增。

我梦想着，有那么一天，甚至现在仍为不平等的灼热和压迫的高温所炙烤着的密西西比，也能变为自由与平等的绿州。

我梦想着，有那么一天，我的四个孩子，能够生活在一个不是以他们的肤色，而是以他们的品性来判断他们的价值的国度里。

我梦想着，有那么一天，就在邪恶的种族主义者仍然对黑人活动横加干涉的阿拉巴马州，就在其统治者拒不取消种族歧视政策的阿拉巴马州，黑人儿童将能够与白人儿童如兄弟姊妹一般携起手来。

我梦想着，有那么一天，沟壑填满，山岭削平，崎岖地带铲为平川，坎坷地段夷为平地，上帝的灵光大放光彩，芸芸众生共睹光华！

这就是我们的希望！这是我返回南方时所怀的信念！怀着这个信念，我们就能从绝望的群山中辟出颗希望的宝石。怀着这个信念，我们就能变我们祖国的嘈杂喧嚣为一曲优美和谐的兄弟交响乐。怀着这个信念，我们就能共同工作，共同祈祷，共同斗争，甚至哪怕共同入狱。既然知道有朝一日我们终将获得自由，我们就能为争取自由共同坚持下去！

正义的呐喊，时代的呼声征服了在场的所有听众，产生了巨大影响。

全文构思精巧，气势恢宏，风格清新。

实现中华民族的伟大复兴

——在美国哈佛大学的演讲（节选）

江泽民

[简评]

中国在自己发展的长河中，形成了优良的历史文化传统。这些传统，随着时代变迁和社会进步获得扬弃和发展，对今天中国人的价值观念、生活方式和中国的发展道路，具有深刻的影响。这里，我想就以下一些方面

开门见山提出话题。

谈些看法，希望有助于诸位对中国的了解。

议论式主体。

主体之“是什么”部分。

一是团结统一的传统。中华民族是由56个民族组成的大家族。从遥远的古代起，我国各族人民就建立了紧密的政治经济文化联系，共同开发了祖国的河山，2000多年前就形成了幅员广阔的统一国家。悠久的中华文化，成为维系民族团结和国家统一的牢固纽带。团结统一深深印在中国人的民族意识中。中国历史上虽曾出现过暂时的分裂现象，但民族团结和国家统一始终是中华民族历史的主流，是中国发展进步的重要保障。新中国的成立，中华民族实现了空前的大团结。各民族之间建立了平等、团结、互助的新型关系。各民族人民依法享有各项权利和自由。在少数民族聚居的地方实行了区域自治。民族地区的经济社会获得不断得发展。所有这些，为巩固国家统一奠定了坚实的政治基础。

二是独立自主的传统。我们的先人历来把独立自主视为立国之本。中国作为人类文明发祥地之一，在几千年的历史进程中，文化传统始终没有中断。近代中国虽遭列强欺凌，国势衰败，但经过全民族的百年抗争，又以巨人的姿态重新站立起来。这充分说明，中国人独立自主的民族精神具有坚不可摧的力量。今天，我们在探索自己的发展道路时，坚持从中国国情出发，来解决如何进行经济政治文化建设的问题，而不照搬别国的模式。在处理国际事务中，我们采取独立自主的立场和政策。中国人民珍惜同各国人民的友谊与合作，也珍惜自己经过长期奋斗而得来的独立自主权利。

三是爱好和平的传统。我国先秦思想家就提出了“亲仁善邻，国之宝也”的思想，反映了自古以来中国人民就希望天下太平，同各国人民友好相处。今天，专心致志进行现代化建设的中国人民，更需要有一个长期的和平国际环境和良好的周边环境。我国的对外政策是以和平为宗旨的。我们坚持在和平共处五项原则，特别是在相互尊重、平等互利、互不干涉内政的原则基础上，同世界各国建立和发展友好关系。我们决不会把自己曾经遭受欺凌的苦难加之于人。中国的发展与进步，不会对任何人构成威胁。将来中国富强起来了，也永远不称霸。中国始终是维护世界和平与地区稳定的坚定力量。

四是自强不息的传统。我们的先哲通过观察宇宙万物的变动不居，提出了“天行健，君子以自强不息”的思想，成为激励中国人民变革创新、努力奋斗的精神

用“一、二、三、四是……”回答了中华民族要复兴的“是什么”。

力量。中国古代文明的发展，是中华民族艰苦奋斗、自强不息的结果。近百年来，为了摆脱半殖民地半封建的历史境遇，中国人民进行了艰苦卓绝、奋发图强的斗争。中国民主革命的先行者孙中山首先提出“振兴中华”的口号，他领导的辛亥革命，推翻了在中国延续几千年的君主专制制度，在毛泽东思想指引下，中国共产党领导中国人民实现了民族独立和人民解放，并把中国建设成为逐步繁荣昌盛的社会主义国家。今天，在邓小平理论指引下，我国人民坚定不移地实行改革开放，在现代化建设中取得举世瞩目的成就。中国进入了百年来发展最快最好的历史时期。

改革开放是中华民族自强不息和变革创新精神在当代的集中体现和创造性发展。我们把改革开放叫做社会主义改革开放，因为它是中国社会主义制度的自我完善和发展。近30年的实践已充分证明，我们进行改革开放的方向是正确的，信念是坚定的，步骤是稳妥的，方式是渐进的，取得的成就是巨大的。虽然在前进中也遇到这样和那样一些困难和风险，但我们都顺利地解决了，不仅没有引起大的社会震动，而且极大地解放和发展了社会生产力，保持了社会稳定和全面进步。

主体之“为什么”部分。

现在，我们正满怀信心全面推进改革。在经济上，要加快建立社会主义市场经济体制，实现工业化和经济的社会化、市场化、现代化；在政治上，要努力发展社会主义民主政治，依法治国，建设社会主义法治国家，保证人民充分行使管理国家和社会事务的权力；在文化上，要积极建设面向现代化、面向世界、面向未来的民族的科学的大众的社会主主文化，实行科教兴国战略，不断提高全民族的思想道德素质和科学文化素质。总起来说，就是要把中国建成富强民主文明的现代化国家。

主体之“怎么样”部分。

中国作为疆域辽阔、人口众多、历史悠久的国家，应该对人类有较大的贡献。中国人民所以要进行百年不屈不挠的斗争，所以要实行一次又一次的伟大变革、实现国家的繁荣富强，所以要加强民族团结、完成祖国统一大业，所以要促进世界和平与发展的崇高事业，归根结底就是为了一个目标：实现中华民族的伟大复兴，争取对人类作出新的更大的贡献。

总结明旨式的结尾。

梦想与坚持（节选）

马　云

我刚才在门口听，一听说要演讲，我就比较怕。我想跟大家讲，作为一个创业者，首先要给自己一个梦想。在1995年我偶然有一次机会到了美国，然后我看见了，发现了互联网。发现互联网以后，我不是一

个技术人才，我对技术几乎是不懂，到目前为止，我对计算机的认识还是部分停留在收发邮件和浏览页面上，我今天早上还在说，到现在为止我还搞不清楚该怎么样在计算机上用U盘。但是这并不重要，重要的是你到底梦想想干嘛。

1995年我发现互联网有一天它会改变人类，可以影响人类的方方面面，但是它到底该怎么样影响人类？这些问题我在1995年没有想清楚，但是隐隐约约感觉到这是将来我想干的。回来以后我请了24个朋友到我家里，大家坐在一起，我说我准备从大学里辞职，要做一个互联网，叫Internet，那个时候互联网不叫互联网，而是把它翻译成“因特耐特”。因为自己不懂技术，所以我花了将近两个小时来说服24个人，这是一个很有意思的事情。所以我稀里糊涂地走上了创业之路。

我把自己叫做一个盲人骑在一个瞎的老虎上面，所以根本不明白将来会怎么样，但是我坚信，我相信互联网将会对人类社会有很大的贡献。当时几乎没有人相信互联网，也不觉得有这么个互联网对人类有这么大的贡献，所以我用了比尔·盖茨的名字，那个时候我觉得互联网将改变人类生活的方方面面，但是，马云说互联网将改变人类生活的方方面面，没有人相信我。

有了一个理想以后，我觉得最重要是给自己一个承诺，承诺自己要把这件事做出来。很多创业者都想想这个条件不够，那个条件没有，这个条件也不具备，该怎么办？我觉得创业者最重要的是创造条件。

在这儿我想跟大家分享一个坚持、梦想或者是信任、坚信的一个案例。

创业者在记住梦想、承诺、坚持，该做什么，不该做什么，做多久以外，我希望创业者给自己承诺，给员工承诺，给社会承诺，给股东承诺，永远让你的员工、让你的家人、让你的股东可以睡得着觉，绝对不能做任何危害社会的事情。所以只要这些原则在，我今天回去对我的家人，对我的员工，对我员工的家人，对我的股东永远是坦荡，我们犯错误，心里也知道犯在哪里。所以刚才讲到我犯了很多的错误，现在外面有很多写阿里巴巴如何成功、如何不错的书，说实在，没有一本书我看过，也没有一本书是我自己写的，或者接受过采访，我觉得将来我想写一本阿里巴巴一千零一个错误。我们犯的错误非常之多，所以最后想跟所有创业者和准备创业的人说，还是我每天跟自己讲的话，今天很残酷，明天更残酷，但后天很美好，绝大部分人死在明天晚上，所以我们必须每天努力面对今天。

谢谢大家。

我为什么报考导游

——在招聘业余导游员口试场上的即兴演讲

尹浩洋

各位主考：

晚上好！

本来我想朗诵一首诗，但在看了前面十几位考生的口试后，我忽然醒悟到：导游工作更多的是娓娓而谈，才能更好地完成导游任务。因此，我在这儿想和各位主考说说心里话，题目呢，叫《我为什么报考导游》。

我报考导游，有两个不利条件：

第一个是我的年龄。你们的启事上说的是招19～24周岁的，而我却已是30岁了。不过，任何事物都不是绝对的。一方面我可以通过充满青春活力的热情和幽默来弥补；另一方面，年龄大些或许正可以成为成熟、稳重、可信的标志呢！——而这一些，好像正是导游工作所需要的呢！

我的第二个不利是我的性别。毋庸讳言，导游工作，大多是愿意由温柔美丽的女性来干的。但是，当今世界，导游已不是女子的专利了。在某些情况下，具有男性阳刚之气的导游或许会备受青睐呢！

因此我来了。因为我知道，报考导游我还有7个有利条件！

第一，我热爱导游工作。

第二，由于我的职业关系，夏季烟台这个旅游的黄金季节，正是我们中小学放假的时候。我有充裕的时间。我可以做到召之即来，来之能战。

第三，由于长期坚持锻炼身体，我有充沛的精力和体力。我可以胜任长途奔波、连续作战的任务。

第四，由于对家乡的热爱，由于对史地知识的爱好，我相信我可以在烟台市范围内的导游工作中做到有问必答，有疑必解。

第五，由于在大学4年中经常有外地同学来烟台，都是由我为他们担任向导。所以，我自认已具备了初步的导游工作的实际经验。

第六，经过6年的教师工作锻炼，我认为自己的普通话和语言表达能力均能胜任导游工作。

第七，我的性格气质属于多血质型，从心理素质上讲，适应环境的能力和应变能力较强，而这种心理和气质，正是被认为做导游工作最适宜、最优秀的一类类型。

所以，我来了，并且相信，如果我被录取，我一定不会辜负你们——各位主考的选择！

我的话完了，谢谢各位为我提供的这次机会。

在老同学聚会上的发言

湘　仁

同学们：

今年7月，恰值我们中学毕业20周年，有人提议搞一个同学聚会。承蒙大家公推我这个“老班长”主持，盛情难却，我就不推辞了，谢谢大家！

20年前，也是这样一个火辣辣的盛夏，我们相约在株洲公园照相作别——几天后，该上山的上山，该下乡的下乡，该去湖区的就下湖了。我一直珍藏着这张合影，它使我想起一个时代、一段历程和一种难以割舍的情感。……

刚才东道主史君问我，喝点什么饮料？我说，来杯咖啡吧！咖啡，加点方糖，甜中有苦，苦中带甜，二者混杂在一起有一股令人难忘的味道。我想，它正好与我们这一代人的遭遇相似，与我们对人生回味的感觉相同。……

我记得我们班有34人，其中30人是属牛的。是的，我们是属牛的，牛的忍辱负重，牛的吃苦耐劳、一步一个脚印，正是我们这伙人精神的写照。今天这个聚会是由我们的“老体委”大吴赞助的，这几年做生意他成了我们这一班人的“首富”。……

相见难，相别更难。20年后才第一次重聚，委实是太难了。人大了，也开始变老了，尤其我独在异乡有时候会忽然想：人在生死之间的情感。有同学建议，5年一小聚，10年一大聚，我很赞同。5年说不好，10年，也就是毕业30周年纪念，我一定回来。那一年，正是20世纪的最后一年，我想这样的聚会更会令人难忘。我相信那一天，每一个同学一定会有新的成就，一定会有新的感受，一定会从心底发出：我们活得很充实，我们无愧于那个曾经拥有的充满青春活力的集体！

谢谢大家！

欢迎你到徐州来

吕　天

我没有受任何人的委托，不能代表徐州人民，但可以代表我自己和我们全家，热烈地欢迎在座的朋友到我们徐州来。

徐州不如上海那样繁华，不如天津那样发达，不如武汉那样便利，不如贵州那样多姿，不如西安那样古老，不如成都那样富庶，不如兰州那样质朴，不如长春那样宜人，更不如这里——我们伟大的祖国的首都——北京这样令人神往！但是，朋友，徐州也是我们祖国母亲肌体上的一部分，在我们的母亲看来，手心手背都是肉啊！……

我们徐州的交通十分方便：津浦、陇海两条铁路干线在这里交叉，京杭大运河在这里穿过。……

有一点我要打听清楚，你是公费出差而来呢？还是自费旅游呢？

若是公费出差的话，你要知道，徐州是苏、鲁、豫、皖接壤地区横向联合体的中心。……

若是自费旅游的话，我可以介绍你去凭吊“牧童拾得旧刀枪”的楚汉之争的古战场。……

不管你是公费还是自费，我都乐于陪你。……

这次来北京，我是“来也匆匆，去也匆匆”，没有机会与更多的同志交谈。……

顺便一提，我们徐州人善于发挥“地利”的优势，奉行“雁过拔毛”的策略。朋友，你参加过全国演讲比赛，路过徐州，恐怕不会轻易把你放走。让你为伟大时代呐喊的回声长久地留在这块古老而美丽的土地上，你总该不会拒绝吧！

来吧，朋友！到徐州来吧！但请你务必带上一样东西，那就是“爱”，请你带上对祖国的爱。对同胞的爱，对时代的爱，对事业的爱……用你最诚挚的爱去交换徐州700万人民的爱！

谢谢！

妙趣横生的演讲

凌　峰

在下凌峰，我和文章不一样，虽然我们都得过“金钟奖”和“最佳男歌星”的称号。但是，我是以长得难看而出名的（掌声）。两年多来，我在大江南北走了一趟——拍摄《八千里路云和月》，所到之处呢，观众给予我们很多的支持，尤其男观众对我的印象特别好。因为他们认为本人长相很中国（笑声、掌声）。中国5000年的沧桑和苦难全都写在我的脸上（笑声、掌声）。一般说来，对我印象不太良好：有的女观众对我的长相已经达到忍无可忍的地步（笑声、掌声），她们认为我是人比黄花瘦，脸皮比煤炭黑（笑声）。但是，我要特别声明，这不是本人的过错，实在是家父母的过错。当初并没有征得我的同意就把我生成这个样子（笑声、掌声）。但是，时代在变、潮流在变、审美的观念也在变。如果你仔细地归纳一下，你会发现，现在的男人基本上分为三种：第一种——你看上去很漂亮，可看久了以后，就觉得他没有什么男人的味道，这一种就像我的好朋友刘文正这种；第二种——你看上去很难看，看久了之后是越看越难看，这种就像我的好朋友陈佩斯这种；第三种——你看上去很难看，看久了之后你会发现，他有另外一种男人的味道，这种就是在下我这种（笑声、掌声）。鼓掌的都表示同意了！鼓掌的都是一些长得和我差不多的（笑），真是物以类聚啊！接下来按规矩我迎接挑战，带来一首歌曲，叫做《小丑》。在我看来，我认为每个人都在扮演多次的小丑，有的时候是在孩子面前；有的时候是在父母面前；有的时候是在爱人面前；有的时候是在领导面前。我呢，是在观众面前。给大家带来一首《小丑》——掌声有没有就无所谓啦（笑声、掌声）！

【课后练习】

1. 选一篇本节所列的资料，进行模拟训练。
2. 将学生分为每8人一组，以“时代呼唤雷锋精神”为题，按下列不同的“抓兴法”，逐一进行即兴演讲训练。

（1）抓熟悉之事起兴。要求演讲者从自己熟悉的某一件事谈起，切入正题进行演讲。

（2）抓听众特点起兴。要求演讲者抓住听众的某一特点（年龄、人数、爱好、衣着、住行等）起兴，切入正题进行演讲。

（3）抓自己的特点（最好是缺点）起兴。要求演讲者从自身的某一特点（外貌、衣着、经历等）起兴，切入正题进行演讲。

（4）抓时间联想起兴。要求演讲者从时间线索起兴，切入正题进行演讲。

（5）抓空间联想起兴。要求演讲者从空间线索起兴，切入正题进行演讲。

（6）抓别人所言起兴。要求演讲者从前5位同学的演讲中搜取话题起兴，进行演讲。

（7）抓现场感受起兴。要求演讲者从前6位同学的整个演讲过程中，通过自己的真实感受起兴，切入正题进行演讲。

（8）抓归纳总结起兴。

第五章 论辩训练

论辩，又称论是辩非，是论证己方见解、反驳他人观点的对白体说话形式之一。与一般的口头表达相比，它具有针锋相对、互为攻守、逻辑严密、说理周全、反应灵敏、处变机智、表达准确、言词简洁等几个特点。本章将从论辩准备和论辩技巧两大方面，围绕论点的确立、材料的准备、论证的分工、反驳的技巧等进行介绍和训练，并罗列实例加以评析，供训练时借鉴。

第一节 论辩准备

在论辩中，任何一方辩手都希望自己能够处于主动的地位，这就要求参辩者做好充分的准备。当然，由于论辩的种类不同，对准备的要求也不尽相同。一般来说，日常论辩由于带有很大的突发性、随意性，人们无法作针对性的准备，论辩的结果便只能取决于平时知识的积累、论点的确立、论证的逻辑以及技巧的把握。而作为在专门场合对某一领域或某一部门的特定议题进行的论辩，如法庭论辩、会议论辩、外交论辩、毕业答辩、竞选论辩等，则要求参辩双方或多方事前对某一特定论题作深入调查，在掌握真实、准确、全面、翔实的第一手材料之后，确定问题的关键以及己方的立足点，力争把准备工作做得扎扎实实。演练性的赛场论辩同样对赛前准备有较高的要求。

一、分析论题

分析论题又叫破题。赛场论辩是一种极富理性的高水平的智力与口才较量，完全不同于为维护个人观点或某个政党、集团的政策而展开的论辩。辩题预设为正方和反方，双方所持的观点由抽签决定，它只有胜负之分而无是非之别。因此，保证辩题的中性以使参辩双方在论辩中处于平等的地位便显得十分重要。出题者对此应予以注意。

【训练一】 分析下列两组辩题，说说哪一组适合于论辩，为什么？

1. （1）当代青年应该娱乐。
   （2）青年应先成家后立业。
   （3）给员工“加压”是应该的。
   （4）中国人当然热爱中国。
2. （1）“形象美”比“心灵美”重要（反方为：“心灵美”比“形象美”更重要）。
   （2）大学毕业生择业应首选大公司（反方为“小公司”）。
   （3）人类社会应重义轻利（反方为：“重利轻义”）。
   （4）“实干兴邦”是实现“中国梦”的“充分条件”（反方为“必要条件”）。

对于绝大多数论辩来说，辩题已经确定了正反双方的观点，论辩双方就不能因为自己对己方观点并不真正赞同而予以否定，否则会因为立场不够坚定而在论辩当中倾向对方，使自己的观点走形。

【训练二】 分析下列论题，指出正反双方各自应持的论点，并说说自己个人的观点。

1. 中国提倡购买“私家车”利大于弊。
2. 在读大学生结婚弊大于利。

3. 不以细节论成败。

4. 学者明星化是学术普及的捷径（反方为“歧途”）。

对于参辩双方来说，确立论点的关键是分析论题。论辩前双方均须对论题的正方观点和反方观点予以确定并加以准备，力争既知己又知彼。分析论题通常从以下几个方面着手。

1. 分析论题的种类。分析论题的种类主要是看论题对正反双方的论点是否都作了明确的规定和限制。请看以下论题：

人性本善

如果辩题反方的论点未被明确规定，双方各自要准备的论点是：

正方：人性本善。

反方：（1）人性本恶。

（2）人性有善有恶。

（3）人性无善无恶。

如果反方已被明确规定为第一种论点，那么，双方的论点则为：

正方：人性本善。

反方：人性本恶。

2. 分析论题的关键字眼。因为关键字眼的释义常常是双方争论的焦点，所以必须把关键字眼分析透彻，并做到准备充分，限制得当，这样才可以做到正可立，反可驳。

【范例】 邓小平与原美国国务卿舒尔茨的一次谈判：1983 年舒尔茨访问中国，双方在谈到湖广铁路债券案时，邓小平指出是美国某些人以此为借口，在中美关系上制造麻烦，美国政府应该制止这种行为。舒尔茨辩解说美国司法制度是独立的，政府无权过问。起诉的几个美国人无非是索取一些赔偿，并非制造事端。邓小平当即反驳说，如此说来，美国实际上有三个政府——国会、内阁和法院。那人家究竟同你们哪一个政府打交道才好？如果说，美国人有权向我们索取赔偿，那么我们中国人民一百多年来遭受帝国主义的侵略压迫，蒙受了那么大的损失，难道不可以判你们来赔偿吗？

如果我们一见面就提出这个问题，还谈得上什么发展关系呢?!

在这一谈话中，邓小平紧紧抓住“美国司法制度是独立的”这一关键字眼，一针见血地揭露了舒尔茨言论的谬误，使自己在这场谈判中取得了主动权。

【训练三】

1. 分析下列论题中的关键字眼，说说它们在本论题中的作用。

（1）和平共处是人类可能实现的理想

（2）学者明星化利大于弊/弊大于利

（3）在读大学生结婚利大于弊/弊大于利

2. 分别从正反方研究以下命题，对列出的概念作出必要的限制，以维护己方观点。

（1）只要人人献出一点爱，世界将变成美好的人间

（2）参与就是胜利

（3）成事在人不在天

3. 为己方和对方设计论辩逻辑。所谓论辩逻辑设计，就是指对论题的内涵和外延进行逻辑分析，并在分析的基础上设计论辩的逻辑框架。形象一点说，就是给自己的立论画一个圈，使自己的观点能够自圆其说，建立一个稳固的防线；同时要分析对方可能的逻辑，设计进攻的路线，并能有效进行防御。具体的做法通常是将辩题中所有的概念拉出来逐一分析其内涵和外延。如“法制能消除腐败”这一辩题中就要对“法制”“能”“消除”“腐败”进

行逻辑设计，搭建一个论证和反驳的框架。是否进行论辩的逻辑设计与设计是否合理和科学，都会对论辩的结果产生不可低估的影响。

【范例】　1997 年，新加坡国际华语大专辩论赛中国派出的首都师范大学代表队在预赛和半决赛中表现突出，被赞为是“口齿伶俐、妙语如珠、配合默契”的一支劲旅，一路过关斩将进入决赛，与马来亚大学代表队相遇。在决赛中首都师大为正方，辩题是“真理越辩越明”。反方马来亚大学代表队的辩题是“真理不会越辩越明”。

正方赛前所作的逻辑设计是：核心概念为“辩”和“真理明”，概念间的逻辑关系是：“‘辩’是‘真理明’的充分条件”。逻辑定位是“如果有‘辩’，真理就一定越辩越明。”正方一辩开宗明义：“辩论应该以一定的逻辑基础为原则，摆事实，讲道理。在真理走向成熟的过程中，论辩是必不可少的一个环节。……实践是明确真理的必要条件，而‘辩’则是使真理明确的充分条件；为真理而辩，真理越辩越明。”正方的二辩在从理论层面论述的过程中说：“……‘辩’则是使真理澄清的充分条件。”其理由是“‘辩’是使人们认识真理的动力之一；‘辩’是使真理发展的动力之一；‘辩’是检验真理的重要环节之一；‘辩’是防止真理老化，使真理常新的有力保障。”接着三辩引经据典。最后四辩总结陈词：“今天，我们双方都要论证一个全称判断……”尽管4 位选手慷慨陈词，最后却以败北告终。分析其失利的原因，一个突出的问题是事前对己方辩题的逻辑设计不准确，对自己观点的立论中包含的逻辑矛盾不能自圆其说，对反方的反驳也没有抓住其逻辑错误的要害。其实，单就“真理越辩越明”这一辩题而言，这个辩题中的“辩”与“真理明”之间无疑存在着条件与结果之间的联系。逻辑上将表示条件的语词叫做前件，把表示结果的语词叫做后件。前件与后件的联系可分为 4 种：①充分关系；②必要关系；③充要关系；④不充分且不必要关系。前 3 种较好分析和理解，而第 4 种则是这一辩题的关键所在。因为历史和现实都表明，“辩”与“真理明”之间没有必然的逻辑联系，政治、经济、科技、文化的无数史实中有大量久辩而未明、或不辩自明的例证。正因如此，反方正告：“我们只要找到一个反例，就可以将你们的立论打倒”。这一逻辑设计的不合理——主体构架歪斜、相互连接错位——最终没有经得起反方的狂轰滥炸。

【训练四】　分析下列论题的逻辑内涵和外延，设计其论辩的逻辑框架。说说正反双方会从哪几个方面论证自己的观点。

1. 应试教育可以休矣。

2. 职业教育应走在时代的前面。

3. 合作比竞争更重要。

总之，分析论题（破题）是进行论辩的第一步。它不仅包括剖析辩题含义、确定己方定义，也包括为己方和为对方设计论辩逻辑。

二、准备材料

论点确定之后，便进入材料准备阶段。

1. 准备立论的材料。立论的材料就是建立自己论点的材料。在论辩过程中，要求言之有据，这“据”就是材料。准备立论的材料有广义和狭义之分。广义的材料准备是在平时。它要求参辩者平时广泛阅读，加大自己知识积累，提高自己的道德修养，加强逻辑训练，培养良好的心理素质等。狭义的材料准备是指临战前针对某一辩题所作的材料准备。

准备立论的材料从两个方面入手，即事实和理论。立论的事实论据一般从以下几个方面着手：一是历史事件，即在人类社会发展的历史长河中出现过并且被普遍认可的事实；二是现实材料，即现、当代出现的并且被大多数人所熟知的事实。立论的理论材料一般也包括两个方面：一方面是指被社会发展所证明了的科学真理，另一方面是指在社会科学和自然科学发展中作出过突出贡献的著名人物的著名论断和著名言论。

【训练五】 阅读下列材料，说说它们能表明一个什么道理。

1. 魏源力主“去伪、去饰、去畏难”，渴望一个“风气日升、智慧日出”的新社会出现在中国大地上。

2. 林则徐提倡开眼看世界，向西方国家探求治国的道理，达到“保国、御敌”的目的。

3. 龚自珍冲破埋头考据、不识时务的局面，开创了“今文经学”与“经世致用”相统一的局面，对社会的变革起了积极的作用。

【训练六】 阅读下面两段文字并比较后面的观点，选择其中你认为正确的，或拟出自己提炼的观点。

1. 英国天文学家约翰·达尔舍利临终的时候，神父坐在他的床头，喃喃地祈祷天国之乐。达尔舍利不耐烦地打断了神父的祷告，说：“对我来说，最大的快乐，莫过于能看到月球的背面了。”

这件事表明：

(1) 科学家根本不相信上帝，只相信科学。

(2) 神父企图用宗教迷信麻醉一位科学家，结果却遭到了科学家的有力驳斥，可见，唯心主义思想必败。

2. 上（唐太宗）谓太子少师曰：“朕少好弓矢，得良弓十数，自谓无以加。近以示弓工，乃曰：‘皆非良才。’朕问其故，工曰：‘木心不直，则脉理皆斜，弓虽劲而发矢不直。’朕始寤乡者辨之未精也。朕以弓矢定四方，识之犹未能尽，况天下之务，其能遍知乎？”

这段议论表明：

(1) 虚心使人进步，骄傲使人落后。

(2) 凡事必须注意倾听各种意见，广开言路。

(3) 认识是无法穷尽一切的，因此，学习是没有止境的。

【训练七】 指出下列事件所能证明的观点。

1. 乔尔丹诺·布鲁诺受火刑致死。

2. 年青的沙皇彼得为学习国家崛起之道在荷兰打工获得“优秀工匠”称号。

3. 少年莎士比亚为学习戏剧进剧院当一名勤杂工。

4. 屈原投江自杀。

5. 陶渊明不为五斗米折腰。

6. 林则徐虎门销烟。

7. 五四运动。

8. 取消中国农民千百年来的“皇粮国税”。

9. 香港回归。

10. 中国机械工业装备制造高端化趋势。

【训练八】 指出下列名言所能证明的论点。

1. 路漫漫其修远兮，吾将上下而求索。

2. 安能摧眉折腰事权贵，使我不得开心颜。

3. 操千曲而向晓声，观千剑而后识器。

4. 抛弃时间的人，时间也抛弃他。

5. 我坚决不同意你的观点，但誓死捍卫你说话的权利。

2. 准备反驳的材料。在论辩双方的关系中，辩护与反驳是一对基本的关系。辩护即立论，但如果只立论而不反驳，辩来辩去，战场总在自己一方，对对方的立论构不成任何威胁，就会使论辩失去光彩，即缺少短兵相接。其实，从某种意义上说，反驳才是最有效的辩护。成功的论辩常常是以攻为守，通过驳倒对方来确立起自己的观点。而要能够反驳对方，

辩前就必须作充分的反驳准备。一般来说，反驳的准备是在为对方进行逻辑设计后，再进一步针对对方的论点，对方可能列举的论据，对方立论的方式方法，对方可能从哪几个方面反驳己方等四个方面研究己方如何应对和反驳。

【训练九】 分析下列辩题，说说正方和反方会从哪几个方面反驳对方的观点。

1. 学生看网络小说弊大于利。
2. 棍棒底下出孝子。
3. 有文化比有文凭重要。
4. 人为自己（他人）活着快乐。

【训练十】 分析下列观点，请举出实例加以反驳。

1. 人才过剩是大学生就业难的主要原因。
2. 学而优则仕。
3. 高薪才能养廉。
4. 高职生不如本科生。
5. 有文凭就等于有水平。

【训练十一】 阅读下面这段辩词，谈谈辩者是在反驳什么观点。如果要求你对这段话进行反驳，你会怎么说？请写出你的反驳辩词。

我们要请教对方辩友，今天任何一个中国人或者说每个人都知道杀人者偿命，或者知道杀人是不对的，“知”是如此容易，那么为什么还是有那么多人无法克制内心的欲望而去杀人呢？所以说“行难”啊！

3. 准备材料时应注意的问题。

（1）论据要有针对性。在搜集论据前要对自己的论辩方向、论辩要点有清楚的认识，并且要设想对方会从哪几个方面立论，以此确定自己搜集论据的范围，为巩固自己的阵地准备砖石，为攻击对方的堡垒准备炮弹。

【范例】 在“女性比男性更需要关怀”这一辩题中，正方举出了女性在一生中要过五关：青春关、生育关、职业关、更年关和老年关，较之男性，女性要经受更多生理的考验这一论据来证明己方的观点。女性要过五关，这是对方无法否认的事实。这一论据的出示也使许多妇女产生一种感同身受的联想，达到了既树立己方观点、向对方晓之以理，又使对方产生认同、动之以情的良好效果。而反方则从自古以来“男儿有泪不轻弹”和“男人必须坚强、刚毅、创造丰功伟绩”的传统思想使男性受到巨大精神压力这一论据入手，说明男性内心的伤痛与孤寂无法排除，也就需要更多的关怀这一道理。正反两方寻找各自的论据支持自己的观点，分庭抗礼，不相上下，使论辩言之有物、精彩纷呈。

（2）论据要典型。所谓典型，就是具有代表性，能反映事物的本质。这样的论据说服力强，感染力大。

【范例】 在“治愚比治贫更重要——治贫比治愚更重要”的论辩中，正方为了证明自己的观点——治愚比治贫有更高的价值取向，列举了历史上许多先知先觉者即使在极度困苦之中始终不自我放弃的例子，像富兰克林在困苦之中不屈不挠、奋发学习；邓小平在法国留学时三餐不济，却从不放弃接受教育的机会，等等。这些例子涵盖古今中外，很有代表性。随后从人类社会发展方面拿出了更让人信服的论据：“从人类社会的发展来看，治愚比治贫有更重要的持续性。西方正是由于突破思想的束缚，结束了黑暗的时代，带来了文艺复兴。达尔文的进化论将人与环境的关系一语道破，医治了人的无知与迷信，奠定了近代人类文明的基础。……中国唐代对外开放，物质和精神文明都空前发达，使当时的中国冠居欧亚。然而，闭关自守以后，愚钝日生，社会发展停滞不前。严复、梁启超、鲁迅等正是认识到这一点而提出改造国民性的。江泽民主席也强调要科教兴国，使中国社会再次展现充沛活力。”辩手旁征博引，把人们的思路带向了人类社会发展的广阔领域，从正反两个方面认识治愚的重要性，这就是典型论据起到的点拨、引导作用。

（3）论据要确凿。论据往往要涉及引用名人名言、具体的人事、数据指标、理论概念，都必须认真谨慎地确定它们的准确性，不能想当然，更不能投机取巧，乱蒙乱编。否则，一旦被对方抓住把柄，就将在论辩中处于尴尬的窘境，甚至导致一步出错、全盘皆输的严重后果。

【范例】 在“外资是推动广东经济飞速发展的主要动力”的论辩中。

反方：马克思早已指出：劳动决定价值，所以，廉价的劳动力才是推动广东经济飞速发展的主要动力。

正方：劳动决定价值适用于任何国家、任何地区，如果按照对方这种逻辑，世界上任何国家、任何地区的经济飞速发展的主要动力都是廉价劳动力喽？

对反方看似吓人的论据，正方以归谬给予有力一击。

三、论辩的分工

日常论辩无所谓分工，赛场论辩则有明确的分工。目前我国各大学较常采用的是4对4的论辩形式，即论辩的双方均由4人组成。这种比赛以我国中央电视台与新加坡广播局联合举办的国际华语大专辩论会（即“新加坡模式”）最有影响，国内也有广东、四川等地大学生年度辩论赛采用这种形式。这种论辩特别要注意整体配合。一是要注意陈词结构的启承转合；二是要注意内容结构的“板块分割”，即一辩侧重逻辑分析，二辩侧重理论分析，三辩侧重事实分析，四辩侧重价值分析；三是要注意默契合作，即共同立论、相互论证、相互补充、掌握时间划分和材料运用。总之，既要做到有侧重的分工，更要协调整体配合，因为在论辩赛中，整体力量大于个人力量之和，个人在集体中能发挥出更佳的能量来。当然，由于辩题不同，论辩的分工也不尽相同，这一点在赛前准备时应灵活掌握。

【训练十二】 从逻辑和理论两个方面反驳下列论题。

1. 民主进程取决于民众思想层次（健全的制度）
2. 性格内向的人参与人际交往不能成功
3. 从小看大，三岁知老

【训练十三】 从事实和价值两方面论证下列论题。

1. 外交比军事更能维护国家安全
2. 发展私有经济能够促进国有经济的壮大
3. 开展素质教育刻不容缓

四、写好论辩设计书

论辩前的一切准备最终以论辩设计书的形式定稿。所谓论辩设计书，就是论辩的设计方案。它可以是一套，也可以是两套、三套。每一套设计书都应该包括对辩题的理解和剖析、论辩层次、逻辑框架、对方可能的立场与攻击点、己方防守线、中外理论及事实论据、各辩手分工、论辩中需注意的问题、对可能出现的问题的设想及化解对策。如果正反方是临时抽签决定，那么，事前应分别准备正反双方的论辩方案。

五、赛前须注意的细节

（1）根据分工写好辩词。

（2）组织讨论、补充与修改辩词。

（3）切实熟悉整个论辩过程的分工，熟悉所有的辩词。

（4）设计并掌握整体配合方法。

（5）带上卡片和笔，以备及时记下对方的破绽和自己反驳的语句和事例。

（6）检查自己的衣着服饰是否整齐得体。

【课后练习】

1. 观看一场隐去评判结论的辩论赛的录像，说说你的裁决及理由，然后再看看实际的评判结论，找出其中的不同点，并分析原因。

2. 论辩的逻辑设计对论辩的胜负起首要作用，分析下列论辩的逻辑设计，体会其内在的严密性。

（1）辩题：温饱是谈道德的必要条件。

（2）反方剖析辩题及逻辑设计。

总体：人存在是谈道德的必要条件；人有理性，理性是谈道德的必要条件；在任何情况下都能谈道德；走向温饱的过程中尤其应该谈道德。

审题：温饱——社会总体上无衣食之忧（贫困—温饱—富裕三个发展阶段）。

谈道德——个人修养。

社会弘扬。

政府提倡。

谈：道德教育、道德宣传、道德鼓励、道德舆论、道德研究、道德讨论等。

必要条件——（正方）有之不必然，无之必不然。

逻辑准备：能不能——事实判断　　应不应——价值判断

不能够——不应该　　不能够——但应该

能够——应该　　能够——但不应该

应该——但不能够　　应该——也能够

不应该——但能够　　不应该——不能够

3. 对“知难行易”这一辩题从正方角度进行逻辑设计。

4. 运用本节知识，以小组为单位就大家普遍关心的问题展开讨论，并从中确定一个有争议的论题，写一份论辩设计书。

第二节　论辩技巧

论辩要取得胜利，除了赛前准备充分之外，在论辩中讲究技巧也是非常重要的。本节将介绍以下几种基本的论辩技巧。

一、进攻技巧

1. 先发制人，力求主动。在论辩中通常不允许对方的一个主要论点在太长的一段时间内得不到驳斥。一般情况下，在程序论辩时，正方的一辩在立论当中就应主动发难，而反方的第一辩手对正方一辩论述中的内容也应马上给予揭露和批驳。在自由论辩中更应主动出击，立论陈述，设问反诘，从而使论辩保持良好的出击态势。

【范例】　复旦大学队对剑桥大学队辩论“温饱是谈道德的必要条件”时，有如下一段较量：

剑桥大学的孙学军：“据最近的资料表明，第二次世界大战时英国人民的温饱程度是有史以来没有过的，营养价值在当时食物平均分配制度下是最好的，因此，你不能通过这个问题来否认它是在温饱之下讲道德的。”复旦大学的严嘉：“《丘吉尔传》告诉我们，那时候好多穷人是怎么去填饱肚子的呢？是去排队买鸟食，还买不到呵。”一针见血，对方论点的荒谬便暴露无遗。

【范例】 1960年4月，周恩来总理在尼泊尔首都加德满都举行记者招待会，当谈到中国和尼泊尔两国对珠穆朗玛峰的所属看法不一致时，美国《时代》杂志一名记者问道："关于珠穆朗玛峰的问题，你在这次会谈中是否已作出决定？你刚才讲的话，含义是由中尼两国把它平分。"记者的提问是要把答话者置于困境，可是周总理回答说："无所谓平分，我们还要继续进行友好协商，这个山峰把我们两国联结在一起，不像你所想的会把我们两国分开。"

这就借对方之题发挥，摆脱困境，取得了主动权。

【训练一】 模仿下列这段辩词的紧逼技巧，就"女生的逻辑思维能力比男生差"这一辩题在同学间展开一对一的论辩。

正方：那么，请问对方辩友，女性受到了特殊的伤害，需要不需要进行特殊的保护呢？

反方：请问，什么样的伤害是特殊伤害？

正方：对平等就业权的伤害就是特殊的伤害。

反方：那么，如果男性也受到平等权利的伤害，是不是也叫特殊伤害呢？

正方：请问对方辩友，是不是有企业打着这样的招牌：只要女性不要男性呢？

反方：那我来告诉你，据《北京晚报》一个月的调查表明，那上面有1/6的广告写着"只要女性不要男性"呵！

正方：请问在座的所有同志，当你听到性别歧视的时候，你认为歧视的是男性，还是女性呢？

2. 摆脱枝节，攻其要害。在辩论中切忌纠缠细枝末节，否则，看上去热热闹闹，实际上已离题万里。作为进攻的一方，一个重要的技巧就是在对方一辩二辩陈词后，迅速地判明对方立论中的要害问题，牢牢抓住这一问题一攻到底，以便彻底击败对方。此所谓打蛇要打在"七寸"上。例如，"温饱是谈道德的必要条件"这一辩题的要害是：在不温饱的情况下，是否能谈道德？在论辩中只有始终抓住这个要害问题，才能给对方以致命的打击。当然，在论辩中有时也要用到"避实就虚"的技巧，如对方提到一个我们确实没准备、无法回答的问题时，勉强去答可能使己方陷入窘境，此时可以轻轻避开，另外找对方的弱点攻过去。但更多的情况下，论辩需要的是"避虚就实""避轻就重"，善于抓住对方要害，穷追不舍，猛攻下去，务求必胜。

【范例】 1993年，国际华语大专辩论会决赛"人性本善"的一段论辩：

正方：我倒想请问对方同学，如果人性本恶，是谁第一个教导人性要本善的？这第一个人为什么会自我觉醒？

反方：我方三辩早就解释过了，我想第四次请问对方辩友，善花是如何结出恶果来的？

正方：我再说一遍，善花为什么结出恶果，有善端，但是因为后天的环境跟教育的影响，使他做出恶行。对方辩友应该听清楚了吧？我想再请问对方辩友，今天泰丽莎修女的行为，世界上盛行的好的行为，为什么她会做出善行呢？

反方：如果恶都是由外部环境造成的，那外部环境中的恶又是从何而来的呢？

正方：对方辩友，请你们不要回避问题，台湾的正严法师救济安徽的大水，按你们的推论不就是泯灭人性吗？

反方：但是对方要注意到，8月28日《联合早报》也告诉我们这两天新加坡游客要当心，因为台湾出现了千面迷魂这种大盗。

正方：我们就很担心人性本恶如果成立的话，那样不过是顺性而为，有什么需要惩罚的呢？

反方：对方终于模糊了，我倒想请问，你们开来开去善花如何开出恶果？第五次了啊！

这段辩词，双方你来我往，都紧扣要旨，又步步紧逼，可谓精彩纷呈。特别是反方，五次发问，穷追不舍，有理有据，显现出较高的论辩技巧。

【训练二】 分析下面这段辩词的逻辑思路，并指出其关键所在，然后加以批驳。

我方主张不破不立，就是说，不破旧就无法立新……第一，不破不立是我们生活的逻辑。比如说建设北京电视台吧，在设计的时候，首先要否定不合理的方案，并且对草案不断地批判，不断地修正，这样才能得到最后的设计蓝图，这可谓不破不立。而在施工的时候呢，更要先拆除旧房，清理地基，才能有挺立的大厦，同样是不破不立。其次，不破不立是自然界的进化潮流，也是人类历史的发展规律。大爆炸宇宙学告诉我们，没有最初的石破天惊，就不会诞生今天这浩渺的宇宙和闪闪星空。进化论也告诉我们，没有对旧有的物质形态的不断否定，不断突破，就不会有人类这一万物的精灵。人类的历史更是在不断地批判旧世界、追求新世界的不破不立中艰难地前行。从埃及纸草书上记载的最早的人民暴动到美国独立战争的急风暴雨，从商鞅身首车裂九死仍不悔的秦国变法到康有为、谭嗣同宁以鲜血换取天下人幸福的戊戌维新，人类的历史就是不断地打破锁链去追求自由，冲破黑暗去追求光明。不破不立还是我们这个时代的命题。请问，不冲破思想的禁区，我们怎么能够讨论商品与市场？不打破政企不分的旧格局，又怎么能建立真正的市场体系？因此，无论从生活、从历史发展，还是从改革开放，我们都必须要坚持不破旧就无法立新。

3. 以子之矛，攻子之盾。辩驳之时要注意倾听，一旦捕捉到对方辩手发言中的漏洞，如因心情紧张而使用概念不当，或因配合失误而前后自相矛盾，或因出语太快而词不达意，都应马上抓住，竭力扩大对方的矛盾，使之自顾不暇，无力进攻己方。

【范例】 1993 年 8 月 25 日，英国剑桥大学对我国上海复旦大学的一场题为“温饱是谈道德的必要条件”的辩论，在阐述当中，剑桥队的三辩表述法律不是道德，而二辩却认为法律是最基本的道德，我方乘机扩大对方两位辩手之间的裂痕，迫使对方陷入窘境。同是这场辩论，剑桥队的一辩起先把“温饱”看成人类生存的基本状态，后在我方的凌厉攻势下，又大谈“饥饿”状态，使得自己与先前的见解又发生矛盾，我方“以子之矛，攻子之盾”，使对方急切之中，理屈词穷，无言以对。

【训练三】 分析下列论题，看看是否有错误，若有，请加以批驳。

（1）人和动物是有区别的。

（2）吃百家饭，穿百家衣，做百件事，便自然而然地会拥有人生成功的经验。

（3）不当家不知柴米贵。

（4）龙生龙，凤生凤，老鼠生儿会打洞。

4. 出其不意，引蛇出洞。当论辩出现胶着状态，对方躲在壕沟内不出击时，可出其不意，抓住在一般人看来也许是细枝末节的问题，诱使对方离开阵地，步步进入己方所设的陷阱。

【范例】 1988 年，在新加坡举办的亚洲大专辩论会上，上海复旦大学队与澳门东亚大学队对垒，辩论联合国是否有存在下去的必要。复旦大学队在辩论之中突然发问：“请问对方辩友，联合国是哪一年成立的？”这在一般人看来是十分简单的问题，对方因准备不足而未答，复旦队马上反击：连联合国的生辰八字都没有搞清楚，怎么能断定联合国是否有存在的必要呢?!

【训练四】 分析下列辩词，说说双方的论辩技巧。

许金龙：我想请问对方辩友，请你正面回答我你喜不喜欢杀人放火？

季翔：我当然不喜欢，因为我受过了教育。但我并不以我的人性本恶为耻辱。我想请问对方，你们的善花是如何结出恶果来的？

吴淑燕：我想先请问对方同学，你受的教育能够使你一辈子都不流露本性吗？如果您又不小心流露出本性，那我们大家可要遭殃了。

严嘉：所以我要不断地注意修身自己啊。曾子为什么说“吾日三省吾身”呢？所以，我再次想请问对方辩友，你们说内因没有的话，那善花为什么会从恶果里产生的呢？

【训练五】

1. 下列论述能够得出什么结论？

甲午中日战后，国人开始注意留学。庚子事变后，举国乃谋改革。日俄战后，革命风潮乃烈，民国遂得成立。此次大战而后，政治社会革新之声遍于全球，我们国人亦须知此潮流，研究改革。——吴玉章在留法勤工俭学学生送别会上的演说。

2. 邻居王大妈蛮不讲理，把不值钱又舍不得扔掉的家什堆放在三楼通往四楼的楼道上，小李去找王大妈，希望她能把家什搬走。王大妈反而说：

（1）我放在这里这么长时间了，没有人说三道四，今天倒碰上你数落起我来了，你这是成心找我的茬儿。

（2）楼道不是你家的，也不是我家的，是公用的，大家都可以用，我用了不行吗？你要用也可以用，你若看不顺眼，搬走好了。

（3）我就是不搬，你拿我怎么办吧。

你如何反驳？

二、防守技巧

1. 李代桃僵。论辩中有时会出现这样一种情况，即辩题本身过于绝对，如果紧紧扣题去论，往往既难以说服听众，又常常经受不住对方的反驳。遇到这种情况便可以有意识地引入与己方论点相似的概念与对方周旋，诱使对方花大力气去分析新概念，从而保证己方立论中的某些关键的、易被对方反驳的概念不被发现，自己的阵地不被突破。

例如，辩论“大学生参加自考利大于弊”，作为正方若仅仅扣题去论辩一般难以让听众和评委认可，此时，正方可以加进一个新的概念：学有余力的大学生参加自考利大于弊。这一变题一旦成功，对方是很难驳倒的。这种方法有时也被叫做“诡辩”。在论辩当中，经常可以见到辩手使用这种手法，它对增强赛场的可观性有良好的作用。

李代桃僵的具体技法常常表现为偷换概念、转换论题、模棱两可、虚假前提、预期理由、以偏概全、机械类比、循环论证、强词夺理等。

【范例】 中世纪的神学家对“上帝是存在的”进行如下论证：

当我们思考着上帝时，我们是把它作为一切完美性的总和来思考的，但是归入一切完美性总和的，首先是存在，因为不存在的东西是不完美的。因此，我们必须把存在算在上帝的完美性之内。因此上帝一定存在。

这便是典型的循环论证。

【训练六】 阅读下面一则故事，分析论者的李代桃僵的手法。

千金子骄人曰：“我富有千金，你何不奉承我？”贫者曰：“你有千金，与我何干？我何必奉承你。”千金子曰：“我分一半与你，你该奉承我了吧？”贫者曰：“你只千金，你留五百，给我五百，我与你一样，又何奉承之有？”千金子曰：“我悉数尽于你，你难道还不奉承我吗？”贫者曰：“你失千金，而我得之，你又当奉承我，我更不必奉承你了。”

2. 以守为攻。防守是进攻的特殊形式，只有巩固了己方阵地，才可能有效地反击对方。以守为攻是辩论中常用的技巧。

【范例】 复旦大学队与台湾大学队在1993年国际大专辩论赛决赛的自由辩论中，有这样一个回合的较量：

台大队：我倒想请问对方同学，如果人性本恶，是谁第一个教导人要行善的呢？这第一

个人到底为什么会自我觉醒？

复旦队：我方三辩早就解释过了，我想第四次请问对方辩友，善花是如何结出恶果的？

在此之前，正方和反方各提了两次相同的问题，双方都没有清楚地解释，面对台大队的再一次轰炸，复旦队的战术是抛出台大队同样不能解决的问题来质问对方，通过毫不退却的防守，扭转弱势局面，从而维护己方的观点。

【训练七】

1. 艾滋病的发生究竟是社会出了问题还是医学出了问题？

（1）假如是你，你将怎样回答？

（2）如果对方回答是医学出了问题，那么，你将怎么批驳？

（3）如果对方回答是社会出了问题，那么，你将怎么批驳？

2. 如果一位老太太被一辆车撞倒了，肇事者已逃之夭夭，另一个人把她救了起来，这个事故的责任应该由哪个来负呢？

（1）分析这个问题的提出可能包含哪几种用意。

（2）先设想一下，对方会有几种回答，然后针对每一种回答设计一段反驳的辩词。

3. 机变应错。有时在辩论中可能失言，也可能遇到对方提出一些自己事先没有考虑到的问题，此时就要遇错沉稳，机变应对。对自己的失言要及时补救，否则马上就会被对方抓住，作为攻击的把柄，使自己陷入被动。补救的方法有三种：一是移植，即把错误移到其他人头上。比如说：“你难道会认为这是我的看法吗？下面我正要批驳这种说法。”二是补说，即进一步引申、补充自己不恰当的话，使之变为正确。比如可以说：“请你耐心等一下，我的话还没有说完呢，我刚才的话应作如下补充……”三是将错就错，即在讲错话之后，自己意识到了，或对方已指出来了，这时干脆将错就错，巧妙地改变错话的含义，将错的东西转化为正确的东西来论证。在论辩中当对方提出一些己方事先没有准备的问题，可机变灵活。常见的技巧有三种：一是做一些动作，如整理衣帽或寻找某个东西，利用时间思考如何回答；二是故意提出一些问题，对方提问过后，自己可以故意问对方：“这个问题还要我回答？”“不知您要求我从哪个方面来回答这个问题？”通过这些提问，就可以尽量延长时间考虑如何回答；三是假装没听清楚，请对方再叙述一遍。

【训练八】 请看下面一段机变应错的实例，然后假设你打电话时拨错号码，你将怎样化解？

正方：请问对方辩友，“三纲五常”的“三纲”是指的什么？

反方：臣为君纲，子为父纲，妻为夫纲。

正方：连“三纲五常”都说错了，怪不得说起话来语无伦次呢。

反方：笑什么，我说的是新的“三纲五常”。

正方：真是滑稽，竟然有什么新的“三纲五常”。

反方：当然，对方辩友不要少见多怪。现在在我国人民当家做主，是主人，而领导不管官位多高，都是人民的公仆，岂不是臣为君纲？我国实行计划生育，一对夫妇只生一个孩子，这孩子成了家里的小皇帝，岂不是子为父纲？现在许多家庭中，妻子的权利往往超过丈夫，“妻管严”“模范丈夫”比比皆是，岂不是妻为夫纲？

4. 幽默用语。赛场论辩在棋逢对手时常难以决出谁胜谁负。而在赛场上最终胜负的评判者是听众和评委。压倒对手、征服听众和评委常用幽默之法。自然、恰当、行云流水般的幽默用语通常能起到意想不到的效果。

【范例】 对“以成败论英雄”这一论题的论辩。

正方二辩：我们的社会并不是只有单一的价值观，在多元并存的价值观中能够相互制约。我们的社会也倡导道德，我们也追求真善美。

反方三辩：原来对方同学说，以成败论英雄是一个正确价值观的一部分，因此它是可取的。可是让我们想一下，轮胎还是汽车的一部分，坐在汽车上是可取的，大家坐在轮胎上，可取还是不可取呢？（笑声，掌声）

一般来说，论辩中的幽默用语通常可以从地名、人名、歌名、掌故、社会历史、人文景观、时事政治、风土人情、谐音双关中信手拈来。

【训练九】 分析下面两段辩词，说说其幽默语言的表达效果。

(1) 要知道医学这个狭小的概念是不能装下艾滋病这个世纪恶病的，对方辩友，请千万不要让大象在茶杯里洗澡。

(2) 对方同学今天告诉我他们是价值判断不是事实判断，这好比告诉我这件衣服多好啊，不过事实上他不能穿。

【课后练习】

1. 以书面形式就最近报纸上的某篇评论进行驳斥，将那篇评论及你所作的驳斥一并交给老师。

2. 就下列辩题展开讨论，以小组为单位开展论辩。

(1) 人会越来越自由（反方：人不会越来越自由）。

(2) 好人必然有好报（反方：好人未必有好报）。

(3) 有钱未必有福（反方：有钱就有福）。

(4) 现代社会学会竞争是第一位的（反方：现代社会学会合作是第一位的）。

(5) 应对“弱势群体”实行保护（反方：应对“弱势群体”促进发展）。

(6) 烟草业对社会利大于弊（反方：烟草业对社会弊大于利）。

(7) 发展“克隆”技术利大于弊（反方：发展“克隆”技术弊大于利）。

(8) 法制能消除腐败（反方：法制未必能消除腐败）。

(9) 大国唯有和平才能崛起（反方：大国未必唯有和平才能崛起）。

(10) 人言可畏（反方：人言不可畏）。

第三节 常用论辩训练模式

论辩的形式很多。纵观论辩这种语言形式的发展历史，基本上是从简单到复杂、从无序到有序、从个体到群体。特别是到了今天，论辩的形式更加繁多。仅以生活中使用较多的论辩而言，就有法庭论辩、政策论辩、毕业答辩、赛场论辩等。

赛场论辩仅仅是论辩形式中的一种。为便于大家模仿，本节主要介绍近年来在华语国家与地区辩坛流行的三种赛制模式：新加坡模式、上海模式和北大模式。

一、新加坡模式

这种模式因由我国中央电视台与新加坡广播电视局联合举行每年一度的国际华语大专辩论赛而声名显赫。这种论辩的组织机构一般为主席（主持人）、评判团（人数为 7 人或 9 人，以便于投票表决）。整个比赛按顺序可分为三块：第一块是主席简单介绍评判团及参赛队的基本情况；第二块是参赛队辩论；第三块是评判团评判。比赛采取循环制确定半决赛和决赛的代表队。参赛队每队由 4 人组成。

论辩过程分为 3 个阶段：陈词、自由论辩和总结。陈词首先从正方一辩开始，反方一辩接对并且陈述自己的观点；然后是正方二辩、反方二辩；正方三辩、反方三辩交叉进行，每人限时 3 分钟，每队共 9 分钟的陈词时间。在这一过程中要求除正方一辩外，其他辩手要先

接对再陈述，双方四辩不发言。四位辩手的分工一般是一辩重逻辑分析，二辩重理论阐述，三辩重事实列举，四辩重价值分析。自由论辩双方各有4~5分钟的时间（具体时间由组委会确定），正方必须先发言，参辩队员均应发言。这一阶段一般以反驳为主，是新加坡模式最精彩的部分。总结阶段共8分钟，双方各4分钟，总结由四辩担任，反方四辩先发言。

新加坡模式的主要特点是通过4人的分工与合作，便于建立系统的、完整的理论体系，论辩过程立论和驳论相结合，论证方法和反驳方式丰富多彩，再加上辩手风格各异，具有较强的吸引力。同时，队式论辩，形成阵势，气氛浓厚，场面热烈，可视、可听性强，再加上评判团的评判，对提高观众的欣赏水平有一定的帮助。

新加坡模式的比赛程序见表5-3-1。

表5-3-1 新加坡模式的比赛程序

顺序	主席发言：致辞、介绍双方辩手及评判团成员、宣布开始、提示赛程	
1	正方一辩立论（3分钟）	反方一辩反驳兼立论（3分钟）
2	正方二辩反驳兼论述（3分钟）	反方二辩反驳兼论述（3分钟）
3	正方三辩反驳兼论述（3分钟）	反方三辩反驳兼论述（3分钟）
4	反方二辩论述（3分钟）	正方三辩盘问反方二辩（2分钟）
5	自由辩论（双方各4分钟，交替发言）	
6	反方四辩总结（4分钟）	正方四辩总结（4分钟）
	主席请评判团审议	

【范例】 2001年国际华语大专辩论赛决赛辩词实录。

辩题：以成败论英雄是否可取。

正方：以成败论英雄是可取的（新加坡国立大学）。

反方：以成败论英雄是不可取的（武汉大学）。

主席：蔡萦。

时间：2001年。

主席：各位来宾，各位观众，欢迎观赏2001年国际大专辩论赛半决赛第一场，经过4天的龙争虎斗之后，总共有4支队伍过关斩将，昂首步入半决赛。他们是新加坡国立大学队、中国武汉大学队、加拿大温莎大学队和马来亚大学队，今天的优胜队伍将进入大决赛，同明天的优胜队争夺冠军。今天在辩论场上较量的两支队伍是新加坡国立大学队和中国武汉大学队，给您介绍一下双方的辩论代表，首先坐在我右手边的是正方——新加坡国立大学队，他们的4位辩手分别是：一辩吴天，电机与电脑工程系二年级；二辩郑子豪，食品科学系二年级；三辩付欣，生物化学系二年级；四辩陈晓欢，电机与电脑工程系二年级。坐在我左手边的是反方——武汉大学队，他们的四位选手是：一辩蒋舸，国际法系三年级；二辩袁丁，人文科学实验班四年级；三辩余磊，法律系研究生一年级；四辩周玄毅，人文科学实验班四年级。今天的评判团成员共有5位，他们是许廷芳律师，许律师也是本届大会的常驻评判之一，另一位常驻评判赵令茂先生，教育工作者，也曾是新加坡大专辩论会的最佳辩论员，时事评论家钟志邦博士，中华总商会经济组副主任李秉萱先生，专栏作家罗伊菲女士。自古以来，我们是否以成败来论英雄，这个争论似乎持续了几千年，到了21世纪的今天，我们要继续地来讨论这个问题，今天在辩论场上作为正方的新加坡国立大学队他们的立场是以成败论英雄是可取的，而反方武汉大学队则试图证明以成败论英雄是不可取的。我宣布2001年国际大专辩论赛半决赛第一场正式开始，有请正方吴天同学阐述观点，时间是3分钟。(掌声)

吴天（正方一辩）：谢谢主席，评判，对方辩友，在座各位，大家晚上好！古人说“青梅煮酒论英雄”，今晚就让我们以论作媒，以辩代酒，纵横古今论英雄。成败英雄论古亦有之，李白诗云：“秦王扫六河，虎势何雄哉”，《东周列国志》上却说：“见义勇为真汉子，莫以成败论英雄。”可见成败英雄论自古就是仁者见仁，智者见智的。然而时代的话题要有时代的意义，时至今日，以成败论英雄早已不是一种方法，一种标准，而是作为一句俗语，一种价值存在于我们的时代。以成败论英雄是可取的，就是要探讨，这句俗语，这种价值，在我们今天的时代，是否具有可取性，我们这个时代并不是只有一种价值观，以成败论英雄这种观念必然受到我们这个社会其他价值观的协同与制约，使其展现精华，为我所用，这是其具有可取性的现实基础，这种价值观其可取性在于将成功与英雄联系在一起。英雄不是简简单单的一个人，也不是一枚英雄像章，更不是一个冷冰冰的墓碑。它所代表的是一种精神的象征，是民族的旗帜与国民的榜样。以成败论英雄这种价值观就是将人们对成功的追求，化为一种精神的追求，激励人们积极进取，奋发向上。以成败论英雄的可取性还表现在它具有广泛的现实意义。因为作为一种价值观，它鼓励全社会学习英雄，追求成功。时代呼唤英雄，社会鼓励成功，这样的民族才能进步，这样的社会才能发展，时至今日，全球化的浪潮势不可挡，若不成功，我们将立于何处？信息时代，本土文化遭受强势挑战，若没有英雄，我们又何以让后代感受身为华人的自豪。追求成功，鼓励英雄，正是我们这个时代的标志，正是我们这个时代所需要的价值取向。时代的英雄追求成功，时代的成功需要英雄。谢谢各位。(掌声)

主席：谢谢吴天同学，下面我们请反方一辩蒋舸同学阐述反方的立场，时间是3分钟。(掌声)

蒋舸（反方一辩）：谢谢主席，各位评委，大家晚上好。古人也说“名不正则言不顺”，只有对概念进行清晰地界定，我们才能展开一场有意义的辩论。按照权威的《现代汉语词典》解释，成败都是相对于具体目标而言的。达到了就是成功，没有达到就是失败。英雄是指能以自身杰出的才能、品质激起他人崇高情感的人。所谓以成败论英雄，是指成功了就是英雄，失败了就不是英雄。我方之所以认为这个观点是不可取的，理由有二。

第一，以全面刻板的成败根本就论不出丰满鲜活的英雄，因此这个观点在理论上是错误的。一个具备了杰出才能品质的英雄能否取得外在功业上的成功，还要受到天时、地利、人和等客观因素的影响。南宋时的岳飞精忠报国，文韬武略，但却因为生不逢时，未遇明主，最终只能壮志未酬的屈死风波亭。正是因为成败中包含着天时、地利、人和等不以人的意志为转移的客观因素，我们才会对那些在失败面前表现出浩然之气的悲剧英雄肃然起敬。当雄姿英发的周瑜无奈地感慨“既生瑜，何生亮”时，我们能否认他是英雄吗？当兵败被俘的文天祥在狱中高歌“人生自古谁无死，留取丹心照汗青”时，我们能否认他是英雄吗？英雄也是有血有肉的人，在追求各种目标的过程中，他们有成功也有失败。成败不过是一时一世的，唯有超越成败的精神才更能彰显出英雄的本色。如果拿上一把僵化刻板的成败尺子，又怎么指望能量得出惊天地泣鬼神的英雄气概呢？

第二，以成败论英雄的观点，片面地夸大了功利的意义，因此在实践中是有害的。它诱导人们为了达到目标可以不择手段，一个人只要成功了无论手段多么卑劣，都照样可以摘取

英雄的桂冠。如此一来，前有赫赫英明牵引，后又滚滚利益推动，“天下熙熙皆为利来，天下攘攘皆为利往”，这本已功利的世界还会变成什么样子？实在令人不敢想象。正是因为以成败论英雄的观点存在以上两点错误，因此我方认为，以成败论英雄是不可取的。(掌声)

主席：谢谢蒋舸同学。下面我们听听正方二辩是如何反驳的，时间是3分钟。

郑子豪（正方二辩）：谢谢主席，大家好。我先指出对方同学犯的两个错误。第一，在逻辑上，“可取”在我方是指有可取性，但不等同于照搬照抄，“不可取”在于对方是指毫不可取。对方必须论证这句话，无论在任何角度，任何层面，都不值得学习与接受。第二，对方把成败论英雄当成了一个具体的方法应用在现实生活的实践当中，但对方请不要忘记，今天我们要做的是一个价值判断，而不是事实判断。

第一，在个人层面上，这个价值观的可取性表现在它倡导成功，鼓励人们追求成功。以成败论英雄，鼓励人们追求个人的全面发展，以达致自我完善与和谐的目标。所谓全面的发展，便是在知识内涵上的提升，以及人格精神上的不断丰硕。一段有意义的人生在于有所追求，但是在这漫漫长路当中，人们总希望得到鼓励，得到推动。而我们所倡导的便是这种追求成功的价值取向。从正确的出发点开始，以至于目标的达成，能够得到一定的激励与评价，是前进的原动力。

第二，这个价值观的可取性也表现在它推动了国家发展，小至个人，大至国家，都追寻着崇尚成功的同一个道理。当国家正快速发展前进，人民的力量就变得极为重要，而崇尚成功作为一种价值取向所表现的积极意义，是通过一种精神倡导创造主流的意识形态，在多元价值观中并存，求同存异。在多元价值观中，人民是国家的基石，而全体人民有了共同的信念之后，国家才能持续发展，并保持持续的竞争优势，这个价值观在社会层面上的可取性，表现在可以塑造、倡导成功，鼓励、追求成功的社会价值观，成为社会潮流的一种价值取向，成为社会行为的指导方向。价值观的存在，并不仅仅表现在一些特定行为上，它更应该成为一种大家认可接受，并能在社会上广为推广的精神本质。个人需要成功，因为个人需要自我实现，国家需要成功，因为国家需要国富民强。我们的社会鼓励成功，因为社会需要英雄的榜样。谢谢各位。(掌声)

主席：谢谢郑子豪同学，下面我们请反方袁丁同学进一步阐述反方的观点。时间3分钟。(掌声)

袁丁反方（二辩发言）：谢谢主席，大家好。对方从一辩到二辩都告诉我们说，他们今天的观点只是要证明以成败论英雄是有可取之处，是有可取性的。可是有可取之处，有可取性就意味着也有不可取之处，也有不可取性。如果说有可取之处就是可取的，那么有不可取性是不是说它是不可取的呢？那对方同学在证明你方观点的时候是不是也论证我方观点为前提呢？更进一步说，有可取之处就等于这个东西是可取的吗？今天对方同学的西服上也有白色的地方，就是胸前的校徽，可是我们能够说对方同学的西服就是白色的吗？那岂不是睁着眼睛说瞎话吗。(掌声)

其实，以成败论英雄最大的不可取之处，就是它论不出英雄来。我可以有三个方面来证明这一点。

第一，从成功方面看，如果成功了就是英雄，我们可以得出结论，当上了驸马爷的陈世美不可不谓是个英雄，“洞房花烛夜，金榜题名时”，难道不是一个穷秀才梦寐以求的成功吗？二战初期的希特勒也不可不谓是个英雄，创建第三帝国，铁蹄横扫欧洲，他不是成功地在一天内就占领了丹麦，40天就打败了法国吗？而至于南宋的秦桧更是一个不可多得的一世英雄，他成功地当上了宰相，成功地除掉了岳飞，更是成功地出卖了国家。（笑声，掌声）但是我想请问对方同学，你们真的认为这些人是英雄吗？

第二，从失败的方面看，如果失败了就不是英雄，我们又可以得出结论。荆轲不再是英雄，因为他舍身入秦的两大目标：刺杀嬴政和逼秦议和均以失败告终。布鲁诺也不再是英雄，因为他既未能说服当时的民众相信日心说，也没能逃脱宗教裁判所的追捕。中山先生自辛亥革命之后就更称不上一个英雄了，二次革命失败，护国运动失败，护法运动还是失败。总理遗嘱不是也说：“革命尚未成功，同志仍须努力”吗？（热烈掌声）但是我还要请问对方同学，他们真的不是英雄吗？

第三，把成败综合起来看，成败作为相对的概念总是存在于一定的竞争之中的，竞争一方的成，就意味着另一方的败。于是我们可以得出第三个结论，任何竞争的结果都是一方英雄，一方狗熊。那么荷马笔下的特洛伊战争，金戈铁马十年鏖战，难道希腊联军主将阿喀琉斯是英雄，失败的特洛伊军主将赫克托尔就不是英雄吗？那么楚汉相争逐鹿中原，难道开创了大汉王朝的刘邦是英雄，乌江自刎的西楚霸王就不是英雄吗？那么魏蜀吴三国鼎立，豪杰辈出，难道仅仅因为最后三家归晋，就只有司马氏才是真英雄吗？那后人又何来的“天下英雄谁敌手，曹刘，生子当如孙仲谋”的感叹呢？（掌声）可见，按照对方同学的观点，以成败论英雄，其结果只能是假英雄大行其道，真英雄纷纷落马，分明是英雄相惜棋逢对手，偏偏也要分出个成王败寇。这样的标准可取不可取，在座各位自有公论。（热烈掌声）

主席：谢谢袁丁同学，下面我们请正方的三辩付欣发言，时间是3分钟。正方三辩发言：

付欣（正方三辩）：谢谢主席，大家好。首先我有两点想向对方辩友指出：第一，对方辩友解读成败英雄论，依旧只是只见其表，未见其里，看到成败二字，便要用来评定天下英雄，而对其背后所倡扬的追求成功的价值取向却视而不见。我们还有句话叫做：“千里送鹅毛，礼轻情意重”，难道对方辩友真要身体力行，见人就拔一根鹅毛吗？第二，对方辩友认为一旦倡扬了追求成功的价值观，功利主义便会大行其道。但我不知我方哪位辩手说我们不要真善美这些价值观呢？人类的行为一向是多种价值观共同作用的结果，我们新加坡鼓励孝道，可是我们新加坡的男孩子并没有因此而不去当兵啊。

下面，我将从三个方面进一步阐述以成败论英雄这种价值观的可取性。

第一，当我们从价值观的角度来审视以成败论英雄这句话时，成功的含义就被扩大了。因为这时，成功还包含有追求成功的价值取向，它不是简简单单的个人目的的实现，还包括对社会的积极意义。

第二，倡导以成败论英雄这种价值观能够破旧立新，用一种更加公平、客观的观念去评价人。过去，有的人论英雄，看的是出身：老子英雄儿好汉，老子反动儿混蛋。这样的价值观都曾经风行一时。从传统的眼光看，有些人永远也成不了英雄，但是他只要追求成功，他就是我们这个时代所需要的英雄。

第三，以成败论英雄这种价值观的可取性还体现在它对于失败者特殊的意义。吴作栋总理说：“我们的社会应该给失败者一个再次成功的机会。”我想请问在座的各位，谁没有尝到过失败的滋味？但是因为这样，我们就放弃追求成功了吗？追求成功的价值观正是让我们不要唾弃失败者，而是要鼓励他继续追求成功。

对方的4位辩友，也许真的是视成败如浮云，但是你们为什么非要对那些有上进心的人说“是非成败转头空”呢？失败并不可怕，可怕的是一个人连追求成功的勇气都没有了。

安于平淡也并不可怕，可怕的是我们整个社会都安于平淡，不再追求成功。一个不再追求成功的英雄世界，是一个虚伪的世界。谢谢。（掌声）

主席：谢谢付欣同学，下面我们看看余磊同学是如何反驳正方观点的，时间3分钟。（掌声）

余磊（反方三辩）：首先看一下对方同学的逻辑，对方同学说，今天他们只要举出一点点的可取之处，他们就等于可取，而我方举出再多的不可取之处，也不叫做不可取，这是不是叫做“只许州官放火，不许百姓点灯”呢？（掌声）如果对方同学今天一定要我方说，有没有一点点的可取之处，我说有，在哪里？这就可以让大家认识到以成败论英雄这种观点来论英雄是危害多么大呀。

再来看看对方同学的论证方式。对方同学的论证方式有两条。首先，如果没有成功就没有英雄，因此就应该以成败来论英雄。让我们想一下，如果英雄不吃饭的话，英雄就要变成鬼雄。那我们是不是可以以饭量来论英雄，看谁吃得多，谁就是英雄呢？对方同学还告诉大家，要追求成功，鼓励成功。但是，鼓励成功、追求成功就意味着要用成败来论英雄吗？我们这个社会还要鼓励大家去致富，去发财，但是能不能用贫富来论英雄呢？如果可以的话，王勃为什么还要说“穷且益坚，不坠青云之志”呢？

其实，今天对方同学所有的问题都出在他们对辩题没有审清楚。什么叫做以成败论英雄，就是说一个人成功了就是英雄，失败了便不是英雄。那么让我们想一下，许多英雄身上有成功的影子，我们不反对，但是，哪个普通、平凡人的身上又没有一点点的成功呢？如果英雄和平凡人都有成功，仅以成功如何论出英雄？反过来说，又有哪个英雄身上没有一丝一毫的失败，如果失败了便不是英雄，那么对方同学除了全知全能的上帝，还能给大家在世界上找出哪怕是一个英雄来吗？（掌声）

面对今天这个竞争激烈的社会，我们发现，如果提倡以成败论英雄，只会鼓励大家不择手段去获取成功。为什么商业界的欺诈行为是屡禁不绝，体育界的兴奋剂丑闻是层出不穷，而学术界的抄袭之风也是愈演愈烈。归根到底，就是人们以为，只要获得成功，一切问题都可以被掩盖在英雄的光环之下。面对以成败论英雄在实践中的种种恶果，对方同学还能告诉大家这种观点是可取的吗？古往今来，有多少气吞山河的丰功伟业在时间的涤荡下灰飞烟灭，又有多少坚如磐石的帝王基业在历史的冲刷下土崩瓦解。一个英雄的成败，往往犹如一道流星般划过天幕，让我们潸然泪下的，只能是他们超越成败的崇高精神和英雄气概。谢谢大家。（掌声）

主席：谢谢余磊同学，听过前面双方三位同学的陈述，我们暂时休息一下，来进行一下消化。接下来我们要进行的是自由辩论，这个环节要求双方辩手的发言既快又准，双方各有4分钟时间，先从正方开始。

郑子豪：请问对方辩友，以成败论英雄是否鼓励成功？

周玄毅：对方辩友，我们今天要鼓励成功，但是我们不能鼓励不择手段的成功。所以我们不能鼓励以成败论英雄。我想请问你一个逻辑上的问题。请问成功到底是英雄的充分条件，还是必要条件？

付欣：为什么对方辩友只是看到不择手段的成功呢？我们在社会倡导的时候难道不能取其精华，弃其糟粕吗？

余磊：不是我方要看到不择手段的成功，问题在于以成败论英雄的幌子下，有多少人去不择手段地获取成功呢？请对方同学回答我方四辩的问题。

吴天：难道对方辩友因为今天经济的发展可能带来环境破坏，就说经济发展不可取吗？难道我们今天没有其他价值观去制约吗？

袁丁：对方同学类比不当，你怎么知道，以成败论英雄是经济发展而不是破坏环境呢？对方同学还是没有回答我方四辩的问题。（笑声，掌声）我再问一个具体的问题，“夸父追日”和“精卫填海”都没有成功，请问夸父和精卫是不是英雄？

陈晓欢：其实今天错解题意的是对方辩友，他们只将以成败论英雄看成是一种衡量英雄的标准，可是没有看到他背后代表的是一种价值观。请问鼓励成功到底哪里不可取？

蒋舸：我方已经说得很清楚了，我们鼓励成功，但是也要看人们怎么样去追求成功啊，恰恰是以成败论英雄，往往就会导致不择手段地追求成功。刚才您没有回答，成功到底是成为英雄的充分条件，还是必要条件？再请问您一个反面的问题，失败是成为非英雄的充分条件，还是必要条件呢？（掌声）

郑子豪：我们的社会并不是只有单一的价值观，在多元并存的价值观中能够相互制约。我们的社会也倡导道德，我们也追求真善美。

余磊：原来对方同学说，以成败论英雄是一个正确价值观的一部分，因此它是可取的。可是让我们想一下，轮胎还是汽车的一部分，坐在汽车上是可取的，大家坐在轮胎上，可取还是不可取呢？（笑声，掌声）

付欣：对方辩友说得好，你们确实看到了负面效应。但是我们现在谈的是一个社会的价值观，为什么我们在提倡社会价值观的时候，不能取其精华，弃其糟粕，难道我们的社会会提倡功利主义吗？

袁丁：按照对方同学的说法，今天的辩题应该改成“以成败的精华论英雄才是可取的”。请对方同学不要混淆论题。对方同学对于充分与必要的条件一次都没有回答，请您告诉我，究竟是充分条件，还是必要条件，是不是没有关系呢？

吴天：这到底是充分条件，还是必要条件，我们不用看。因为今天我们看到的是以成败论英雄，是追求成功的价值取向，这种价值取向为什么不可取？请对方辩友正面回答。

蒋舸：这个问题，我想我方二、三、四辩，包括我，都已经回答得很清楚了。逻辑问题您不解释，再请问一个具体的问题。岳飞的理想是直捣黄龙，与诸君痛饮，这个理想最终失败了，为什么他还仍然是青史留名的大英雄呢？（笑声，掌声）

陈晓欢：我总算看清楚对方辩友的错误所在了，他们将可取理解为必取。请问，大卡车载人是可取的，难道组委会用大卡车载对方辩友来比赛现场吗？

余磊：按照对方辩友的观点，用错误的观点来论英雄论不出来也是可取的，请您告诉大家为什么？

郑子豪：可是对方辩友并没有指出今天不可取，要证明这句话在任何层面任何角度它都不可取，今天只是一直告诉我们，这句话其实有点不可取之处它就不可取了。

周玄毅：对方同学还是在说有那么一点点的可取之处就是可取的。那我请问您了，我方的观点有没有一点点的可取之处呢？我方观点是不是可取的呢？（笑声，掌声）

付欣：对方辩友又说得好，确实，这个价值倡导有它不可取的时候，但是我们现在说的是一个社会的价值倡导，为什么我们社会倡导的时候，不能取其精华去其糟粕呢？

袁丁：对方同学还是在那儿谈精华糟粕。夸父的问题对方同学不回答，岳飞的问题对方同学又不回答，文天祥起兵以来，一败于兴国，二败于安平，三败于海风，连自杀都没有成功，为什么他还是一个英雄呢？（笑声，掌声）

吴天：对方辩友以为今天的辩题就是多举几个例子就能赢吗？其实我们今天看到的是时代的命题要有时代的意义。请您继续论证作为一种价值观，它为什么不可取？

蒋舸：对方辩友，当然不是多举几个例子就能赢。但是如果一个事例都没有的话，你怎么能让大家信服你的观点呢？（掌声）

陈晓欢：可是时代的命题要有时代的意义，以成败论英雄已经不仅仅是一种衡量方法，更是一种价值判断，请问以成败论英雄来鼓励成功，为什么不可取呢？

余磊：对方辩友的意思大概还是取其精华去其糟粕，怕就怕糟粕太多，对方辩友取来取去取不完呐。（掌声）

郑子豪：对方辩友今天的逻辑其实更好笑，他们说考第一可取，但是考第一并不可取，唉，真是可怜天下父母心啊。

余磊：请对方同学告诉大家，岳飞和文天祥的例子到底如何解释，为什么失败了，大家还认为他们是大英雄呢？

付欣：我想请问对方辩友，岳飞和文天祥的身上，究竟有没有追求成功的价值取向？他不是英雄吗？（掌声）

袁丁：追求成功就等于成功吗？每一个非洲的饥民都要追求吃饭，是不是追求了吃饭就等于吃到饭了呢？那每个非洲饥民的肚子可都是饱的了呀。

吴天：对方辩友今天错误的理解命题，是因为他们只翻《现代汉语词典》，那里面只有成败与英雄，没有以成败论英雄。要找到这6个字，请去翻一翻《哲学大辞典》吧。（掌声）

周玄毅：我们要告诉对方辩友的是，我们翻的并不是《现代汉语词典》，我们翻的是《现代汉语大辞典》，一共有27条成与败的解释，没有一条有这样的判断，没有一条符合对方辩友的解释啊。

陈晓欢：所以说对方辩友没有翻《哲学大辞典》嘛。（笑声，掌声）

袁丁：再请教对方同学，诸葛亮出师未捷身先死，他是不是个英雄？

郑子豪：那我想请问对方同学，像岳飞这样的人，它体现出了追求成功的价值取向，我们称不称他为英雄呢？

余磊：谁都不能否认岳飞、文天祥、诸葛亮最后失败了，对方同学说他们成功了，这真是“说你成你就成不成也成，说不败就不败败也不败”，对方同学这样的观点我只能说，不可取啊。（笑声，掌声）

付欣：我方已经多次说了，只要他身上有追求成功的价值取向，就是我们这个社会所需要的英雄。对方辩友可以自己判断，五六十亿人，你随便点一个名，我哪能都认识啊。

周玄毅：当年在战场之上，诸葛亮和司马懿都在追求成功，结果一成一败，一败一成，请问对方辩友为什么诸葛亮都认为司马懿是个英雄呢？

吴天：今天我们论证的难道只是一个简单的事实判断，一个评定英雄的方法吗？这个问题古人都对此争论不休，难道对方辩友想上演李白与东周列国的狮城版舌战吗？

蒋舸：对方辩友要讨论价值的问题当然先要看事实，中国的问题您都不回答，那么拿破仑和惠灵顿当时在欧洲打得不可开交，一成一败，到底谁是英雄，谁不是英雄呢？

吴天：为什么我们不回答，因为今天这本来就不是一个事实判断，而是一个价值判断。对方辩友为什么总是粗浅地理解一句俗语呢？我们还有一句话，叫“谋事在人，成事在天”，难道就是让大家什么事都别做，就等着天上吧叽吧叽掉馅儿饼吗？（笑声，掌声）

余磊：对啊，成事在天，可见，一个英雄是一个再大的英雄，成功失败他自己都不能把

握，恰恰说明我方观点，不以成败论英雄嘛。(掌声)

陈晓欢：可是论英雄有很多衡量标准，有其他的衡量标准就能否定以成败论英雄吗?

袁丁：对方同学今天告诉我他们是价值判断不是事实判断，这好比告诉我这件衣服多好啊，不过事实上他不能穿。(笑声，掌声)

子豪：我们今天要倡导的是追求成功的价值取向，因为以成败论英雄鼓励人们追求成功，为什么对方辩友就说鼓励人们追求成功不可取呢?

付欣：对方辩友只是只见其表，不见其里。只看字面意思，看不到他的价值取向，有句话叫做雪中送炭，要这么说这句话在新加坡根本用不着，因为新加坡根本不下雪。但是……谢谢。

主席：经过了一场刀光剑影的辩论之后，我们暂时休息一下……下面辩论赛进入另一个高潮，究竟哪一方会获胜呢，这个机会就把握在双方的四辩身上，我们首先请反方的四辩周玄毅同学总结陈词，时间是4分钟。(掌声)

周玄毅（反方四辩)：今天我们一开始想谈逻辑问题。对方辩友说以成败论英雄怎么会只是一个逻辑问题呢?我方谈事实判断，对方同学说，以成败论英雄怎么会只是一个事实判断呢?那么我真不知道，我们今天该谈什么好了。对方同学告诉大家说，要看到成败背后那些精神的东西。原来对方辩友心中的成败论英雄，就是看成败背后的东西来论英雄。那么我今天和对方辩友辩论的时候对方辩友是不是要告诉我说，是我背后这把椅子在和对方辩友在进行辩论呢?

好的，我们再来看看对方同学今天告诉大家的是什么。的确，我们很能理解，对方辩友今天要告诉大家的是，我们要在成功之中看出英雄的本色所在，这一点我们从不否认。但是当我们真正来论英雄的时候，看到的又是什么呢?我们先来看一看三国时的大英雄关羽关云长。纵观关羽的一生，既有千里走单骑，也有兵败走麦城。于成功之中我们发现他的非凡才略、过人胆识，于失败之中我们同样看到了大义凛然、威武不屈。请大家想一想，为什么成功时和失败时我们都说关羽是一个英雄呢?这恰恰说明，英雄本色超越了成败而存在。燕瘦环肥，各尽其美，正因为美本身并不以胖瘦而论。以成败去论英雄，就像以胖瘦去论美人，其结果只能是亵渎英雄，唐突佳人。当成败成为评判英雄的尺度时，英雄身上那种崇高的精神品质就会被我们淡忘了。当成败成为衡量英雄的标准时，手段就变得无关紧要。于是，卑鄙成为卑鄙者的通行证，而高尚只能作为高尚者的墓志铭。如此急功近利、不择手段的英雄观对于当今这个功利理性膨胀、人文精神衰微的现实社会来说，到底是会纯化我们的道德，还是会泯灭我们的良知，这不是一目了然吗?以成败论英雄，看得见英雄的功业，看不见英雄的气节；看得见英雄的意气风发，看不见英雄的怆然失意；看得见功成名就的正剧英雄，却看不见壮志未酬的悲剧英雄。

今天，我们呼唤英雄，是因为英雄身上寄托我们崇高的情感。我们敬仰英雄，是因为英雄身上凝聚着我们超越平庸的理想。当我们面对着大漠孤烟、长河落日的瑰丽景象时，会深深地为大自然雄浑的气势所感动。同样，当我们面对着悲歌慷慨、壮怀激烈的英雄事迹时，又会被英雄身上那种超越成败的恢宏气度所折服。古往今来，英雄之气于天地间驰骋，在不同的境遇中演化出无穷的故事。或慷慨激昂或悲壮雄浑，然而不变的是英雄身上那种超越成败的杰出的才能与品质、非凡的胆略与豪情。“滚滚长江东逝水，浪花淘尽英雄”，而当是非成败转头成空，最终留下的是一段激昂于天地之间不能为成败所论的英雄气概。谢谢。(掌声)

主席：谢谢周玄毅同学，现在我们请正方的四辩陈晓欢同学做最后的陈述，时间也是4分钟。(掌声)

陈晓欢（正方四辩）：谢谢主席，大家好。对方四辩果然妙语如珠，在下佩服佩服。不过佩服归佩服，错误还是要指出。俗话说，“自古英雄出少年”，为什么？因为“初生牛犊不怕虎”。为什么？因为他们体现的正是一种追求成功的价值取向，然而今天对方辩友看英雄，是只看事实，不看价值，他们要论证的是一个不可取性，也就是说无论从事实角度还是价值角度来看，以成败论英雄都是不可取，可是今天对方辩友不但没有论证不可取性，还一度陷入一个事实判断的泥潭而不能自拔。

以成败论英雄，作为一种事实判断是否正确和它作为一种价值判断是否可取，根本是两码事。如果对方同学今天硬要说不的话，是不是想告诉我们，鼓励失败才是我们社会所需要的？接着，对方辩友总算恍然大悟，明白了它是一种价值取向，然后就问我们如果它带来功利主义，带来不正当竞争该怎么办？难道对方辩友真的天真地认为我们这个世界只有鼓励追求成功这一种价值观吗？那么我们所提倡的理性、良知、真善美上哪儿去了呢？难道人类会为了追求一种价值观而抛弃了其他所有的价值观吗？

今天我方认为以成败论英雄这种价值观是可取的，是因为首先它符合人的本性，人是追求意义的动物，而成功则是对这种意义最好的诠释之一，没有人不渴求突破，没有人不希望成功，因为这是发自内心的向往。从钻木取火到四大发明，再到今天的互联网技术和基因技术，这无一不是人类所渴求突破和超越的结果。我们怎可逆性而为。只有鼓励成功，才能渴求突破，渴求突破才能超越自身，超越自身才能使生命张扬。

第二，以成败论英雄，可以促进社会进步。失败的教训固然可贵，可是进步还是要靠成功来达至，一个社会绝不是由一群失败者来建设的，社会的进步是由无数个人的成功累积起来。当然，我们并不藐视失败者，因为他们曾经朝着成功的方向努力过。我们也不会否定失败者，因为我们会鼓励他们继续努力，争取成功。只有当争取成功的信念深深印在每个人脑海中，人才会去追求成功，社会才会因此不断向前发展。

第三，以成败论英雄，有利于个人价值和社会价值的统一，个人价值游离于社会价值之外，就可能沦为一己私利，而缺少了个人价值的社会价值也只是徒有虚名。以成败论英雄正是将个人意义中的成败与社会意义中的英雄紧密地结合在了一起。人是社会的人，社会是人的社会，个人价值与社会价值的统一，才是个人发展的最高目标和社会前进的原动力。

新的时代，赋予了成败新的内涵，新的世纪给予了一种新的使命，只有追求成功的英雄，才是一个时代的强者，只有藐视失败的英雄，才是一个民族的脊梁。谢谢。(掌声)

主席：……相信大家已经很急切地想知道今天的比赛结果，不过在这之前，我们还是请评判团代表许廷芳律师对今天的比赛进行评述。许律师，请。

许廷芳：谢谢主席！大家好！也许大家还都记得刚才那句话，《三国演义》的开场白：“滚滚长江东逝水，浪花淘尽英雄”，“是非成败转头空”。一句千古名言让多少英雄感叹落泪。一个精彩的辩题，让我们这里多少人心弦紧扣。以成败论英雄是可取还是不可取。正方的战略主轴是这样的，那就是成败之后追求成功的价值观取向是可取的，这种开宗明义，给正方一个很宽阔的空间。在这广大空间里自由驰骋，在这种宽阔的空间里，古今多少英雄都在笑谈中，许多失败的历史人物都是英雄，文天祥、岳飞、诸葛亮，评判团这时候会觉得反方开始有排山倒海之势，但是一场辩论比赛最重要的是对题目的分析要很深入。正方也知道自己的论点会让反方有机会说正方的论点会带来不择手段的后果。反方在遇到了这种情况的时候，就全力追击猛攻，可是正方很快就说你必须用真善美的道德观念来辅助，相辅相成。评判团觉得在辩论技巧上、内容资料上，今天这场辩论是很精彩的。在语言的掌握上，大部分的辩手都有很好的话文驾驭能力，如行云流水，顺畅达意，在今天的这个大环境下，有如此高的语文水平，是夏日沐春风，心旷神怡。（掌声）其实双方许多地方是妙语如珠，逻辑严谨，也极尽其幽默之能事。很多位辩手的辩论技巧，语言的表达能力，都很让评判团欣赏，很多都是快而不急，缓而不慢，一针见血。可是我们只能选出一位最佳辩论员，他刚强勇猛，（笑声）他咄咄逼人，这个辩论刚强之风是自成一格。他就是反方的第三位余磊。（掌声）最后我必须把评决交给主席宣布。我们强调双方的表现都很好，而且绝对不能以胜败论英雄。（笑声，热烈掌声）

主席：我现在宣布2001年国际大专辩论会半决赛第一场的比赛结果，评判团经过慎重考虑之后，一致同意，优胜队伍为反方武汉大学队。（热烈掌声）

二、上海模式

这是在继承新加坡论辩模式的优点后创建出来的新赛制，人数上是3对3。它包含了新加坡赛制的3个板块，即主席介绍情况、论辩队伍组织论辩和评判团评判。并在此基础上，在介绍参赛队伍情况之前增加了双方教练陈词，从而使论辩由4个板块组成，即主席导入及简介、双方教练陈词、正式辩论和评判团评判。教练陈词时间各为4分钟，由双方教练介绍各自的论辩方案。教练陈词先从正方开始，反方教练及队员回避，反方教练陈词时正方队员同样回避。除此之外，各队参赛人数与新加坡模式也稍有区别，上海模式采用的是3人组队。另外，论辩设置了盘问程序，按规则要求，每个队员的发言包括问和答两个部分，被问的一方必须回答对方的问题，且在回答之前不能先行提问，不得回避问题。提问一方一般不得指定对方哪一位队员回答。这样的好处是能够显示个体素质，并且能够增加论辩对抗的激烈程度。在时间的安排上，正反方一辩各是4分钟，正反方二辩各是1分钟，正方一辩先发言；在盘问阶段，双方的时间各有4分钟，除正方三辩用时另有限制外其他队员用时均为30秒，正方三辩先提问，时间10秒。总结阶段双方各有4分钟，反方三辩先发言。

上海模式的比赛程序见表5-3-2。

表5-3-2 上海模式的比赛程序

顺序	主席发言：致辞、介绍评判团成员、宣布开始、提示赛程	
1	正方教练介绍辩论方案（4分钟）反方教练与队员回避	反方教练介绍辩论方案（4分钟）正方教练与队员回避
	主席：请双方队员入场、介绍双方辩手	
2	正方一辩立论（4分钟）	反方一辩立论（4分钟）
3	正方二辩论述（3分钟）	反方二辩论述（3分钟）
4	正方三辩盘问（10秒钟）	反方三辩回答、提问（30秒钟）
5	正方二辩回答、提问（30秒钟）	反方二辩回答、提问（30秒钟）
6	正方一辩回答、提问（30秒钟）	反方一辩回答、提问（30秒钟）
7	正方三辩回答（30秒钟）	
8	自由辩论（双方各4分钟，交替发言）	
9	反方三辩总结（4分钟）	正方三辩总结（4分钟）
	主席请评判团审议	

【范例】

赛制：上海模式（节选）

辩题：思想道德应该适应市场经济（正方：西安交通大学队）

思想道德应该超越市场经济（反方：苏州大学队）

主席：各位老师、各位同学、电视机前的观众朋友们，赤橙黄绿青蓝紫，经过了五彩缤纷、激烈交锋的6场初赛和半决赛，今天由上海教育电视台和上海可蒙（集团）有限公司联合举办的第二届中国名校大学生辩论邀请赛进入了最激动人心、意义非凡的大决赛，此刻进行的是由西安交通大学队对苏州大学队的比赛。他们将就“思想道德应该适应还是超越市场经济”问题展开辩论。

众所周知，市场经济作为物质基础，与上层建筑的思想道德应构成何等关系和态势，是当前广大民众关心的热点。今天双方辩手将对此展开一场富有特色和长远意义的大辩论。

按照新模式辩论赛的规程，现在请正方教练西安交通大学人文社会科学学院副教授韩鹏杰发言，时间4分钟。请反方教练与队员回避。

正方教练：主席，评委，各位尊敬的来宾，大家好！请允许我介绍我方论辩方案：

一、破题

本辩题应在市场经济条件下，特别是在现实条件下来讨论，否则，就无现实意义。辩题中，思想道德是一种道德观念、一种规范。市场经济是指经济体制和经济运行模式、经济基础。适应，是指无害、有利和促进。超越，是指不受影响和制约。所以，我方的立场是：思想道德应该有利和促进市场经济的发展，至少应该无害。反方的立场是：思想道德应该不受市场经济的制约。

二、我方的逻辑框架

我方总逻辑：不适应为社会提供生活资料的一定的经济体制，也就不利于稳定的社会生活本身。所以，思想道德应该适应经济体制的要求。

逻辑结论是：思想道德适应经济体制就推动其发展，不适应则阻碍其发展。阻碍的情况有两种表现：一是落后，二是超越。理由如下：

(1) 理论根据。上层建筑一定要适应经济基础发展的规律。

(2) 政策根据。1995年9月25日，李鹏总理指出，从计划体制向市场体制的转变是生产关系的改革，而生产关系就是经济基础。

(3) 事实判断和价值判断。我方认为，价值判断应该建立在事实判断的基础之上。现在的实际情况是思想道德和市场经济发展不相适应，而价值取向自然是应该适应。

我方的逻辑底线：

(1) 上层建筑一定要适应经济基础的发展规律。

(2) 思想道德具有社会历史性、时代性、层次性。

三、对方可能犯的错误

(1) 把思想道德的相对独立性和超越混为一谈。其实具有相对独立性只是谈超越和适应的前提。

(2) 认为各种社会角色的人道德水平千差万别，不应该也无法适应市场经济的统一要求。我方认为这只是个道德层次问题，其衡量的标准，依然是以市场经济为坐标。

(3) 认为人类普遍的思想道德超越了市场经济。我方认为这是抽象道德论，违背了思想道德具有历史性、时代性的基本理论。

(4) 把市场和市场经济混为一谈，把市场自身的弱点和消极方面归根于市场经济。

(5) 把思想和道德分开，我方认为这是概念界定的错误。

四、我方战略战术

(1) 紧守底线，从理论、规律、市场经济本质的高度，辅以事实进行论辩，以高打下。

(2) 将对方超越中适应市场经济部分纳入我方范围，然后攻击对方剩下的一小部分超越阵地。最后，将结论归于我方。谢谢！(掌声)

主席：谢谢韩鹏杰教练。请反方教练苏州大学教育心理学教授朱永新发言，时间4分钟。请正方教练与队员回避。

反方教练：谢谢主席、评委、来宾。大家好！

非常感谢组委会给我们这样一个机会，来讨论这个富于时代感和挑战性的问题。今天的辩题是一个价值判断的问题，它的关键就在于价值的标准。我方认为，这个标准就是社会的可持续发展。它追求的是人与人、人与自然的和谐境界，其本质是人对于自身的超越。如对方的标准与我方的不同，就涉及两个标准本身的比较问题。我方将从必要性、可能性和现实性等方面详细地论证思想道德必须超越市场经济。辩论是逻辑的交锋，也是思想的较量，双方在概念上可能会有一场恶战。但无论怎样界定，我们都认为必须强调思想道德的超功利性和市场经济的功利性，必须强调超越是一种扬弃和升华，必须强调剩余就是一种复合和一致，这样在逻辑上我方将处于一个有利的地位。从双方利弊来分析，可谓各有利弊，关键在于化弊为利，争取主动。

对于正方可能有利的是：

第一，他们可能会利用唯物史观的原理，推导出思想道德必须适应市场经济的命题。

对此，我方将指出这是一种片面的经济学定论，忽视了思想道德的巨大反作用，而且不应该从发生学方法来论证这一命题。

第二，正方可能会用积极适应的概念来包含超越精神。

对此，我方将揭露其偷换概念的方法，并认为适合与超越这是两种起点不同、内容不同、境界不同的思维方式与操作方式。

第三，正方可能会列举大量思想道德滞后于市场经济的事实，认为目前的当务之急是先适应后超越。

对此，我方将坚持六中全会公报的主流论判断，并认为只有超越，才能从根本上、实质上解决现有问题。

第四，正方可能也会用滞后、适应和超越三种形态来概括思想道德与市场经济的关系，但把滞后和超越都视为“背离”或“脱节”，或给超越贴上“左倾”标签。对此，我方将指出超越与“背离”“脱节”，并提出超越实际上是对适应的升华。对我方有利的大概有以下几点：

第一，从市场经济自身的负面影响，如拜金主义、极端个人主义等问题说明急需要求“超越”。

第二，思想道德的理想性与超功利性决定它可以“超越”。

第三，实现社会可持续发展的目标需要“超越”。

第四，社会主义市场经济倡导的社会主义、共产主义思想道德本身就体现了“超越”。

第五，从人的实践本质来看，就是“超越”。人类文明的历史就是人不断超越自我的历史。

针对这次辩题不是对立命题的特点和我方作为反方的角色，应采取以下战略：揭示适应

局限，阐述超越价值，激发道德情感，弘扬发展主题；我们将在战术上既破又立，以破为主，以攻为守，主动出击，在对方的阵地上作战。

以上是我们教练组对于本命题的分析和理解，希望我们的辩论能够激发起各位对这个问题的理性的思考，谢谢各位。

主席：谢谢朱永新教练。

论辩

三、北大模式

北大论辩模式也叫北大质询式论辩赛制。这种赛制综合了美国俄勒冈赛制和新加坡赛制的特点，整个论辩过程分 3 个阶段：陈词——盘问、自由论辩、总结。它与上海模式有异曲同工之处，都增置了不得回避的盘问程序。所不同的是，上海模式把陈词与盘问分开，北大模式则将陈词和盘问合二为一，逐一陈词，逐一盘问。陈词——盘问阶段的顺序是：正方一辩发言后由反方四辩盘问，正方一辩的发言时间是 3 分钟，反方四辩的盘问时间是 2 分钟，被盘问者必须回答盘问者的提问。其他陈词与盘问的对垒方阵是：反一对正四，正二对反三，反二对正三，正三对反二，反三对正二。陈述者的发言均为 3 分钟，盘问者的盘问均为 2 分钟，要注意的是当答辩者未回答盘问方的问题时，答辩者不得就自己的问题进行阐述。自由论辩阶段的时间双方均为 3 分钟，正方必须先发言。总结陈词阶段双方各为 4 分钟，由四辩表述，反方先开始。

北大模式的比赛程序见表 5-3-3。

表 5-3-3　北大模式的比赛程序

顺序	主席发言：致辞、介绍双方辩手及评判团成员、宣布开始、提示赛程	
1	正方一辩立论（3 分钟）	反方四辩盘问正方一辩（2 分钟）
2	反方一辩立论（3 分钟）	正方四辩盘问反方一辩（2 分钟）
3	正方二辩论述（3 分钟）	反方三辩盘问正方二辩（2 分钟）
4	反方二辩论述（3 分钟）	正方三辩盘问反方二辩（2 分钟）
5	正方三辩论述（3 分钟）	反方二辩盘问正方三辩（2 分钟）
6	反方三辩论述（3 分钟）	正方二辩盘问反方三辩（2 分钟）
7	自由辩论（双方各 3 分钟，交替发言）	
8	反方四辩总结（4 分钟）	正方四辩总结（4 分钟）
	主席请评判团审议	

【范例】

赛制：北大质询式赛制（节选）

辩题：社会发展将会导致主流文化衰微（正方：北京大学经济学院）

社会发展不会导致主流文化衰微（反方：北京大学光华管理学院）

论辩（略）

评决

主席王惠：朋友们，现在评判团已经进入现场，下面我们首先请香港中文大学辩论队教练孙同文博士谈一谈观看此次辩论赛的感想。有请。（掌声）

孙同文博士：主席，双方辩友，同学们，大家好！很高兴有这个机会，能荣幸地参与这次“北大杯”辩论赛，参与总决赛的评判工作。我本人，在台湾出生、长大，在大学时代也是玩辩论的。（笑声、掌声）到香港后，有幸参与香港中文大学辩论队的指导工作。这次来，真正见识到一流的大专辩论比赛的表现、表演。我想在这里谈一件事情，就是这次北大的辩论比赛所采用的辩论形式所展现出来的一种魅力。我在台湾时，辩论赛仍是以美国俄勒冈式辩论赛为主，它辩而不论；参与新加坡式辩论赛后，又感觉到新加坡式辩论赛有论而不辩的缺点，那么这次在北大呢，两种制度结合在一起是相当难能可贵的。当然，这条路还很长，需要大家不断尝试补充。这里，我首先恭祝双方辩友，他们的表现，无论在逻辑、语言、辩论的形式上都显出一流的功夫与深厚的底子，这个，可能是在其他地方所不能达到的，尤其在香港。香港中文大学是全香港唯一一个保有一个常备的国语辩论队的学校，我们一年，最多只有一场比赛，还要看国内是否有哪些学校愿意赐教。(笑声) 而在北大，经过半年时间，两支队伍经过19场比赛，才产生出总决赛的两队，双方的功力都值得敬佩！所以，希望香港九七回归之后跟内地的学校多交流，多切磋，共同把辩论制度的艺术形态更好地提升出来，谢谢！(热烈掌声)

主席王惠：非常感谢孙同文博士的赐教，下面我们请评委执行主席、北大心理学教授王登峰评议。

王登峰教授：谢谢主席，谢谢辩手和同学们，很荣幸能为这次辩论赛做讲评。首先，评判组成员都对今晚的比赛给予很高评价，感觉双方辩手表现的水平都很高，而且，做了很好准备。无论从逻辑上，临场反应上，对答的机智上都表现出很高水平。但是，评委们也提出了建议和意见，我想主要介绍一下这方面的情况：首先，评委们一致的感觉是今天的辩论，对一些关键的术语未作出明确的界定。例如对“文化”“衰微”，反方可以在作出界定后有更精彩的辩论；例如在今天的辩论中，大家对“文化”的理解非常单一，集中在制度和当时的社会精神方面，其实，文化内容包含非常广泛，既包括了制度也包括了人为事物，就是带有人的痕迹的某种产品或社会制度或组织机构。那么从衰微或不断发展的角度讲，这些呢，有的是衰微的，有的是不能够衰微的。另外，对衰微的界定，正方提出“扬弃”的概念，但对扬弃未作进一步说明，有些是要保存下来的，那么，扬的是什么，弃的又是什么？另外，关于社会发展也未作出明确界定，因此尽管场上辩得非常精彩，但由于存在这些问题，所以无论在论述时，对辩时，乃至最后总结时，都未对命题作出很好的解读。其次，在逻辑方面，正反双方在一定程度上逻辑框架相对薄弱，因此有点美中不足。再次，还需要指出的是，今天的辩论横跨面太少，知识面平行的比较少，用词方面非常雕琢，带有很多文学抒情色彩，但对各自专业知识涉及较少，让人感到比较遗憾。最后，在对双方评价当中，大家一致感到在逻辑结构，在辩题的解读和层次方面，正方占有一定优势，在观点和立场的把握方面正方有一定难度，而反方同学回击和应辩表现得非常机智，有许多幽默话语。总的来讲，评委们一致认为，今天晚上这场比赛能够代表北大水平，同学们能在这么短时间内准备得这么充分，尤其是发挥得很好，给大家上演了精彩的一幕，特别是来自外单位的几个评委都对北大同学给予很高评价，在这里也向他们表示感谢！我的评论到此结束，如果有什么不足的话，怪我不怪评委。(笑声) 下面由主席宣布结果。(长时间掌声)

主席王惠：我想，获胜是辩论的目标而非目的，所以赢者固然光彩，但输者也一样光彩。下面我宣布第二届“北大杯”辩论赛的最佳辩手是反方三辩郝嘉同学。(掌声) 第一届“北大杯”辩论赛的冠军是正方——北京大学经济学院代表队。(热烈掌声)

感谢大家和我们共度一个美好的夜晚。谢谢大家，再见。(掌声)

【课后练习】

请学生反复阅读本节所提供的【范例】内容，以熟练掌握本节所介绍的3种论辩赛赛制模式。

第六章　实用口才训练

通常把为解决生活和工作中的实际问题而运用的口头表达能力称为实用口才。进行实用口才训练是提高自身素质、增强适应市场竞争能力的重要途径。本章将就实用口才的几种常见形式进行介绍和训练。

第一节　交谈与谈判

一、交谈

交谈是人们在社交活动中为达到交流思想、沟通感情、协调行为等目的而进行的口才双向表述活动。

（一）交谈的基本要求

1. 态度要坦诚、温良、谦恭、礼让。

（1）坦诚。首先要接纳对方，表示出应有的诚意和友善，这是交谈的良好开端。当一方对另一方的表述不能接受或不能完全接受时，应坦言相告，不可含糊其辞，以致造成误解。

（2）温良。交谈中尽量做到热情适度，得体大方。过分的热情会让人感到虚假和做作，让人产生戒备；过分的拘谨会让人心存疑虑，无所适从；过分的冷漠会让人心有压力，感到难堪和隔膜。这些都无益于交谈的顺利进行。交谈中还应尽量做到与人为善，多设身处地替对方着想，不抱成见，不怀恶意，不揭隐私，营造适合交谈的良好气氛，让对方感受到你即使对他进行批评，目的也是善良的。

（3）谦恭。相互尊重是交谈成功的基础，谦逊有礼的交谈容易赢得信任和信赖。

（4）礼让。交谈过程中因为双方所站角度、所处位置不同，有时难免会对同一话题形成不同的意见和看法，甚至引起争论。这时为了使交谈能够继续进行，可不必过分计较对方的态度，采取冷静和从容大度的方式表示理解和谅解。

2. 了解谈话对象、分清交谈场合。谈话前尽可能了解对方的有关情况，如宗教、年龄、职业、个性、生活经历、兴趣爱好、文化程度等。相同的话题在与不同人的交谈中往往会有不同的反应和结果。因此，了解对象上述情况后，就可以预先设计交谈的方式和程序，投其所好，因势利导，使双方很快进入适合交谈的氛围中。这对交谈的主动方来讲尤其重要，俗话说“话不投机半句多”，所谓投机就是找到共同语言，选择恰当的交谈方式和口吻。

交谈时应根据谈话内容和对象情况选择合适的场所，注意在不同的场所采用不同的谈话态度与语调来提高交谈质量。例如，在社交场合要不卑不亢、热情大方；在工作场合要坦率真诚、庄重得体；在生活场合要亲切友好、温柔敦厚。针对不同谈话对象采用不同的谈话方式，如在熟悉的对象面前畅所欲言、不拘小节；在陌生对象面前用语恰当、谦逊温和；在异性面前得体庄重、彬彬有礼；在长者面前言辞恭敬、谦虚耐心；在幼者面前关心爱护、语重心长。

【训练一】　如果遭遇以下情况，你会怎么做?

（1）作为职员去向经理请假，推开办公室的门，看见经理正在批评下属。

（2）领导要你去一家公司办理一件紧急事务，在一份协议书上盖个章，下班前必须办好。在这家公司楼下的传达室外面，保安把你拦住了，说你要找的人正在开会，公司有规定开会期间概不接待来客。你看看时间离下班只剩下 20 分钟。怎么办？

3. 围绕交谈目的作充分准备。这样做的好处：一是可以洞察对方意图，进而为维护自身利益进行应对，使交谈中心突出、不枝不蔓；二是可以体现交谈的沟通作用；三是既划定了交谈范围，又为交谈的进行设计好环节，使交谈更具针对性和功利性。

交谈的准备包括怎样提出话题，怎样表达并设法影响对方，设想自己在不利的情况下如何应变或结束谈话，做好应对可能发生的各种情况的心理准备，等等。

【训练二】　出现以下情况，如何调节心理，做好应对？

（1）星期天，你正在家里复习功课，准备第二天参加考试。不料邻居家里放起了音乐，而且声音很大，让人无法看书。在忍无可忍的情况下，你决定上门制止。

（2）你正在寝室里和他人聊天，一个同学从外面风风火火地跑进来，说："小琳，辅导员找你，要你马上到她办公室去。辅导员发火了，说你昨天不该发出那个通知。春游的事情学校还没有定呢。"你心里咚咚直跳，慌慌张张跑出去。

（二）交谈的基本能力训练

1. 侧重于交谈主动方的谈问式交谈训练。

（1）寻找时机，引发话题。交谈中，谈问方由于不知道对方对自己提出的话题作出什么样的反应，常借助过渡性的交谈进行试探，接近对方，缓解对方的紧张或戒备，赢得对方的好感，使交谈能够顺利进行下去。

【范例】　面试时，有经验的主考官为帮助面试者克服紧张情绪，往往这样开始谈话："你能不能自我介绍一下？""你来参加面试，家里人知道吗？他们是否支持你？""你平时有什么业余爱好？""你为什么喜欢这份工作？"这样发问既可以了解对方相关情况，又可以缓解对方的紧张情绪，应聘者能从任意的角度回答问题，从而使面试顺利进行。

【训练三】　你的一位同学来自贫困地区，家境贫寒，生活拮据，平时总以为别人瞧不起自己。这位同学自尊心很强，也很敏感，喜欢把自己封闭起来，不太愿意和别人交往。大家都说她性格孤僻，为人有点古怪。一次班级组织春游，她没有报告，老师让你找她谈谈，动员她参加这次活动。你在校园里遇见她，你打算从哪里谈起？

（2）循序渐进，切入正题。有些比较难谈的话题，不宜开门见山，直截了当，需要作一定的铺垫，制造恰当的氛围和机会。

【范例】　黄某打算调离所就职的企业，但他担心领导不同意并对他留下不良印象，且企业曾送自己去高等学府深造两年。但他想调往的单位更能发挥自己的专业特长。怎么开口呢？他在一次随领导出差的路上提出这个问题。"王经理，咱们单位里有个职工想挪挪地方，您认为可以吗？"经理说："什么理由？"职工说："他要去的地方工作上更对口些，便于发挥作用。"经理说："行呀，水往低处流，人往高处走，人之常情。"黄某觉得有点投机，接着说："这个人有点顾虑，他认为厂子待他不薄，培养过他，这一走好像有点不够意思，怕领导责怪。"经理笑了："这是什么话，对人才的合理流动我们是持赞成态度的。"黄某见经理态度中肯，于是进一步说："如果这个人是我呢？"经理稍一沉思，说："那也不拦，到哪儿都是为人民服务。"经过这样的交谈，黄某调动之事不久就办成了。

【训练四】　刚毕业参加工作的张某想离开企业到外地谋求发展，担心父母不同意，一是因为"父母在，不远游"；二是父母为他找这份工作费了不少精力。但他实在不愿继续做下去，外面的世界很精彩，他要出去闯荡一下。你帮助他想个办法，告诉他怎么去和父母谈，说服父母同意自己的打算。

训练要求：①要求学生在5分钟内想出办法，依次发言；②另请两位同学扮演家长角色，从家长的角度，评判同学提出的办法是否具有说服力，并说明自己被说服的原因。

训练目的：锻炼学生学会利用自己的经历和经验，设身处地站在不同的角度，用适当的语言表达自己的真实想法以说服他人的能力。

（3）随机应变，转换话题。交谈中若出现“话不投机”的情况，最好转换一下话题，迂回前进，达到目标。

注意：①转换的话题要尽量避免是对原话题的解释和补充；②同时做到和原话题在用意上的自然衔接。

【范例】　两个中学生因为早恋被班主任找去谈话。两位学生自知有错，任凭班主任怎么做工作，就是一声不吭。班主任气得直拍桌子。旁边一位老师说：别生气了，吃个苹果吧。我今天买了两斤青苹果。班主任说：青苹果又酸又涩的，谁吃啊。这位老师说：你不喜欢也许有人喜欢。转身对那两位学生说：你们喜欢吃吧？两位学生摇摇头。为什么？这个老师问道。男同学说：青果子还没有熟，不好吃。这位老师说：说得有道理。其实这和早恋一样。老师语重心长地说：恋爱婚姻是人生中的大事，每个人都会经历，问题是在什么时候。太早了不好，太晚了也不好。就像树上的苹果，过早地摘下来又酸又涩，成熟了还不摘就会掉下来烂掉。聪明人是在它成熟的时候摘下来，那时候的味道又甜又香。你们说是不是这个理。两位学生听了，似有所悟，终于开口说话了。

【训练五】　甲、乙两位同学都是班级干部，一次因为工作发生了矛盾，班上支持甲的同学都表示有机会一定要帮甲出气。一次，乙出面组织班级文娱晚会，好几位同学同时请假，当乙要求他们参加活动时，双方争吵起来。如果你是班主任，怎样通过转换话题的方式来做这几位同学的工作？

（4）见好就收，结束话题。掌握交谈的节奏和进程，注意语言的感情色彩，在双方感到比较愉快并且达到了预期的谈话目的时结束话题。

【范例】　星期天，太阳很好，小马把被子拿出去晒。没想到楼上的小于晾晒衣服，没拧干的水滴在小马的被子上，淋湿了一片。小马非常恼火，跑上楼敲开门。“你怎么搞的？没看见我在晒被子吗？”小于看见小马的脸色知道自己做错了事，赶紧跑到阳台，朝下一望，把湿衣服收回来。陪着笑脸连声道歉。小马说：“你晒衣服的时候应该朝下面看一看，再说你怎么也得把水拧干啊。”小于说：“是的是的，都怪我急着做事，把这茬给忘了。”小马说：“也不能全怪你，这一阵子总没好天，出了个大太阳，家家都想晾晒。”小于说：“还是怪我粗心大意。”小马说：“你该买台洗衣机，洗衣机甩干后就不会滴水了。”小于说：“你说得对，是该买了。进来坐坐吧。”小马说：“我得下去了，还有事。”下楼时小于还跟在后面说了一句：“今天的事真对不起啦。”试想，小马如果得理不饶人的话，这件邻里小纠纷又会是一个什么结果？

【训练六】　元旦放假，刘琳从学校回到家里。父母问她在学校学习的情况，并就期末考试准备提了些要求。刘琳不高兴了，心想：你们就知道关心我的学习呀、成绩呀，其他方面一点不问。刘琳刚参加了学校的迎新春文艺演出，并且受到大家的好评。本来想把这个消息告诉父母，和他们分享快乐，但是现在……请以刘琳家长的身份设计两种方式进行交谈，并加以比较。一种是发现话不投机，便适可而止；一种是发现话不投机，仍坚持往下谈。

2. 侧重于交谈被动方的应对式交谈训练。

（1）以静制动，从容应对。认真倾听对方谈话，弄清来意，权衡利弊后再表态回答。

【范例】　某公司有两人竞选部门经理，经过几轮筛选，最后进入互相辩难阶段。甲向乙发问，抛出一个难题：如果在你任职期间，你所信任的部下犯了严重错误，如挪用公款，在事情暴露之前，你会知道吗？乙想，如果自己回答“知道”，显然有包庇纵容的嫌疑；如果自己回答“不知道”，又有察人不明、用人不当的过失。乙断定甲设置了一个语言陷阱，明智的做法是应该绕过去，于是从容答道：“我不想回答‘如果’、‘假设’一类的问题。现实中发生了这样的事，我知道了，会按照公司的制度在第一时间向领导汇报，同时采取必要措施，最大限度地减少公司的损失。”不用说，乙的回答得到了评委们的一致好评。

【训练七】　一位多年不来往的小学同学突然来拜访你，你见他面有难色就感知他有难言之隐，想要得到你的帮助，却又不便启齿。你准备怎样进行这场谈话？

训练要求：将班上学生分为两部分，一部分同学根据自己的理解每人写出难言之隐的事由；然后与对方一位同学结成对子，将纸条交给教师后，进行交谈。

训练目的：锻炼学生察言观色，根据谈话内容不断调整自己的心态，促进双方逐渐相互适应的语言交际能力。

（2）引而不发，见机行事。当其他人向你征询对某人某事的意见，或是讨教处理某个问题的看法，你因为缺少准备或有所顾虑，不妨旁敲侧击，引出对方观点，然后加以判断，考虑应答。

【范例】　小邓和小李大学毕业后同时来到一家企业工作。刚上班就有好心人对他们说：厂子不大，人事复杂，你们年轻又是初来乍到，平时多看少说。两人谨记。一天，同事甲请两人吃饭，问到：“工作怎么样？”两人说：“挺好的。”甲又问：“你们觉得刘总怎么样？”小邓说：“刘总办公室我还没进去过，不像你，经常接触刘总，说起来你比我们更了解他。”小邓的话引而不发，巧妙地绕开了对方的问题。甲又看着小李问，“你呢，你比小邓活跃，说说你的看法。”小李受到夸奖有点高兴，说：“听说刘总能歌善舞，麻将桌上也是高手。”甲问：“还听到什么？”小李说：“还有刘总女儿留学的事，要花不少钱啊。都是别人说的。”甲笑笑，大家继续吃饭。过了几天，销售公司调人，把小邓要去了。小李不解，心想，我哪方面不如小邓呀。

【训练八】　你要好的同学和家人闹别扭，几天不和父母讲话，还流露出想离家出走的情绪。同学的家长很着急，打电话给你让你劝说劝说。你有点为难。一是因为这个同学与家人闹矛盾的事并没有告诉你，说明他也许不想让别人知道。二是同学的父母让你做这件事，说明他们很信任你，你怕完成不了任务。三是不知道怎样向这个同学开口，站在他家长的立场上说他的不是，担心他不理解，反伤了同学间的友谊；站在他的立场上说家长的不是，不仅不能化解矛盾，更无法向他父母交代。请你考虑怎样进行这次谈话，既能消除他和家长的矛盾，又能让他感到作为朋友你确实对他非常关心。

训练要求：①要求学生以“你”的身份写出谈话提纲，并进行交流；②教师以家长的身份进行点评和比较。

训练目的：锻炼学生在关心爱护他人的动机下，体会如何使用委婉中听的语言批评指责他人的说话方式。

（3）转换角色，争取主动。交谈中当自己在应对不利的情况下，改变策略，主动出击，摆脱被动劣势，朝有利方向转化。

【范例】　相声表演艺术家侯宝林先生第一次去香港地区演出，在记者招待会上一位西方记者问他：“您说的是普通话，香港地区主要说的是广东话，您用普通话说相声，香港的民众能够听懂吗？听不懂，还会有人来听您的相声吗？”侯宝林看看对方，答道：“这你不用担心。凡是来的人都能听懂我的相声，凡是听不懂的都不会来。”记者接着问：“我们怎么用英文解释相声？”侯宝林说：“有声的漫画。”记者穷追不舍：“那么怎么解释漫画呢？”

“这你还不明白，漫画就是无声的相声。”记者又问：“美国总统里根曾经当过电影演员，您是一位艺术表演大师，您想过像里根总统一样，有一天也改行从政，做一名政治家吗?”侯宝林笑笑：“不。我没有这个打算。”记者步步紧逼：“为什么？是担心自己没有从政的能力，还是担心在您身边没有这种民主的环境?”侯宝林正色告诉记者，“都不是。其实原因很简单，里根是个二流演员，而我是第一流的。”

【训练九】　模仿电视采访，就学校、班级当前发生的、同学们关心的事作为话题，进行训练。

训练要求：记者或主持人可以在话题范围内提出有一定难度的尖锐问题，应对方不能拒绝回答。

训练目的：锻炼自己在不利于交谈的氛围和环境里，寻找话机，摆脱窘境和难堪，调节气氛，转移话题的应变能力。

（4）留有余地，进退两便。当对方向你提出要求或请求，希望得到你的明确答复时，要结合当时情况，给自己和对方留有余地，不能把话说得太死，以免使双方陷入尴尬。

【范例】　春暖花开的季节，小林萌生了去野外踏青的念头，兴致勃勃地给几个好友打电话，相约同去。她邀请了四个人，最后只去了两个人。对未去的两个人小林有不同的评价。因为那两人在回答小林的邀请时说的话语不一样。第一个是小葛。葛：“什么，去踏青？上哪儿？噢，骑自行车？小林，你脑子有雾吧！大老远的跑那儿去干什么？有那工夫不如在家睡觉。我不去，真的，等我也不去。瞎折腾。”第二个是小柳。柳：“是小林啊，你好。怎么想起给我打电话，我还以为你把我给忘了。什么，踏青？你还是那么浪漫。去哪儿？骑自行车？这个主意不错，还能在外面野餐。哇，我好想去哟。这样的聚会好久没体验了。只是我不知道有没有时间，我女儿的幼儿园要开家长会。她爸爸又在出差。我尽量去，到时候给你电话。”结果是葛和柳都没有去。小林对小葛很生气，以后什么事也不去找她了。小柳虽然没去，只是脱不开身，电话里她是说想去的。

【训练十】　新生入校，教师甲参加接待，遇见送孩子报到的老乡乙。乙和甲一见如故，热情交谈中，乙向甲提出照顾自己孩子的种种要求。甲感到有些为难，既要面对乙的信赖和托付，又要面对自身的能力条件和学校的实际情况。该怎样应答为好，请使用此法化解甲这种两难境遇。

（三）交谈技巧训练

1. 开门见山，直言不讳。不掩饰自己的观点，不回避面对的问题，在较短的时间内使对方明了自己的意图。

【范例】　著名书法家启功先生经常受到求字之扰。一次某求字者打来电话，说先生题签的一本书已经出版，于明日面送。其实是为了借机索字。启功说通过邮局寄来吧，但对方坚持亲送。启功先生直言不讳：“你还有什么事?”对方说：“没什么事，就是想看看您。”启功说：“想看我，行，我给您寄张照片去，您可以从从容容地看。”对方说：“那不好，还是来看吧。”启功说：“真这样，您说个时间，我在门口等您，也不用劳您进门，您不就是要看我一下吗?”

【训练十一】　学生小 D 因聚众打架受到记过处分，学校责成班主任李老师通知家长来校面谈。小 D 的父母曾是李老师的中学老师，他们对小 D 要求很严，期望很高，多次嘱托李老师严加管教，使其成人成才。李老师设计了几种谈话开头，都觉得不妥。最后还是选择了开门见山、直言不讳的方式。请同学们模拟这一过程，设想李老师面对小 D 的父母怎样进行这次艰难的谈话。

2. 察言观色，相机行事。交谈中根据对方的反应制定对策，把话题逐步引向深入。

【范例】　甲、乙两女子都做服装生意，两家店铺隔街相望。甲的生意明显比乙的好，从甲店里出去的顾客手里时常拎着买下的服装，而从乙店里出来的人大都空着手。一次，一对青年男女走进乙店，男的从衣架上取了件上衣在身上比画一下，乙赶紧说：“很适合你，穿上保证好。”那个女的说：“这种颜色你怎么能穿？”男的换了一种颜色穿在身上试试。乙说：“你穿着太合身了，简直就像量着身子做的。”女的扯扯男的袖子，男的一看原来袖子短了一截。就这样乙还说怎样合身中看。男青年脱下衣服就走出来。乙为了推销商品，信口开河，气走了“上帝”。两人过了马路进了甲店。女的拿了一件衣服在男的身上比试，甲在旁边说，“大姐好眼力，今年流行这个色，穿上试试。”甲挑了件帮男的穿上，退后两步看了看，点点头，然后对那女的说：“你看是不是挺合适？”女的挺满意，说：“穿上挺好，可是价钱也挺贵的”。甲说：“一分钱一分货。你瞧这件便宜，50 元钱，但这是什么面料，穿起来是什么感觉？”女的还在犹豫。甲说：“佛靠金装，人靠衣装。衣服是人的门面、招牌，穿了往哪儿去都不怯场才行。”甲由于善于察言观色，说话得体，又做成了一笔生意。

【训练十二】　一位同学平素学习努力，自律严格，成绩很好。可是最近一段时间表现异常，经常迟到，上课分心，数学测验差点不及格。他本人也知道自己退步明显，心中有愧，处处回避这个话题。如果你是他的朋友，很想帮助他，你打算怎样和他谈？

3. 退后一步，曲径通幽。交谈中双方因为各自的利益对某个话题产生意见分歧，形成障碍，如果变通一下，改变交谈的策略，就有可能打破僵局。

【范例】　1978 年 10 月，邓小平出访日本，出席《中日友好条约》批准和互换仪式。为了求同存异，维护和改善两国之间关系，当时中日双方约定不谈诸如钓鱼岛归属这样有争议的问题。但是在一次记者招待会上，一位日本记者还是别有用心地向邓小平提出钓鱼岛问题。邓小平答道：“我们这一代人智慧不够，这个问题谈不拢，我们下一代人总比我们聪明些，总会找到大家都能接受的方式来解决这个问题。”邓小平机智幽默的回答，维护了中方的立场，化解了对方咄咄逼人的提问，给世人留下深刻的印象。

【训练十三】　班上一位同学报名参加“托福”考试，另一位同学嘲笑他好高骛远，说你国内大学的课程都学不好，还想着出国留学。这位同学很生气，于是两人争执起来，各说各的道理。你正好在场，他们就要你评说。你既要肯定参加“托福”考试是好事，又要强调重视国内大学阶段的学习是正确的。你打算怎么评说？

4. 金口难开，避而不谈。交谈中保持强劲的谈锋往往是取得主动的一个条件，但有些时候当一方对话题不能完全把握，对对方的意图又不是十分清楚的情况下，采取回避的策略也许更为有利。

【范例】　当年王光英赴香港地区创办光大实业公司，刚下飞机就遇到一位香港记者。记者问道：“请问副委员长，你这次到香港来带了多少钱？”王光英见对方是个女记者，便答道：“听说对女士不能问年龄大小，对男士不能问钱有多少。小姐您说对吗？”女记者一时无语。王光英一句话既回答了对方，又很有分寸地化解了难堪。

【训练十四】　张同学在家里和家人因为一件事情闹了点别扭，回到学校总是闷闷不乐。同寝室一位热心的同学过来问他怎么啦，张同学说没什么。这位同学很想安慰他，就一个劲地刨根问底。张同学感到有些为难，把心里话说出来吧，觉得这是个人隐私不便告人；不回答吧，又担心对方误解，说到底对方是出于一片好心。假如这是你遇到的情况，请用本技巧化解。

5. 全盘否定，激将反转。交谈中当一方对某个问题犹豫不决、难下决断时，从正面晓以利害，效果甚微。这时不妨变换一下角度，以退为进，从反面提供不利于对方的建议，以刺激对方去考虑自己的利益得失，作出应有的选择。

【范例】　广东玻璃厂与美国欧文斯玻璃公司在谈判引进设备过程中，关于全部引进还是部分引进的问题双方产生了分歧，大家各执一词，相持不下，谈判陷入了僵局。为了缓和气氛，广东玻璃厂的首席谈判代表换了一个轻松的话题。他说：“你们欧文斯的技术、设备

和工程师都是世界一流的，你们给我们投入的设备和技术只能用最好的，这样我们生产出来的产品才能成为全国第一。这不仅对我们有利，而且对你们更有利。”欧文斯的首席代表听了很感兴趣。接着广东玻璃厂的首席代表话锋一转：“关于全部引进还是部分引进，我们想重申一下，我们的外汇的确很有限，不能买太多的东西，所以国内能生产的就不打算引进了。现在，你们也知道，法国、比利时和日本的一些公司都在和我们北方的厂家搞合作，如果你们不尽快和我们达成协议，不投入最先进的设备技术，那么，你们将要失去中国的市场，人家也会笑话你们欧文斯公司的无能。这中间的利害关系，你们应该看得很清。”这样一来，紧张的谈判气氛立即得到缓解，双方终于达成协议。

【训练十五】　一位班主任发现本班一位男同学篮球打得不错，恰逢学校组织年级篮球赛，就提议这位同学担任班级篮球队长，负责训练和比赛。但这位同学从没当过学生干部，对自己缺乏信心，认为自己管自己问题不大，但管理别人就没有这个能力了。请你站在班主任的角度，用激将法进行交谈并说服他。

6. 反答为问，静观其变。面对对方的尖锐提问，由于种种原因一时不便回答，采用反答为问，既可避免尴尬，又可在谈话中争取主动。

【范例】　某公司有两人竞聘部门经理，进入相互辩难阶段。甲问乙：“如果你现在就是一个部门经理，你向你的下属布置了一项工作，但是完成这项工作的条件已经发生了变化，而你尚且不知。下属想提醒你，又怕你误解他，认为是对领导的不尊重；不提醒的话，这项任务又明摆着无法完成。所以这位下属既没有答应也没有不答应。遇到这种情况你怎么处理?”乙稍作思考，说：“假如我就是一个部门经理，而你就是我的下属，我向你布置了这件工作。你说，身为下属的你应该怎么答复我?”乙很策略地将问题还给了对方。

【训练十六】　上述范例中，甲向乙提出的问题并不是很难回答，但是乙没有应答，而是以反问的方式结束这场辩难，请讨论比较乙应答和反问的不同效果。

7. 提纲挈领，要言不烦。用简练的语言概括自己或对方的谈话，不仅会给人留下深刻印象，而且可以促进双方更好地理解、沟通。

【范例】　范徐丽泰是香港特别行政区临时立法会主席，一次记者问她：“你从政这么多年，感受最深的体会和经验是什么?”范徐丽泰答道：“我从政多年，有起有落，有时候很多人认同我的看法，有时候不少人批评我的做法，而且有人是有意抹黑我，所以，苦我尝过，甜也尝过。可是对我来说，这都是我人生的一种经历。我之所以参与社会服务，并非为了个人名利，我一向的感觉就是，我住在这个地方，我是中国人，当然希望香港好，中国好。所以，我做事情一般都不是因为自己喜欢做或不喜欢做，而是因为我应该做，有一种责任感和使命感在驱使我，我觉得最重要的就是我已经尽了我的能力，尽了我的责任，承担了一个生活在香港的中国人应该承担的责任。”

【训练十七】　教师找一些难易适度的阅读材料，请学生阅读后提纲挈领进行概括。或由一人朗读，请其他学生进行概括，然后加以比较、评析。

8. 赞扬肯定，因势利导。交谈中要注意调动对方的情绪，营造宽松和谐的气氛。

【范例】　王老师大学毕业后在一所职业院校任教，同时兼做两个班级的辅导员。王老师工作认真，积极上进，所带的班级在学校的各项活动中都取得较好的成绩。但最近一次在院团委举办的读书演讲比赛中，他的两个班都没有取得名次。学生们认为评委评分不公正，这种情绪影响了王老师，在向有关部门反映没有得到明确答复后，他向系里递上请求辞去辅导员的辞职报告。系主任约他谈话。系主任：“你来学校两年了，工作上进步很快，辅导员干得也不错，怎么想起来要辞去这个工作?”王老师带着情绪说：“工作做得不好，学生们不满意，不如辞了。”系主任笑了，“学生们不满意？好像不是这样吧，从我了解的情况看学生们是挺喜欢你的。再说，我们对你的工作也是满意的。是不是最近遇到了什么困难？”“我不能替学生讨回公道，就说明我失职，说明我没有能力再做辅导员。”系主任语重心长地说：“你很关爱你的学生，说明你有责任心。你也很关心学生们的比赛名次，说明你有上进心。学生们对你的信赖证明了你的工作能力和成绩。这些都表示你其实是称职的，不是失职。当然你现在碰到了一个具体的问题，它有点棘手，学生们都在看着你，辞职不失为一个解决办法，但那会让你的学生们非常失望。你总不愿意看到他们在失去了名次之后又失去了辅导员吧？那样对他们恐怕就更不公正了。所以我和学生们都希望你收回辞呈，继续留任。”

【训练十八】 丁同学原是A班后进生，经过班主任的教育和帮助最近各方面都小有进步。正当大家感到欣慰时，该同学却又犯了过失。晚自习时B班两位男生闹恶作剧，将一只死老鼠扔在A班一位女同学的桌子下，教室里哗然。丁同学带着几位男生去B班讨“说法”，言语不和，动起了手，造成不良影响。如果你是班主任，请设计你和丁同学的交谈方案。

二、谈判

谈判，一般是指在社会生活中，人们为满足各自需要和维护各自利益，协调彼此之间的关系，妥善解决问题而进行协商的行为和过程。例如，政治谈判、军事谈判、外交谈判、经济谈判等。

（一）谈判应注意的基本事项

1. 谈判内容的准备。谈判内容的准备主要包括：拟订谈判目标和希望达成的最终结果；谈判过程中己方可以作出让步的最后底线；设想可能出现的问题及应对策略；提问和答复的步骤和方法；搜集有关谈判事项的法律法规和条例条文；搜集有关佐证材料；了解谈判对手有关情况等。

准备时要充分考虑双方利益、规则标准，据此拟订可行方案、替代方案、协议草案等。谈判双方参加谈判的主要目的，不仅仅是以追求自己的利益为出发点，更重要的是通过双方交换观点进行磋商，共同寻找使大家都能接受的方案。如果以谈判小组的形式进行，在准备时可以考虑以下几点：

（1）安排好说话的顺序和提出问题的先后程序。

（2）针对对方可能提出的问题草拟答复方案。

（3）准备所要使用的材料和相关文件。

（4）产生分歧、出现僵局时如何暂时中止谈判。

（5）选定谈判地点和时间。

（6）提交需要对方认可的对于谈判过程中不良言行的处罚规定。

（7）对方所提问题现场不能给予答复的处理办法。

（8）提请对方需要关注的有关事项。

（9）规定必要的安全保密措施。

2. 谈判心理的准备。谈判是一种力量的较量和平衡。力量既包括物质的，也包括精神的。通常情况下，谈判心理的准备是审视自我在进行谈判时应该拥有的信心、耐心和诚心。

（1）信心。谈判者只有坚定信心才能充分展示自身才干、挖掘潜能，才能在遇到困难和挫折时处惊不慌、处变不乱，使自身置于有利位置。

（2）诚心。为了使大家的斗智斗勇在公平公正的框架内施展，通过谈判最终使双方获得满意结果，双方都应抱有诚意，要有诚心。只有这样，才能使谈判进行到底。

(3) 耐心。谈判必定会遇到矛盾和对抗，如果急于求成、意气用事，往往导致谈判破裂、失败。相反，如果能有足够的耐心，不厌其烦地争取双方的理解沟通，重新寻找新的利益共同点，僵局就会打破，就会出现互利双赢的结果。

3. 谈判组织的准备。谈判组织的准备就是选择高素质的谈判人员。谈判的成效如何，往往取决于谈判人员知识方面和心理方面的素质。谈判人员除了掌握一定的社会学、心理学、公关礼仪、语言技巧外，还应广泛了解谈判事项的相关知识。较为全面的知识储备和能力结构有助于谈判人员确立信心，树立让对手尊重、敬重的形象。同时谈判人员还应具备其他方面一些优良的素质，如敢于挑战的自信心、善于捕捉时机的反应能力、从容斡旋的协调能力、掌控局面的大局意识、处变不乱的应变能力、在困难面前不轻言放弃的坚忍意志等。谈判小组成员在知识结构和能力特长上要具有互补性，形成解决问题的有效合力。

4. 谈判语言的准备。谈判语言分为口头语言和书面语言，口头语言是体现谈判能力的重要组成部分。谈判语言通常侧重陈述、提问和论辩三种方式的运用。准确明了表达己方的观点，全面详尽了解对方的观点，有理、有利、有节维护各方的利益，是三种方式运用的目的所在。在谈判过程中，运用语言的态度和方式往往也会直接影响谈判者的情绪，甚至影响谈判的进程和结果。所以在做准备的时候，一定要告诫所有参加谈判的人员，必须避免以下行为，甚至可以作为纪律规定下来，任何人不得违反。

(1) 趾高气扬，以势凌人。谈判对手之间可能有身份、背景、资历、实力的差异，即使己方在各方面都占有优势，也应该放下架子，平等待人，切不可趾高气扬，以势凌人，给人留下“霸道”的印象，否则就会增加谈判的难度。

(2) 自以为是，目中无人。谈判时一味炫耀自己的光荣历史和在谈判桌上的战绩，误以为这样可以给对方造成心理压力，或许在一定程度上也能达到这个目的，但也容易激怒对方，明摆着是在向对方挑衅，对方肯定会严阵以待。

(3) 卖弄口才，夸夸其谈。在谈判过程中除非需要，否则不要故意展示口才，更不要不加节制地夸夸其谈，记住“言多必失”，说得多未必就是赢家。

(4) 偏离主题，节外生枝。谈判中有时为了缓和气氛，缓解疲劳，或是打破僵局，可以聊点其他话题，但要适可而止。谈判也讲究“火候”，离题太远，对方会认为你准备结束谈判，或是另有打算。

(5) 随便插嘴，缺乏礼貌。要学会完整地听他人说话，除非必要，否则不要打断他人。只有让人把话说完了，你才知道对方说的是什么。随便插话，只会让对手觉得你沉不住气，暴露出你的弱点。

(6) 神思恍惚，心不在焉。不管是因为什么原因，尽量克制自己不要在谈判进行当中左顾右盼，神不守舍，或面带倦容，连打哈欠；听他人讲话时，要精力集中，否则对方会觉得你藐视他，对他不够尊重，或是已经丧失了耐心和诚意，这无疑给谈判的继续进行增添了难度。

(7) 嘲弄挖苦，待人不敬。谈判中难免会出现分歧甚至争论，这时言语上的交锋会比较激烈，双方各为其主、互不相让，但应注意就事论事，不可抓住他人的错误或生理缺陷冷嘲热讽，挖苦戏弄，挫伤对方自尊，伤害他人人格。

(8) 言不由衷，缺乏诚心。谈判中为了实现双赢，双方都会尽可能地寻求利益平衡点，寻找谈话的共同点。但要注意不可刻意而为，不可为了讨好对方而说些言不由衷的话，那样反而会引起对方的反感，认为你为人虚伪、缺乏诚意。

（二）谈判语言的训练

既然谈判的目的不是为了加大各方的分歧，那么谈判的各方在语言的运用上就应该注意感情色彩。例如，对对方的观点你一部分赞成一部分不赞成，你说“你的这个想法很好，但是在实际操作过程中会遇到很多麻烦”和“你的这个想法很好，如果在实际操作过程中注意几个问题……”听起来的感觉就不一样了。

谈判对手之间为了维护各自的利益，在产生分歧和争议的时候，往往比较在乎自己的面子，失去了面子意味着尊严受到伤害、自尊心受到打击，可能因气生怒，进行反击，使原先的良好谈判氛围遭到破坏。例如，你的两个同事甲和乙正在因为一个问题交换意见，另一个同事丙突然插话说起另一件事，于是他们发生了争执，你批评丙“这就是你的错，难道你没有看见他俩正在讨论问题吗?”丙不高兴了，因为你直截了当的批评伤了他的面子，他转过脸和你又争执了起来，可以想象当时的场面是多么混乱。换几个词语会不会好些？你批评丙：“这就是你的不是了，他们正忙着，我要是你就另外找个时间说这事。”丙觉得你这样说话比较委婉，也是在替他着想，同时也没有丢失面子，自然就接受了。

谈判语言可以从以下三个方面进行训练。

1. 目的准确，针对性强。谈判的双方或多方表达自己的意愿和要求时，语言要尽量做到不枝不蔓、有的放矢；切忌言不由衷、啰唆拖沓、模糊不清，否则容易引起对方的误会、疑惑和反感，认为你缺乏诚意或拖延时间，或是认为你不能或不敢承担责任，从而给谈判带来障碍。

针对不同的谈判内容、场合和谈判对手，要有针对性地使用语言。例如：对性格直爽、快人快语的谈判对手，运用简短明快的语言可能受欢迎；对性格沉稳、不急不躁的对手，运用慢声细语的倾谈效果可能更好。谈判地点如果在办公场所，语言使用要注意庄重、严谨；如果选择在休闲场所，语言则可以个性化、生活化一些。谈判中因为各方追求的利益不同，发生争执和分歧势在难免，这时也要分清人和事的差别，做到对事不对人。针对事情，尽量做到求同存异，争取各方利益最大化，通过交换获得平衡，但原则和立场是不能轻易丢失的；而针对人，则要尽可能与人为善，表示出应有的尊重、理解和谅解，不可把人和事混为一谈、相互牵扯，使争执和分歧扩大化。同时在谈判中，要充分考虑谈判对手的性格、情绪、习惯、文化以及需求状况的差异，有选择地、恰当地使用语言，提高语言运用过程中的针对性效果。

【范例】 一家房地产公司公开招聘销售人员，甲应聘并通过了面试，工作人员通知他去公司负责销售的总经理办公室。总经理请他坐下，说：“欢迎你加入我们的团队，听说你以前做过这方面的工作，而且有一定的业绩，这很好，我们公司就需要你这样的人。”甲听了心里挺受用，正想表示一下，总经理一个手势打断他：“现在我们来谈一个很实际的问题，你一定很关心你的年薪能有多少，除去业绩奖励，你的年薪是2万元，你可以接受吗?”甲在原先的公司年薪是3万元，觉得少了点，就说：“我之前的年薪是3万元，请公司能不能考虑这个数字?”总经理说：“我们现在只能给你这个数。”甲问：“你们不能再考虑一下?”总经理摇摇头。甲只好失望地走出来。这样，不仅甲失去了一份他想得到的工作，公司也错过了一个可能有业务潜力的销售人员。如果换一种谈判方式，结果又会怎样？总经理请甲坐下，说：“欢迎你加入我们的团队，听说你以前做过这方面的工作，而且有一定的业绩，这很好，我们公司就需要你这样的人。”甲听了心里挺受用，正想表示一下，总经理打断他，“现在我们来谈一个很实际的问题，你一定很关心你的年薪有多少，我只能付给你1.5万~2万元，因为你毕竟刚刚来，当然如果你的销售业绩上去了，你的奖励可能比这个

数还要高。1.8 万元怎么样?”甲想想总经理说得也对,但还是争取了一下,“2 万元吧”。总经理针对甲在年薪报酬上患得患失的心理,一语中的,把问题解决了。

【训练十九】 星期天,甲同学接到一个电话,是一个小学生家长听说甲愿意做家教,想请他做孩子的老师。甲答应了,但是在报酬的问题上和家长产生了分歧。家长的意思是双休日里找个人陪孩子,把孩子看住,给的报酬很低。甲认为家教不仅仅是看孩子那样简单,应当适当提高。双方都不想放弃,都想说服对方。如果你是甲同学,针对家长的心理,你打算怎样据理力争说服对方。

2. 态度诚恳,委婉中听。从某种意义上讲,谈判的过程其实就是互相说服的过程,为此,说服时要充分考虑对方的接受能力和承受能力,适时表示尊重对方、愿意站在双方共同利益的立场上探讨、解决问题,缩小双方的分歧和差异。

例如,谈判中需要否决对方所提要求时,除了直接拒绝以外,还可以这样说:“您说得有一定的道理,但有些情况您可能还没有考虑到。”然后再提出自己的观点,这样既巧妙地表示了为对方考虑的意愿,提示对方注意自己的观点,同时又比较委婉地、平心静气地摆明了自己的态度,不会使对方难堪,觉得没面子。

在谈判中彼此话不投机的时候要学会克制,同时也要提醒对方,双方坐在一起不是为了吵架的。“我确信我们是来解决问题的,而且我们也确信有这个能力,所以我们没有必要总是在这个问题上纠缠,时间拖得越久大家的损失就越大,而谋求双赢的机会就越小,这个道理大家都明白。都退一步,我们不是还有商量的余地吗?”

【范例】 一家饮料生产企业与其产品代理商就代理费用进行协商。因为气候的原因,饮料市场销售情况不如往年同期水平,代理商提出增加代理费用。双方代表坐在一起。

企业代表说:“代理费用的标准我们有过协议,那是经我们双方认可的。这一点好像没有问题吧。”

代理商:“不错,我们是有过协议,但是现在的情况你很清楚,老天不帮忙,商品卖不动,都积压在库里,没有利润不说,我还要支付员工工资和各种管理费用,我实在是没有办法了。你们一定要考虑我的困难。你们是大企业,拔一根毫毛就够我渡过难关了。”

企业代表:“大有大的难处,我们的压力也很大,其他代理商也向我们反映过,但最终还是相互谅解,协议还是要执行的。”

代理商:“协议是死的,人是活的,既然情况发生变化,我们为什么不能把协议修改一下呢?”

企业代表:“我想提醒你注意,当你们因为气候原因销售业绩很好的时候,我们可没有提出修改协议的要求。所以我觉得你也不应该提出这个要求。”

代理商,“你没有提出要求那是因为你们不在乎,但是我在乎。我们还是考虑怎么修改吧。”

企业代表:“如果你坚持修改协议,那么你还要再请一个第三方到场签字,否则以后免不了还要扯皮。”

代理商:“请谁到场?”

企业代表:“老天爷。只有他才能向你作出承诺保证。”

【训练二十】 学校放暑假,甲和乙因为报名参加一个培训班,不能回家,便合计在校外租一间房。他们找到一家房东,说明了来意。因为学生放假,原先租出去的房子大都空着,房东一口答应了,但是在租金上双方产生了分歧,经过一番讨价还价,房租费定为每月 300 元。甲、乙两同学要租住 23 天,提出付 230 元租金。房东不同意,说要么租一个月,要么租半个月,没有按天租的先例。如果你遇到这样的情况,你是选择放弃,还是继续和房东谈判?怎么谈才能说服对方?

谈判过程中要注意倾听对方的谈话，这不仅是为了准确地明白对方的意图，还有一个好处就是寻找、发现对方的破绽，加以利用；或是接过对方的话题，引用其中有利于自己的部分，把自己的意见用委婉的方式装扮成对方的意见，提高说服力；或是在分歧刚产生的时候先询问对手如何解决，找出双方意见一致的观点，在这个基础上追求双方的共同利益，谈判就比较容易往下进行了。

【范例】 如果你是一个餐饮业的小老板，你一定希望自己的饭店顾客盈门。但也有一些顾客你未必欢迎，只是你必须找到一个正当的理由来拒绝他或是他提出的苛刻的就餐要求，否则他有可能和你大吵大闹，让你生意不好做。俗话说："和气生财。"下面就是一例。一个打扮入时的年轻女子牵着一条宠物狗走进一家小餐馆，自己坐下来后把小狗放在对面的座位上，自顾自逗着玩，引起了旁边顾客的不快，有人就向老板抱怨。老板走过去，笑着说："请你把这只小狗放在地上。"女青年说："为什么？椅子不就是用来坐的吗？"老板说："我们饭店的椅子是用来给人坐的，它还是待在地上好。在椅子上它看起来不怎么舒服。"女青年说："那当然，在家里它都是睡在沙发上。"老板说："我们这儿没有沙发，所以这儿不是它呆的地方。"女青年有些不高兴了："你这样说话是什么意思？你是想赶我们走？你开餐馆做你的生意，管它的闲事干什么？"老板依然陪着笑："我只是想给它找个舒服点的地方，你看那边有个纸箱子，你可以把它放到那儿去，这样你也可以安安稳稳吃你的饭了。"女青年看老板说得那样真诚，一脸笑眯眯的样子，只好把小狗从椅子上抱下来。

【训练二十一】 以上面的范例为例，模仿老板口吻，改变其原来委婉中听的语气，看一看两人的谈判会朝着什么情态发展，最后会产生什么样的结果。

3. 审时度势，灵活多变。谈判中要依据谈判现场氛围、谈判对手风格以及自己遇到的突发情况适时调整语言，通过应变处理使自己掌握主动。

【范例】 一天，两个教徒去教堂做祷告。一位教徒问神甫："我可以在祈祷时抽烟吗？"他的请求遭到神甫的严厉斥责，神甫说在祈祷时抽烟是对上帝的不敬。另一位教徒又去问神甫："我可以抽烟时进行祈祷吗？"神甫看看他点头答应了。神甫说："你在抽烟的时候还能想到祈祷，说明你时刻都想着上帝。"

【范例】 某大型商场在休息室里经营咖啡、牛奶和绿茶，刚开始服务员总是问顾客："先生，喝咖啡吗？""先生，喝牛奶吗？""先生，要杯绿茶吗？"被问的顾客大多是摇摇头，生意很清淡。后来，经理要求服务员换一种问法，"先生，喝咖啡、牛奶还是绿茶？"结果生意好了许多。其实原因很简单，第一种问法，没有选择往往容易得到否定回答，第二种问法有三个选择，多数情况下，顾客会根据自己的需要选择其中一种。

可见，语言的灵活多变有时候能获得意外的效果。

在谈判中，要想使语言灵活多变，需要注意以下几点。

（1）模糊其词。在谈判中，对方向你提出某个要求，或是让你作出某个答复，在未全面掌握对方的确切意图前，即使你可以做到，也不必完整地表述你的态度，你可以用模糊一点的词语答复对方，因为你不知道接下来对方还会提出什么样的问题或要求，这时候模糊一点也许你就把握了灵活应对的机会。

（2）巧妙应答。谈判中会遇到各种风格的对手，也会遇到一些事先没有预料到的情况，如果简单地告诉对方"这个问题我没有准备""我恐怕不能作出决定""你等一等，我要找个人商议一下，然后给你回答"，不仅显示出自己准备不足、心中无底，也会让对方小看自

己，在心理上和气势上输给对方。如果在语言上提高应变能力，灵活处理，效果就会不一样。“对于这个问题，我们已经有几种设想，我们想从中比较出最好的”“现在作出决定还为时过早，有些细节还需要考虑”“对不起，我要离开几分钟，按照约定的时间我现在应该给别人回一个电话”。经过这样的语言处理，原先所处的不利境况就得到了很大的改观。同时，你的心理上也会保持一个良好的状态。

(3) 借题发挥。在谈判中，除了坚持自己的观点之外，还要注意倾听对方的陈述和表态，从中找到对自己有利的部分加以利用。例如，“刚才你提的建议很好，我仔细想了一下，很有启发，我们现在是不是可以重新回过头来讨论这个问题……”“正如你刚才说的那样，我们……”“这位先生上面所表达的意思正是我想要说的，我觉得我们在某些方面已经有了共同点”。类似这样，抓住谈判现场实况，通过灵活多变的语言的运用，让对方感觉到正在进行的程序中也融入了他的构思和态度，自己确实说过了让对方很认同的话，既然如此，还是再往下听听，没有必要急着反对。

(4) 避实就虚。作为一个谈判者，会遇到不同心态的对手，也会遇到一些出乎意料的难题，甚至是陷阱。当你识破对方的用心，你会采取哪种办法应对呢？一是直接揭露和批评对方，这样可能加深双方的分歧和矛盾，谈判有可能变成一场争吵，变成一场相互之间的攻击；二是避实就虚，不从正面答复对方，或者干脆来个所答非所问，让对方的用意落不到实处，再不显山不露水地指出对方的用意所在，表明自己心里明白，提醒对方玩弄手段要适可而止。这样做既敲打了对方，表明了己方的立场，给对方留足了面子，又能使谈判的氛围不会受到太大的影响。

(5) 先扬后抑。谈判中对方提出的观点无疑是从维护自己的利益考虑，这样就必然和己方的利益发生冲突，你当然不会答应，并且要提出反驳。这时候，最好设身处地站在双方的共同立场上，分析一下对方观点中是否有其合理的积极因素，不要急于站在对立的角度推论对方的意图。要先肯定对方的出发点是为了解决谈判中遇到的难题，然后再陈明己方的意见，表明不同的态度，或给予否定。这样不仅表明了自己的立场，而且让对方听起来比较顺耳，为对方接下来认可己方的意见打下良好的基础。

【范例】　某职业学院实行后勤服务社会化，将三个学生食堂分别交给三家餐饮集团托管。托管后的三个食堂竞相改变经营方式、增加花色品种、提高服务质量，虽然相互竞争比较激烈，但是营业额上去了，食堂挺满意，就餐的学生也比较满意。校方很快就发现了问题，食堂为了方便学生，用塑料袋给学生装饭菜，学生吃完后随手丢弃，校园里一片狼藉，昔日清洁干净的校容校貌不复存在。校方找到三家食堂主管，要求他们停止使用塑料袋，双方就这个问题发生了分歧。

校方：因为你们大量使用塑料袋，已经给环境造成污染，影响了校容校貌，所以请你们停止使用。

食堂：塑料袋是学生扔的，学校应当加强对学生的环境卫生教育。

校方：教育不是万能的，我们在各种场合都要求学生不要乱丢塑料袋，但总有一些人不听。就是把塑料袋丢到垃圾筐、垃圾桶里，又会造成汤水横溢、招惹蝇虫、产生异味，你们到学生宿舍楼里走一走就知道了。有时候塑料袋还会堵塞下水道，那就更麻烦了。

食堂：其实我们也不想用塑料袋，毕竟增加了成本。但是同学们要用，我们也没有办法，你总不能让他没东西吃饭吧。

校方：学校给每个同学都配备了餐具，他们不用餐具，你们可以拒绝售饭。

食堂：这样恐怕不好吧，同学们会饿坏的。再说我们提供塑料袋也是为了方便学生就餐，为同学们提供服务啊。

校方：我们对你们服务学生、方便学生的态度表示欣赏。但我们不仅要服务学生，还要教育学生，方便学生的同时不能培养他们不好的习惯，如吃饭不带餐具。给你们一个建议，你们可以购置餐具供学生用餐时使用，既达到了方便学生的目的，又维护了环境卫生。或者禁用塑料袋，培养学生自带餐具吃饭的习惯。不论怎么样塑料袋一定要撤下来。

范例中塑料袋的出现体现了托管食堂之间的竞争，用提供就餐方便的形式争就餐人数，这种竞争的后果影响了学校的利益，学校在考虑各方利益的前提下给出的选择是明智的，解决了大家共同面对的问题——不良竞争和环境保护。

【训练二十二】 某外商欲在某市投资，有关部门在几次接触后，根据外商的初步意向建议他考虑收购某企业，并安排双方进行洽谈。外商考察了解了企业的现状，比较满意，但是在人员的留用安排问题上产生了分歧。外商的观点是：收购是善举，是拯救行为，作为被拯救的一方应当感激，不应该再提什么条件，否则取消收购，最终是企业蒙受损失。企业的观点是：收购是一种投资行为，不能忽视被收购方的正当利益，解决双方分歧应当站在双赢的立场上，留用人员不得少于原有员工的70%，工资待遇不得低于原有标准。

训练建议：教师可对以上材料加以解说或补充，让学生选择一个观点，然后组织模拟谈判，在训练中运用所学的谈判技巧，教师给以适当辅导和点评。

（6）投桃报李。当谈判进行到关键阶段，双方都会向对方提出条件，并要求对方作出让步。对于对方提出的条件，即使苛刻也不要当即拒绝，因为谈判的一项重要任务就是双方在开出各自条件的前提下进行讨价还价。对于对方的要求作出适当的让步，就有机会、有可能换取对方在其他方面的更大让步。灵活的让步策略会带来双方利益最大化，促使谈判成功。

【范例】 渑池之会。

【训练二十三】 甲同学去一家手机专卖店选购“三星”牌手机，在营业员的介绍推荐下，选中了一款，试用后觉得挺满意，就付款买下了。回来后在对照说明书熟悉手机功能时，发现说明书上的生产厂家不是“三星”，而是一家国内企业，便打电话过去核实情况。对方说这款手机的技术都是三星提供的，而且手机上有“SAMSUNG”的标志，至于说明书上的生产厂家不是什么问题，你使用的是手机又不是说明书。对方最后还说甲同学是经过自己再三挑选确定这款手机的，与专卖店没有什么关系。甲同学说我要求退货。对方说退货是不可能的。甲同学又问能不能调换一款。对方回答要收取50元的拆封费。第二天甲同学去了专卖店，通过与对方的交涉谈判，比较圆满地解决了问题，调换了一款，也没有付任何费用。请学生模拟店方和甲同学的身份进行谈判，然后进行比较点评。

【课堂训练】

1. 模仿电视谈话类节目，如央视“对话”的形式，组织学生进行主题谈话训练。

（1）训练场地：教室或室外。

（2）训练安排：①将学生10～15人划分为一组，每组选出两名选手参加交谈训练，其他学生作为听众或参加评议；②交谈过程中主持人和选手也可以和听众进行互动，方法和规则可视现场情况作出规定，目的是调动全体学生的参与意识，保持场面的活跃。

（3）训练要求：①教师和学生先确定交谈的话题；②教师担任交谈活动的主持人，通过提问、询问、转问、串接、引申、转移话题等多种方式，引导和调动场上、场下的交谈气氛，掌握和控制活动的节奏和进展；③活动结束，教师和学生共同点评、总结。

（4）训练目的：①培养学生运用所学的交谈方法和技巧与他人进行沟通交流的说话能力；②锻炼学生在人多的场合敢于说话的心理素质和勇气胆量；③通过活动，密切师生关系，增进相互了解。

2. 围绕学生的专业学习和社会热点设计几组谈判材料，组织学生进行模拟谈判训练。

（1）训练场地：教室、礼堂或室外。

（2）训练安排：①将学生 10～15 人划分为一组；每组选出主谈和辅谈 3～4 名，其他学生作为听众或参加评议；②谈判过程中选手可以和听众进行互动，方法和规则可视现场情况作出规定，目的是调动全体学生的参与意识，保持场面的活跃。

（3）训练要求：①学生按照要求做好谈判前的有关准备，并列出提纲、步骤；②谈判进行中简要记录对方所采用的说话技巧；③活动结束，教师和学生共同点评、总结。

（4）训练目的：①使学生了解谈判活动的过程，掌握谈判的基础技能；②培养学生语言表达能力和临场应变能力；③通过活动，密切师生关系，增进相互了解，提高学习趣味。

（5）确定话题：可以采用教师出题或向学生征题的方式，优选定题。话题应考虑：①与学生的认知能力、接受能力相适应，使学生有话可说，有感可发，不会造成冷场；②话题应包含较丰富的信息和一定的价值取向，有利于发挥学生的个人体验和独立思考。

【课后练习】

请学生自己设置场景进行交谈和谈判练习。

第二节　答辩与面试

这里讲的答辩是指毕业论文答辩，面试是指毕业生的就业与应聘面试。

【训练一】　教师在课前要求学生撰写好进行模拟答辩的论文。学生先预习有关答辩的内容，从“答辩的成功之道”“如何顺利通过面试这一关”两题中选一题，写一篇论文，准备答辩。建议教师以答辩会形式组织本次教学。

一、答辩

答辩既有问有答，又有辩。毕业论文答辩是主考教师依据学生文章论及的内容提出问题，学生当面回答。

答辩组织有的是由 7～9 人组成的答辩委员会，有的是由 3 人组成答辩小组。答辩的一般程序是：学生必须在几天前就将经过指导老师审定的毕业论文及论文的内容提要交给答辩委员会，答辩委员会的主考老师在仔细研读毕业论文以后，拟出提问的题目（保密），然后举行答辩会。答辩会上，首先让学生用 15～20 分钟的时间介绍论文的主要论点、论据和写作体会（一般不要求学生宣读论文全文）。接着，主考老师提问，学生作答、作辩。然后根据毕业论文的质量、答辩情况，答辩委员会经过协商拟定评语并评定成绩。作为学生，在答辩前和答辩过程中，应注意以下几个问题。

（一）答辩前的准备

1. 必须保证参加答辩的论文是自己辛勤劳动的成果。要记住：任何抄袭剽窃、捉刀代笔之作都是经不起审查的。

2. 必须对论文的所有部分特别是主体部分和结论部分反复推敲，仔细检查自己的论文中有无疑点、谬误，有无片面、模糊不清的地方，解决存在的问题，堵死一切漏洞，以防止“八面受敌”。做到这些，即使主考老师提出难度较大的问题，也能胸有成竹、沉着应战。

3. 必须熟悉与论文有关的知识与材料。例如，你研究的这个课题，前人已有了哪些研究成果？哪些问题已基本解决了？还存在哪些争议？其中的代表性观点有哪些？有哪些代表性著作和文章？这个课题的研究有什么现实的意义？只有掌握和熟悉这些材料，才能脚踏实地，遇事不慌。应注意的是，答辩所用的材料要有严整的顺序，卡片要分门别类放在面前，以备随时使用。

4. 了解主考老师拟题的一般规律。一般从三个方面提出问题：一是围绕毕业论文本身的薄弱环节提问；二是围绕论文中涉及的有关基础知识和基本理论方面的内容提问；三是围绕与毕业论文主要内容相关的一些疑难问题提问。

（二）答辩中的技巧

在答辩过程中，作者要用自己的研究成果作为发言的基础。但是需要将这些内容进行比较详细的发挥和论证，把这些内容用叙述和说明的方式阐述清楚，这就必须做到以下几点。

1. 用简洁的语言阐述研究性质。作者的任务是：在简短的发言中，使听众对自己的研究工作有一个清晰的印象。开场白、结束语都要尽可能简洁。要简要回答自己研究的目的和任务。对研究工作所采用的方法和所用的原始材料要作一番评述。要准确地、完整地表述清楚由于进行了这一研究工作获得了什么新的、最主要的材料，得出了什么新的结论。如果作者只顾详细地谈，那就会把答辩拖长，模糊重点。答辩中说话层次要清楚，语速不能太快，口齿要清晰，声音要洪亮。

2. 答辩中的实物说明部分应当事先准备妥当。不能把实物说明随便给一个最临近的人或另外什么人，而要交给会议主席本人。用幻灯或投影仪时，要亲自检查机器是否好使，了解开关在什么地方，并要寻找可靠的助手。

3. 对论文中的缺点与不足切忌避而不谈。在充分展示自己论文优点的同时，指出不足的一面，这是比较明智的做法，胜过别人的指出。

4. 掌握好时间。学会掌握时间对于作者来说很重要。应当熟悉文稿，掌握速度。首先要了解所规定的宣读时间，然后计算出宣读自己的论文所需的时间（每分钟约220字）。对一些可讲可不讲的段落作出省略记号，认真计算出符合规定时间的字数，并留出3分钟空余时间。如果感到时间有多余或不足的时候，要在不让听众察觉的情况下把论文材料重新加以组织，增加或削减一些材料，而且不把材料搞乱。要力争在规定的时限内把研究内容阐述清楚，力争最佳效果。

【训练二】　请用5分钟的时间说说你的论文的主要观点，在你之前此研究已取得了哪些成果，你研究的这个课题有何现实意义。

二、面试

面试一般由用人单位的业务、劳动或人力资源等主管部门共同组织进行。在面试中，他们要对你的自荐申请书所谈的情况进一步了解，同时也将向你介绍该单位的情况，并随时提出一些事先准备的问题让你回答，以此判断你的思想品行、业务专长、实际能力和发展潜力。面试是用人单位考察、录用毕业生的重要环节。这一面之交，对于你是否被录用，有一锤定音的作用，毕业生必须认真对待，不可轻视。面试是一种双向选择，它既是用人单位的选择过程，也是毕业生的一次学习机会。从求职者角度讲，参加面试的目的就是希望得到一次工作机会。但是要记住这一点：想一次成功是不可能的。得到一个职位往往需要至少两次的面试，所以，大多数情况下，第一次面试的目标应该是尽量使用人单位对你产生兴趣，以期得到第二次面试的机会，不能急于求成。

面试成功与否，从根本上说是由毕业生本人的实力决定的。而掌握面试的一些技巧本身也是实力的组成部分。

面试时个人简历不再是最重要的因素，而毕业生的仪表、举止与谈吐却变得十分重要。

能否在面试时表现出落落大方的举止，谦虚而不自卑、自信而不骄傲的人格，实事求是、严谨的品格，敏捷的思维和分析能力，出众的口才等，都要靠平时的学习和训练。

近年来，许多单位在招聘面试时，不再采用“一一对应”的“单独面试”，而常采用临时将求职者随机分组，要求进行“主题谈话”或辩论，在综合考察求职者判断、推理、随机应变、团队协作、礼仪、风度等素质与能力过程中，选拔自己单位需要的人才。交谈、辩论等请参阅本书相关章节。

（一）要有充分的准备

有的毕业生面试前不作任何准备，面试时不知该说些什么，显得紧张窘迫，非常被动，这样就给用人单位留下不好的印象。为避免出现这种情况，毕业生应做好如下准备。

1. 材料上的准备。一是准备个人的材料，包括个人简历、推荐表、公开发表的文章、取得科研成果的证明、各种获奖证书、学历学位证书以及担任过某种社会活动职务的证明等；二是搜集有关用人单位的背景材料，以便做到知己知彼，如用人单位急需什么样的人才、有什么特殊要求、工资待遇、生活福利、整体实力、发展潜力和前景等。

2. 思想上的准备。面试之前不但要把面试所需要的资料准备好，还要预先想一想主考官会问哪些问题，做到心中有数，到时才能应付自如。

（二）要注意仪表、举止、态度

在求职时仪表发挥着重要作用。注意仪表并不意味着一定能找到工作，但不适当的仪表必定找不到工作。因此，面试时穿着一定要整洁、庄重、得体、适合时令，切忌邋遢、花哨、奇特。参加面试最好提前10分钟到达，可以先去洗手间放松一下，整理一下思路，还可最后检查一下自己的仪容，整理一下发型等。举止要稳重自然，不卑不亢，落落大方，彬彬有礼，节制不该有的小动作。对主考人保持视线的接触，但不要紧盯着对方的眼睛，目光不要左顾右盼或游移不定，忌羞怯或做作。态度要谦和、友善、自信。要仔细聆听主考人提出的问题，并审慎回答。不要打断他人的讲话。

（三）要讲究说话艺术

1. 紧扣主考人员问话中心，言简意赅地回答问题。直截了当，不绕弯子，忌答非所问或重复啰唆。但回答问题时不要太简单，切忌只回答“是”“好”“对”“没问题”等无法使内容更生动的字句，所答内容既要完整并举实例说明，又要避免冗长。

2. 要从肯定的角度回答问题。用人单位招聘的人才，必须是能积极为单位工作的人，这样的人在任何时候、对任何事物都会采取积极而不是消极的态度。不要回答：“随便”“什么都行”，那就会给人一个消极而无个性的感觉。在面试中，应聘者回答对自己的未来、对人生、对他人的看法时，也必须用肯定的方式，从正面加以议论，表明自己的观点，表明自己的看法，切不可采取否定的玩世不恭的态度，否则，用人单位对你说的“奋斗”“贡献”等话语就会持怀疑态度。

3. 语言力求生动流畅。挑选最合适的词和句子表述思想，不要夹杂“这个”“那个”“嗯”等话把子。发音要清楚、响亮。语速不能太快，但要流利而简短。

【训练三】 将班上学生分为几个小组。以小组为单位，由学生分别扮演主考人员、应聘人员，进行模拟面试训练。然后让学生自评，最后由教师作总结，指出不够完善之处。

下面的面试提问可作参考。

谈谈你自己的情况。

提示：这往往是开场白。要求你自我介绍学历、简历等。注意：介绍时要强调专业优势，说出自己的理想、向往与所求工作的投合之处，焦点要集中在最近所取得的收获上。语言要简练。不要过多涉及其他方面。时间以三四分钟为宜。

你为什么要到我们这里求职？

提示：这是用人单位对你心理的试探，从而了解你求职的真实目的和要求。要说出用人单位有何优点和特点，正因为这样，才来这里求职。例如说："我觉得你们单位实力雄厚，上下一心，领导得力，适宜一切有才干的青年人发展。"这类话就较为得体，因而容易成功。

你对我们单位了解吗？

提示：作为一名求职者，你应该尽可能地了解面试单位涉及的专业、生产的产品、供销情况、财务状况、目前处境、未来展望等。对这些问题的回答准确无误又干净利落，无疑会使你从众多的竞争者中脱颖而出，独受青睐，加大被聘用的可能性。另外，你在了解该单位情况的同时，也能尽快地作出最终选择。如果觉得该单位的情况不适合你，你就可马上抽身出来，再寻找新的用人单位，不必在这里耽误自己宝贵的时间。

要了解面试单位的情况并不难。索要一份年度报告和其他材料，就可获得所需要的信息。还可以通过有关的报刊、杂志、机构，该单位的员工，以及到该单位去实地考察等作进一步的了解。

你来我们这里能干什么？

提示：回答这个问题，要紧紧扣住该单位的需求。要事先做好调查，做到心中有数，然后通过自己经历中的实例说明自己拥有该单位所需的必要的技能。不要回答："我什么都能干。"这等于说你一无所长，是个"万金油"式的人物。大多数单位看中的是有一技之长者，而非"干什么都可以"的人。如果不能就这个问题给主考人员一个巧妙的回答，他们就会对你失去信心。

你最大的优点是什么？

提示：如果你平时就很注意了解、剖析自我，回答这个问题是很容易的。你可以趁机列举两个既与该单位的工作有关、又能体现出你的优点的例子。但说话要得体，不要给人留下自吹自擂的印象。

你最大的缺点是什么？

提示：没有十全十美的人，任何人都不能说自己毫无缺点。但主考人提出这一问题的目的并不是想得到具体的信息，真正的目的是了解你是否诚实正直，是否心态平衡。回答这一问题时，要注意体现自己健康的心理。

你的业余爱好是什么？

提示：没有任何业余爱好是一个很大的缺陷，而有业余爱好说明你的兴趣广泛，显示你是一个有能力的人。

你有什么问题要问吗？

提示：不能马上说："没有"。而应该问一些与工作有关的问题，例如：我的职责将是什么？我将要接受何种培训？如果工作出色，以后我的职位能到什么级别？我怎样才能成为单位的优秀职员？单位成功和发展的原因是什么？

当然，用人单位在面试时，所问问题并不一定都和我们所设计的训练题一模一样，有时可能考脑筋急转弯，有时可能让你回答一些数、理、化、文、史、哲、地、生和生活科技常识性的问题，这就需要平时积累和临场随机应变。

写好一篇有价值的论文，然后进行充分的答辩准备，是答辩成功的关键；同样，面试前作好思想准备及材料准备，是获取面试成功的重要环节。

【课后练习】

请自行举行一次模拟答辩，也可以邀请教师旁听。

第三节　播音与主持

提到播音与主持，人们首先会想到广播电台、电视台的节目，以为"播音"就是"念稿”，“主持”就是“即兴演讲”。实际上的播音、主持远不限于广播电台、电视台的节目，它包含当代多种媒体传播等非常广泛的应用空间，而且有很多播音是无稿的，也有很多主持是事先有稿的。无论何种情况，播音员和主持人在语言上都应该做到：有稿播讲能锦上添花，无稿播讲能出口成章。

播音与主持是有差异的。

播音是将采编好的文字稿转化为有声语言传播给受众，一般不允许擅自修改稿件（只有编辑才有改稿的权利）。主持人与播音员在传播语言上的最大差异便是前者须有良好的即兴口语体风格，而把即兴口语和串场词贯通到主持过程中，对主持人来说尤为重要。

播音一般以“我们”进行交流，一般不以“我”来发表观点、表达感情；主持人一般是以“我”的口吻与受众包括现场的嘉宾交流的，观众看到的主持人的提问，听到的主持人的观点，往往都认为是主持人自己的设问和主持人自己的观点。而且主持人这种以“我”的角色主持活动的方式，一般是贯穿于活动的整个过程，很少变换角色。

主持人发挥个性的空间较大，在活动中与观众的交流感特别强烈，且语言受到的约束较小；播音员在播音中能够表现自己个性的空间很小，发挥的成分不多，交流不是个人与观众的交流，而是节目与观众的交流，是稿件信息与观众的交流，且语言规整，口语化的成分较少。

主持人是在选择和组织内容，要花更多的时间和精力去了解一切与活动有关的资料、背景，设计活动的起承转合；而播音员仅仅是内容和信息的传达者，把内容和信息进行清晰的传递是其最终的目标。

一、播音

播音不限于播报新闻，它广泛应用于校园、车站、机场、码头、店铺等场合的广播。播音既不同于一般的朗读，也不同于日常说话，它有规范性、庄重性、鼓动性、时代感、分寸感、亲切感的特点，其总体要求是：字正腔圆、呼吸无声、格式正确、轻重恰当、逻辑严密、不涩不粘、语势平稳、不浓不淡，即有一定的“播音腔”。

（一）播音语言表达内部技巧训练

情景再现、内在语、对象感是播音语言表达的内部技巧。播音中运用“情景再现”可使播音富于鲜明的形象性，运用“内在语”可使播音富于严谨的逻辑性，而“对象感”则有助于把播报内容更积极、更生动、更清晰、更完美地表达出来，传播到广大听众（观众）的耳朵里，心目中。

1. 展开情景再现练习。所谓情景再现，就是在符合稿件需要的前提下，以稿件提供的材料为原型，使稿件中的人物、事件、情节、场面、景物、情绪等在播音员脑海里不断浮现，形成连续活动的画面，并不断引发相应的态度、感情。

【训练一】　先感受下面语段的画面形象，然后用播音的语气播报出来。

（1）宽阔的天安门广场沐浴在灿烂的阳光中，显得分外雄伟庄严。

（2）啊！祖国明媚的春天，滋润着我的心田。春光洒遍了人间，春色布满了河山。

（3）人们在倾听、倾听、倾听着震撼世界的声音；中华人民共和国成立了！中国人民从此站起来了！

【训练二】　先默读下面的文章，使其画面形象连续在脑海中浮现，然后用播讲的语言把文章播送出来。

大 国 之 路

1955 年，一位名叫盛田昭夫的日本商人来到美国拓展市场。美国一家大公司决定向他订购 10 万台小型收音机，条件是必须换上美国公司的商标出售。10 万台的订单对于刚刚起步的商人来说是个极大的诱惑。但盛田昭夫却坚持使用自己的商标，放弃了这宗生意。因为他看重的不是一笔买卖，而是公司的品牌。盛田昭夫所坚持的品牌就是今天的“索尼”。

没有人知道，如果不是盛田昭夫的坚持，索尼的命运会怎样；但有一点是可以肯定的：日本在战后崛起为一个仅次于美国的经济大国，正是靠了一批像索尼这样的跨国公司。

如果说，60 年前的大国多以军事力量作为崛起的杠杆，那么，今天则是以综合国力作为崛起的标志。

如果说，60 年前的霸权国家想要的是帝国，那么，今天的大国所要的则是市场。

而占领市场的秘诀就是拥有这个时代最核心的竞争力，那就是科技创新的能力。

（选自 12 集电视系列片《大国崛起》解说词）

2. 挖掘内在语练习。播音中的内在语就是稿件文字语言所不便表露、不能表露或没有完全显露出来的语句关系和语句本质，它是确定语句的依据。

【范例】 下面语段中括号内的词语本来是句子中没有的，播音员只有明了语句之间的这种关系，才能更好地传达它的内容。

报告认为，当前房地产市场以首次购房需求和改善型需求为主，住房需求呈现刚性，（所以）一般性上调利率等措施对需求量影响不大，（因此）2005 年房地产市场的需求持续旺盛。（不过）在 2005 年国家控制投资规模、紧缩“地根”的调控政策不可能有根本改变的情况下，房地产市场供给增幅仍将呈下降趋势，供求关系偏紧的局面很难改变。

在不同的情况下，相同的语句也可有不一样的意义。播音员可根据自己对相同语句在不同语境的理解来表达意义。例如，“你是我生命中的精灵”，将其分别设定在深情的、冷漠的、无奈的、悲痛的语境来表达这句话，会收到不同的效果。

【训练三】 分析下面文章中的内在语，并将其播送出来。

如果我错了

我们的青年人似乎缺少这样一种声音，它从童心里发出，却是成熟的标记：“我错了。”它所蕴含的善良、高尚、诚挚、谦逊的品格，令人肃然起敬；它不是每一个人都能启口表达，因而成为稀有之物、弥足珍贵。“我错了”，这种质朴的声音不是离我们太远了吗？

人非圣贤，孰能无过。可不知为什么，承认错误，这种自自然然的事情，随年龄和阅历的增长渐渐地和我们疏远了。我们在做错了事时，惧怕在朝夕相处的同事面前，更惧怕在素不相识的生人面前认认真真地说句：“我错了。”实际上，在社会生活中，我们常常因为欠考虑而误解人，因粗心而做错事，因孤陋寡闻而持有狭隘偏见。人本来不能十全十美，可我们却时常缺乏自知之明，不习惯自我批评。

我喜欢这种纯朴的声音：“我错了。”我们理应明白，公开承认错误是高尚之举，而承认错误的果断、改正过失的迅速，正表明一个人的聪明睿智。如果我做错了事，我愿意在任何场合、任何人的面前郑重地说一句：“我错了。”

3. 捕捉对象感练习。说话要看对象，播音尤其要注意这点。播音员播音时必须在“目中无人”的条件下努力做到“心中有人”，也就是要对听众进行具体设想，感觉到对象的存在和对象的反应，从感觉上意识到听众的心理、要求、愿望、情绪等，并从语气上与听众的这些反应相呼应。

对象感的清晰度要因对象的不同、节目的不同而有所区别。

【范例】 同是宣传党的农村经济政策，在专题节目里播和在新闻中播就有区别。在专题节目里播就可以更亲切、通俗，像唠家常似的按农民听众的反应去说、去重复，放慢速度让他们记住照着去做，与听众的距离拉近，好似一对一。而若在新闻中播讲，政策性、针对性更强，更具有指导性，说得也要笼统一些，距离也不是一对一了，而是一对众。

为了获得对象感，我们在平时就应尽可能多地体察生活，熟悉各种对象的情况。

【训练四】　请分析下面公交车上的播音并评判优劣。

1. 上车的乘客请尽量往后走，不要站在门口，照顾后面的乘客上车。上车的乘客请保管好您的钱物，谨防扒窃。

2. 各位乘客，您好！欢迎乘坐我们21路1333号车。您可能来自祖国的大江南北、四面八方，我将用北京人热情、好客的传统，为您提供周到的服务。途中，如果有什么困难、有什么要求，请不要客气，我会热心帮助您。

【训练五】　下面这段材料是一位乘客乘坐不同航班的感受，你认为她们的播音在考虑乘客方面有什么不同。

1. 欢迎词。其一是："各位乘客晚上好！欢迎您乘坐A航空公司的班机……"其二是"尊敬的各位乘客，晚上好！很高兴您能与B航空公司分享这段旅程，我是本次航班的乘务长……"

2. 飞机遇到气流发生颠簸是很正常的，此时A航班会这样说："女士们、先生们，我们的飞机遇到气流，发生颠簸，请各位在座位上坐好，扣好安全带，颠簸期间我们将停止客舱服务，洗手间暂停使用……"令人紧张和感到无助。同样遇到这样的情况，在B航班你听到除上面的内容外，还加上一句"飞机遇上气流发生颠簸是飞行中常见的现象，请大家放心……"有了这句话，我们就会安心了不少。

【训练六】　捕捉下面超市播音的对象感，并试着广播出来。

1. 早上问候语。

各位员工：

早上好！今天是×月×日，星期×，现在离营业时间还有5分钟，请大家在各自的岗位前做好营业前准备。祝大家在新的一天里工作顺利，生活愉快，谢谢！

亲爱的顾客朋友：

早上好！欢迎您光临××超市，今天是×月×日，星期×，一日之计在于晨，××超市提醒您及早安排好自己全天的计划，度过愉快而充实的一天。祝您在新的一天里事事如意，心想事成！

今天天气晴朗，愿您有一个好心情！

（今天有寒流通过，××超市提醒您注意您和家人的身体，做好保暖御寒准备！）

2. 晚上问候语。

亲爱的顾客朋友：

晚上好！全天的营业时间就要结束了，××超市提醒您，请您尽快选择好自己想要的商品，到收银台付款。夜深的时候，××超市提醒您及时回家，不要让您的家人牵挂，祝您和您的家人度过一个愉快而温馨的夜晚。

××人热忱地恭候您下次光临，谢谢！

各位员工：

晚上好！忙碌了一天，大家辛苦了，请大家将各自卫生区地面拖干净，经区长（课长）检查合格后×点×分打卡下班。祝大家一路平安，顺利回家！

（二）播音语言表达外部技巧训练

重音、停顿、语气、节奏是有声语言表达的外部技巧。（此部分理论内容请参见本教程朗读练习）

【训练七】　播报下面的语句，注意其语气和节奏的正确运用。

沉着、自制，就是能够约束自己的情感，掌握自己的情绪。在复杂的情况下保持冷静，才不会发生无谓的冲动。苏轼有句很精辟的话："……匹夫见辱，拔剑而起，挺身而斗。此不足为勇也。天下有大勇者，卒然临之而不惊，无故加之而不怒。"

（三）播音表达要避免歧义现象

播音中的语言歧义现象，一方面是因为广播稿中使用了一些易混难辨的同音词或多义词组，播音员照稿播读，对这些词语没有或无法进行加工处理而出现了歧义现象；另一方面是广播稿中没有使用这些词语，但在播音过程中由于对停顿、轻重音、语气语调等处理不当造成了歧义。因此，播音表达必须特别注意语音的感知性，语音要便于听觉的辨析和鉴别。

1. 广播文稿中的歧义现象。

（1）同音相混造成的歧义。

【范例】 有些同音词即使在句子里有上下文的限定，有时还是容易被听混，造成歧义。

（1）你这个人就是太娇气（骄气）。

（2）同学们正在紧张地复习功课，迎接期终（期中）考试。

（3）中国队将于16日晚出战（初战）马来西亚队。

（4）放在仓库里的都是自销（滞销）产品。

对可以引起歧义的同音词，如果能够避而不用就尽量不用，实在避不开的，也可以对同音词加以解释。

【范例】 “现在播送体育报刊登的《十叟长寿歌》（叟，是老年人的意思），作者是浙江省的语文工作者宋薇。”近音词的声调不完全相同，播音时只要注意把字音声调读得正确、纯正，提高语音的清晰度，就可以避免或减少由于近音相混而产生的歧义。

（2）词语搭配造成的歧义。

【范例】

（1）热爱人民的总理（动宾关系与偏正关系）。

（2）大家要学习文件。（需要一些或要认真）

（3）他走了一个多钟头了。（离开这里或在路上花费的时间）

在表达范围意思的时候，尤其容易出现歧义现象，使人弄不清所包含的范围究竟是哪些。

【范例】

（1）省市电视台的体育记者都来了。（是所有体育记者还是各台来一位或几位）

（2）又调来了三个突击队的队员。（三个队员还是三支突击队的所有队员）

（3）从今天晚上到明天，东北和华北的部分地区将有小雪。（东北是全部还是部分地区）

（4）这两个工人的建议我看切实可行。（两个建议还是两个工人提的一个建议）

处理办法：恰当地运用停顿和语气语调。

【范例】

（1）我看见//他笑了（他笑）。

（2）我看见他/笑了（我笑）。

（3）三组和//四组部分成员参加了这项活动（三组全体、四组部分）。

（4）三组和四组//部分成员参加了这项活动（三组和四组都是部分）。

（5）我们三个人//一个小组（三人在一个组）。

（6）我们//三个人一个小组（三人分成一组）。

（7）我//不知道他知道。（前重后轻）。

（8）我不知道//他知道。

2. 播音造成的歧义现象。

（1）间歇停顿造成的歧义。

【范例】

（1）古巴女排打败了//巴西女排夺得了比赛的冠军。

（2）吉林东北队战胜了//北京精狮队取得了胜利。

（2）轻重音造成的歧义。

【训练八】 下面几句话的重音处理是否合适，该如何强调？

（1）嘉宾亮题板！

（2）谁能回答这个问题？

（3）还有别的意见吗？谁还有补充？

（4）红队正确，加10分。

（5）这个问题让现场观众来回答。

（3）语气语调造成的歧义。同样一句话，语气语调不同，传达出的情感就会有差异。

【训练九】 试用不同的语气播报下面这几句话，体会其表达的情感有何不同。

（1）你这样做太不对了。（轻语气）

（2）你这样做太不对了。（重语气）

（3）你这样做太不对了。（“太”字拖长重读）

二、主持

主持是指在各种形式的集体活动中负责掌控全局、处理问题、调节气氛和串联内容的一种管理行为。活动能否顺利举行，能否达到预期目的，主持人往往起关键性作用。

（一）成功的主持人应具备的素质

1. 善于表达。

2. 善于控制。

3. 善于应变。

【范例】 有一次，杨澜到广州主持一个娱乐节目，上台时一不小心跌了一跤，场下顿时哗然。情急之中，杨澜嫣然一笑说：“今天来到广州主持节目，意料之外跌了一跤，看来广州的舞台是不好上的。但我又很自信，有台下这么多热心的观众朋友，我相信今天的这台晚会一定会是最精彩的。”短短的几句话赢得满场喝彩。

4. 善于鼓动。

5. 善于整理。

（二）主持的要领

1. 紧扣主题，兼顾全体。

2. 工于开场，巧于连接。

【范例】 某高校邀请话剧《光绪政变记》中慈禧太后的扮演者郑毓芝作演讲，主持者是这样开场的：“同学们，今天，我们好不容易把‘老佛爷’慈禧太后请来了！（掌声、笑声，听众的情绪顿时热烈起来）‘老佛爷’郑毓芝同志在戏台上盛气凌人，皇帝、太监、大臣见了都诺诺连声，磕头下跪，在台下却和蔼可亲，热情诚恳。她方才和我谈起，还曾扮演过《秦王李世民》中的贵妃娘娘，话剧《孙中山》中的宋庆龄。她是怎样把这些截然不同的人物演得栩栩如生的呢？下面就请听她的演讲。（听众凝视主席台，热烈鼓掌）”

3. 把握分寸，表现适度。

【训练十】 阅读下面这篇主持人的开场致辞，评析它的精彩之处，仔细揣摩，并练习有表情地表达。然后在班内推举出几名同学当众表演，民主评议出最佳者。

今宵月正圆

——班级中秋联欢晚会主持人的讲话

“举头望明月，低头思故乡。”同学们，听到这两句诗请不要神伤，虽然我们因求学而无法与家人团聚，但你不觉得我们大家在一起共度这金秋佳节，是何等的难得吗？今宵月正圆，让我们的中秋联欢晚会就在这皎洁的月光中开始吧！

月亮是圆的，月饼是圆的，我们的班级更是一个“同心圆”。一年来，来自四面八方的同学用我们的爱心与信心共建了一个远近闻名的班集体，一个温馨的大家庭。在这个暖人的集体里，我们不仅汲取了丰富的知识，更懂得了“团结就是力量”的真正含义。我们学会了互相帮助，了解了外面的世界，知道了友谊的崇高。相信我们今晚的联欢会一定会圆满成功！

同学们，良辰已至，下面就请“八仙过海，各显神通”吧！

【训练十一】 下面是某班级在新年联欢会上主持人的一段话，阅读后思考在内容上有哪些不妥之处，讨论后试着改正，并练习表达。

现在，我荣幸地介绍参加我们班联欢会活动的两位特邀嘉宾，他们是——有学校“吉他王子”之称的导游二班的于浩同学和我们尊敬的张校长！我提议，大家为他们两个的到来表示热情欢迎！好，接下来，我们先请“吉他王子”为我们送上他风靡一时的保留曲目Beyond的《光辉岁月》，然后请张校长为大家讲几句……

（三）会议主持的技巧

作为一个出色的会议主持人，必须要掌握如下几点主持技巧。

1. 准时宣布会议开始。
2. 恰当地介绍来宾。
3. 说明会议的目的和议程。向与会者介绍会议的总体安排和具体开法。
4. 控制好发言顺序与发言者的发言时间。

（1）正确对待他人的反对意见。

（2）对那些离题万里的意见要制止。

【范例】 主持人可以通过这样的方法来解决：微笑着用真诚的语调对那个人说：“你提的这个问题不错，等以后再谈吧，现在让我们回到刚才的问题上来。”或者说：“如果你有兴趣的话，等会后我们单独谈这个会议外的问题……”

（3）巧妙地打断长篇大论者的话头。

【范例】 主持人对那些讲话离题万里而自己又意识不到的人要及时地打断他，抓住他话中与会议有关的话问另外一人说：“某某，你怎么看待这个问题？”或者考虑使用另一种更直接的方法：“我们的时间很紧张，先不讨论这些问题。”或者“我们还有其他的事有待于解决，这个问题先搁一搁。”当把滔滔不绝的发言者阻止住时，主持人一般不要再给他发言的机会。

（4）不同意见要进行协调。

（5）对意外情况要灵活化解。

【范例】 1991年4月，台湾艺人凌峰在北京展览馆主持“海峡情”文艺晚会时，舞蹈演员刘敏表演独舞时不慎坠入2米多深的乐池里。对此突发事件，台上台下一时都愣住了，不知所措。这时凌峰不慌不忙地走到台上，摘下翘边儿礼帽，露出光秃秃的大脑袋，然后弯腰向观众深鞠一躬，全场静了下来。凌峰说道：“我知道，大家此刻正牵挂着刘敏摔伤了没有，那么请放心，假如刘敏真的跌坏了，我愿意后半辈子嫁给她！”一直揪着心的观众听罢轻松地笑了。

（6）防止议而不决。

5. 注意会议的总结。会议在达成决议后，主持人还要在散会前作出综合和总结，提纲挈领地将会议中提及的重点加以强调，提醒与会者不要忘记这些重点。

【范例】　全国机械职业教育工业经济与管理类专业教学指导委员会历次会议结束前，主持人总是要重申一下工作的分工安排，令所有与会者都清楚地知道各自要在会议后跟进什么事项，并列出时限和检查方法。

6. 谦虚谨慎，摆正位置。

【范例】　某公司新年晚会筹备会上，主持人通过成功运用高超的讲话技巧，使会议达成了有效共识。

主持人：大家好！今天下午叫大家来呢主要是开一个会，主要的议题是什么呢，就是下礼拜五我们要举行的员工晚会。我们今天会议时间限在一小时之内，我们要讨论一下晚会的时间、地点、节目单和抽奖内容，一共是四项。想先听听大家有什么建议。

甲：我先说吧，我觉得像节目方面还是由各个小组自己报上来，然后，由谁来汇总一下，再从里面挑一些好的最后把它确定下来……

主持人：好好，我明白你的意思了，你讲得其实非常好，你想说的是晚会地点和抽奖是非常重要的，其他是不重要的。

甲：对。

主持人：谢谢。那其他人有什么看法？

乙：我不同意他的看法……

主持人：谢谢，我明白你的意思了，别的人还有什么看法没有？

丙：刚才不是讲到礼品问题吗，咱们现在讨论一下礼品发放的问题吧？

主持人：礼品的发放，你建议我们从礼品发放先开始讨论，看看能不能这样，就是既然他们两位都说到了时间、地点，我们不妨先按照这个顺序讨论下去，然后马上来讨论这个礼品发放问题，好吗？

丙：不，我是想，咱们既然是举行晚会，节目还是很重要的，不如从这个节目单开始。

主持人：我明白你的意思了，我知道小丙特别有表演天份，所以他更看重这个节目，是吗？如果我是你的话，我跟你一样的心情，我特别想把节目定下来。那我想不妨我们还是把时间、地点确定一下，时间大家有没有异议？就是元旦之前的那一天。

甲：我同意……

（这时大家争了起来）

主持人：谢谢，你们俩沟通暂时就到这儿，我们听听这位怎么看呢？一直没有说话的。

丁：我觉得去年的活动搞得挺好的，我们大家就照去年那样的模式搞下去，或者节目上做一下改变就可以了。

主持人：您的意思就是不要有什么变化，一切按老路子办。

丁：觉得去年挺好的。

主持人：好，那最那边的那位，怎样看？

戊：就按你们说的办吧。

主持人：那我想地点这样，不妨先按照我们这个讨论，就是说按照去年的梅地亚宾馆先这样定，然后一会儿我们在会议结束前大家作一个表决。你们各位思考一下是迪厅还是梅地亚宾馆？最后以少数服从多数来决定。好不好。那下面呢我们要定一下这个节目，大家有什么高见没有？

乙：……

主持人：坐在最旁边的那位女士同意吗？你刚才有没有听到他说什么？

丁：同意。

主持人：刚才他要请谁呀？

丁：好像是李谷一吧。

主持人：好，那我最后再总结一下，我们这位先生的意思是说请一些名人参加。那我提议，因为我们会议只有一小时，我建议大家不做其他的事情，我们集中把这个事情定一下。刚才时间、地点我们基本上已经确定了，现在是节目单，最后一个议程我们是抽奖礼品，好吗？稍微集中一下精力，大家还有什么看法，关于节目单最后再讨论一分钟。

丙：我不赞成这种传统的节目。

主持人：那你有什么高见吗？

丙：……

主持人：刚才大家都说得非常好，那如果是你的话，你的建议是什么，我们应该怎么办才好？

……

主持人总结并落实责任到人。

【课后练习】

1. 对你经常接触的校园、商场等广播进行调查，提出改进意见。
2. 留心社会生活中各种类型的主持人，结合所学内容品评其得与失。

第四节 采访与发言

一、采访

采访是以采集所需资料信息为主要目的的特殊的调查活动。为保证采访成功，采访者需注意以下几点。

（一）采访前的准备

首先，应该明确采访目的；其次，确定并熟悉采访对象和采访问题，了解与采访有关的背景材料；最后，要根据采访目的和采访对象拟定一个采访提纲，设计出所要提的主要问题。

【范例】 美国新闻记者、作家埃德加·斯诺在1936年第一次深入我国陕北解放区采访时单在笔记本上写的采访提纲就有数十页。他每一次采访前都要仔细研究有关资料，确定采访重点以保证采访的成功。例如，他在采访提纲中准备的问题就涉及政治、经济、军事、文教和农民、士兵等多个方面，这些问题也是当时国际上“关心东方政治及其瞬息万变的历史的人议论最多的问题”。正是有了如此细致和系统的采访提纲，斯诺才能写出《西行漫记》这一轰动全球的名著。

【训练一】 讨论下面采访，请分析采访失败的原因。

美籍华裔著名学者杨振宁教授有一次到上海访问，上海一家大报社派了两位资深记者前往宾馆采访。

尽管杨教授拣最基本的知识谈，两位记者还是毫无反应。没谈一会儿，采访就告吹了。

记者：请问，您毕业于哪一所大学？

科学家：啊，对不起，我没有进过大学，我搞科学研究全是靠自学。我以为，自学也能成才。

记者：（愣了一下）听说您硕果累累，又成功完成了一个项目，请问，您研究的新课题是什么，能告诉我吗？

科学家：看来您并不了解我的工作。我一直致力于原来的项目研究，目前，只在项目课题上有了一些小小的突破，但远远没有成功，所以谈不上有什么新项目、新课题。

记者：（想转移话题，缓和气氛）您取得了令人羡慕的成绩，一定有一个支持您专心致力科研的和睦家庭，请问，您的孩子在哪儿读书？

科学家：您大概不了解我，我早已经决定把毕生的精力贡献给自己从事的科学事业，所以我一直独身至今。请原谅，这个问题我不愿多谈。

记者：（语塞）啊——

科学家：好吧，我工作也很忙，恕不奉陪了。

【训练二】　对你校学生社团活动进行一次调查采访，请列出调查采访的提纲。

（二）精心斟酌采访用语

采访用语从采访的全过程看可以分为三部分，即开头用语、中间的提问用语和结束用语。

1. 开头用语的几种方式。

（1）开门见山式。一般适合于两类采访对象：一是你熟悉的人；二是文化层次高、社会经验丰富的干部、学者、外事人员等。

（2）启发诱导式。适合采访一般群众及容易紧张的对象。

（3）委婉迂回式。适合于采访长辈、贵宾、明星等。

【训练三】　下面是劳尔顿采访林肯的一段对话，试分析劳尔顿的成功之处。

林肯：您想知道什么，南北战争问题吗？时政问题吗？还是公共交通？我的时间很有限，您就快问吧。

劳尔顿：这样的问题我在政府公报上都能看得到，我只想问您一个问题，您喜欢看“走钢丝”的节目吗？

林肯：走钢丝？

劳尔顿：对。我听别人说，有一位艺人手里提着两大箱黄金珠宝，在钢丝上横穿亚美利加大瀑布？

林肯：天哪！这是谁出的主意？简直是疯了！

劳尔顿：是两帮有钱人打赌，他们中有一帮把黄金珠宝交给那个杂耍艺人，他们保证他能走过去。

林肯：结果他走过去了吗？

劳尔顿：他走到半路，有点晃，把赌注押在他身上的那群有钱人就喊起来。

林肯：该死！他们应该安静，然后呢？

劳尔顿：然后他们请求您让这场走钢丝的游戏停下来，您认为呢？

林肯：您在说我吗？当然不能停下来，要继续走下去，并且让那些该死的有钱人闭上嘴。

劳尔顿：就像南北战争？

林肯：当然。有钱的人害怕我用国家的钱打仗会丧失他们的利益。这是愚蠢的想法。

劳尔顿：比那些在下面喊的有钱人还要愚蠢。

林肯：对，蠢极了，他们不了解战争的真实状况和进程。

劳尔顿：那您能具体地说说吗？

（4）正面激问式。常见于谦虚不想谈、有顾虑怕谈或自恃地位高而不屑谈等采访对象。

【范例】　1936 年斯诺到延安采访毛泽东时，他要毛泽东谈谈自己的历史。毛泽东开始想回避这个问题，斯诺就心平气和地向毛泽东提供了许多情况，并说：“外国对你有种种传说和谣传，这难道是真的吗？”这就是个激将提问。毛泽东听了很感意外，并稍稍有些惊愕，于是同意纠正这些谣言，谈出了个人的经历。斯诺正是凭借高超的提问技巧，达到了自己的采访目的。

不管是哪一种对象，要想采访能够成功，常常是从寒暄和“闲聊”开始的，在尊重对方的同时，看见眼前有什么就先说什么。但需要注意的是，“闲聊”不能过多，也不能过远，要重在找到双方的共同语言，要在“闲聊”过后迅速直奔主题。

2. 提问用语。提问是采访中获得事实和信息的最主要手段，其有效程度直接制约着获得事实和信息之多寡，是采访者和被采访者交往沟通的手段和桥梁。采访中的提问要注意以下问题。

（1）提问的态度要真诚、客观、不带个人倾向，语气要平和，多用探讨式、商量式而不要用生硬的、审问的口气。

（2）提对方最熟悉的问题，让他最具有发言权。

【范例】 《人民日报》老记者纪希晨有次去四川某油田采访。一开始，采油队的负责人十分冷淡，支支吾吾，不愿详细回答问题。纪希晨渐渐地从那位负责人谈话中听出了陕北口音，而纪希晨战争年代曾在那儿生活过。于是，他就突然问那位负责人：“你是哪里人？是陕北绥德的还是米脂的？”这一招果然灵验，“闲聊”起来，谈兴大发，采访获得成功。

（3）考虑对方的心理承受力。

【训练四】 某电视台要搞一组采访精神病患者康复的专题报道。一位节目编辑问女患者：“你什么时候得的这个病啊？”对方敏感地反问：“什么病？”该编辑随口答道：“就这个精神病呗。”对方立即起身离去。节目制作只好暂停。请你分析一下，为什么这次采访失败。如果要想获得成功，应怎样设计问题？

（4）提要害问题，提问语要简明、具体，易听易懂，有时可把大问题分成几个小问题。

【范例】 美国哥伦比亚广播公司迈克·华莱士挖掘里根在竞选总统时经常回避种族主义倾向的采访。

迈克·华莱士：里根先生，你的竞选班子有多少黑人职员？

里根：我不能老实地告诉你。

迈克·华莱士：这句话本身就说明问题。

里根：不对。因为我不能告诉你有多少职员，我们有……

迈克·华莱士：你应该说清楚是白人还是黑人！

里根：哦，对，我的意思是我们有，我们有志愿者和正式职员。

迈克·华莱士：我指的是竞选班子里的高级黑人职员。

里根：我们这么来谈这件事……

迈克·华莱士打断里根的话：我们不要绕圈子了。

里根：那好吧！

迈克·华莱士：很明显，你的竞选班子里没有黑人。

迈克·华莱士始终抓住要害问题不放，刨根问底，穷追不舍，使里根难以应付。

【训练五】 如果你去调查人们是否知道怎样维护消费者利益的情况，你应该问哪些具体的问题？

【范例】 美国记者调查“黑人在就业上是否受歧视”时问许多黑人“你有没有受过歧视？”回答总说“没有”。换个问法：“和你们同等资历的白人是不是比你们提升得快？”“和你们同样工作的白人工资是否拿得比你们多？”答案就不同了。

【训练六】 请分析下面这次采访为什么没有成功。

周总理逝世不久，一位记者去采访周总理的警卫员李建明。刚刚坐定，记者劈头就问：“老李，请谈谈周总理给你的印象?”对方沉思了好大一会儿才答道：“总理好啊，好总理!”记者不断要求对方再谈谈，这位警卫员还是一个劲地重复：“总理好啊，好总理!”最后索性双手捂着脸失声痛哭起来，采访宣告失败。

（5）要适时追问。采访中的被问者或者避开正题谈别的，或者谈得不够具体，或者谈得不够深入，遇到这种情况时，以及在谈话中发现了新的重要事实，就要追问，一追到底。

（6）要“口”“耳”“眼”并用。善于倾听、学会倾听是用“耳”，观察是用“眼”，让他们知道我在这里，在倾听，在学习。

采访通常是以开放式问题作为第一个问题的，这样被采访对象才能张口说话，回答问题时不受拘束，可以轻松自如地漫谈。然后再由开放式问题逐步过渡到闭合式问题，以取得具体、明确的采访素材。

3. 不忘结束语。

此外，访谈的环境也很重要。

【范例】　主持人白岩松为了让采访对象——前上海戏剧学院院长余秋雨真正“进入角色”，辗转更换了数次场地，从教室转移到办公室，又挪到校园。最后，把采访地点设在大学图书馆的一隅。我们看到，这个背景与余秋雨教授相当和谐，因为这里是余秋雨教授时常流连的场所，也体现了他知识渊博的一面。结果，白岩松对余秋雨的采访进行得相当顺利，余秋雨谈得相当投入，十分精彩。谈话双方智慧的碰撞与交锋使一旁的摄像在换电池时都不忍心打搅，悄悄地完成了这一期《东方之子》的录像。

【训练七】　请运用学习到的采访知识，对下面的采访作出评论。

问：听说你在班主任工作中取得了很优异的成绩。

答：不过是做一些班主任应该做的工作。

问：市政府授予了你优秀班主任的光荣称号，是吧?

答：那是领导的一种鼓励吧。

问：那也与你的勤奋努力分不开呀。

答：更重要的是学生的努力和家长的配合呢。

问：你为什么主动要求当班主任呢?

答：这应该说是工作的需要和学校领导的信任吧。

二、发言（参阅本书第四章第三～五节）

【课后练习】

1. 分小组选择一个合适的问题，拟定采访提纲，采访校领导、教师或学、团干部。
2. 收集大家感兴趣的“热门话题”，整理归纳后在班上召开讨论会，要求每位同学都发言。

第五节　推销与自我推销

推销一词越来越频繁地出现在我们的生活中，但人们对推销有许多误解，以为推销只是就产品而言，实际上推销至少有4个层次：一是推销产品；二是推销企业；三是推销品牌；四是推销理念。当然，后三个层次已经属于营销了。虽然本节的内容主要是讲推销语言，但在实施推销时，我们绝不能对后三个层次一无所知。面对知识经济时代，中国人时常叹息，我们拥有世界一流的原材料，却没有世界一流的产品品牌，更无法拥有“中国制造”的自豪。这一方面说明我国产品知识含量不高，另一方面也是因为我们长期不明白推销的真正含义。

生活就是一连串的推销。推销一种产品，推销一项策划，也推销我们自己。推销是才智，更是艺术。特别是面对目前严峻的就业形势，当你学会推销自己时，你几乎可以推销任何有价值的东西。本节设计了一些有针对性的自我推销训练。有推销就须有接受，怎么使人们能更好地接受呢？在诸多推销技巧中，语言是一个重要方面。话怎么说才有助于推销，本身就是一门高深的艺术。下面就从实用的角度，就推销的语言艺术中几个基本要素方面进行介绍和训练。

一、从赞扬的角度说话

真心诚意而自然得体的对对方的赞扬能沟通双方的感情，适当地满足对方自尊的心理需求，使之产生“自己人”的认同感和信任感，从而较顺畅地接受你发出的信息、观点。

【范例】 一位外国客人来到我国的一家书画店，营业员一看对方背的两个大包已塞满了中国的各种民间工艺品，马上迎上前去热情地说：“先生，您好，来中国旅游吧？您买的东西可真不少啊！来，我帮你放下，好好歇歇！”外国客人放下包后，营业员又说：“先生，您可真有艺术眼光，对中国的民间工艺一定很有研究吧！”外国客人听了很高兴，自豪地说：“我最喜欢中国的艺术品了，我每次来中国，都要买一批。现在我家里客厅的博古架上摆放的中国的工艺品真是琳琅满目啦！”此时营业员灵机一动，接下去说：“先生，您看这个条幅，一个‘艺’字，把您这种苦心追求的精神境界和您所悉心收藏的艺术珍品都概括进去了！”外国人听后更加兴奋了，他快步走到条幅跟前，左看右看，时而若有所思，时而眉飞色舞。忽然，他眼神一亮，说：“多少钱？我买了！”

当然，从赞美的角度说话并不是随随便便夸上几句。正确的做法是要恰如其分、有感而发，切忌信口开河、无端夸大。否则，极容易使对方觉得你别有用心、阿谀奉承，甚至还可能被对方认为是对他的讥讽和嘲弄。

【训练一】 江南某制衣厂到某校招聘员工，甲生欲去推销自己，他迅速搜集到以下资料：

（1）这家企业是由两位农民于10年前创建的。

（2）工厂生产的衬衣的品牌已小有名气，目前的市场销路依然看好。

（3）工厂决定扩大再生产，欲在制衣外寻求更大发展。

（4）视工作情况，员工的年薪在10000～20000元之间。

请你以甲生的身份，结合自己的实际情况，从赞扬的角度设计一段在应聘时自我推销的话。

二、从对方的角度说话

要想使对方接受你的想法，不仅要考虑自己所要达到的目的，还要转到对方的立场上，考虑能为对方解决什么问题，满足对方哪些要求，这样站在对方的角度说话，会使对方对你产生一种“理解我并为我着想”的印象，对你的想法产生较强的认同感，进而从内心产生主动性，变“接受”为“需求”。要记住：推销中最重要的不是推销者说了些什么，而在于你使对方相信了什么；不在于告诉对方你所推销之物如何十全十美，而在于让对方了解其有什么适合自己需要的好处。

【范例】 一家生产滑雪用品的企业派了一位推销员到一家旅游用品商店，向经理展示了各式各样的滑雪用品，大谈其如何质优价廉，可经理不为所动，婉言谢绝。晚上，推销员在旅馆中算了一笔账，第二天他又去找这位经理，告诉他说：“假如你开设一个滑雪用品部，贵店就将成为本市旅游用品最齐备的唯一商店而名声大振，并使更多的旅游者慕名而至；另外，销售的旺季将延长到原来比较萧条的冬天，把那些想安排冬季滑雪度假的人吸引

过来。他们来到贵店，不但会对滑雪用品感兴趣，还可能对其他一些旅游用品也感兴趣。我替你算了一笔账：在此地滑雪度假的人每年约20万人，就算有5%的人买你的滑雪用品，以每套滑雪用具赚5元计算，你就可以多收入50000元，何况其他旅游用品的销售量也要随之增加呢？何乐而不为呢？”推销员这一番有理有据的估算诱发了商店经理对商店贸易前景的丰富联想，他沉思了一会儿，伸手一拍推销员的肩膀，说：“好，信你的！请把订单给我再好好看一下。”

在求职这一较典型的自我推销中，不少求职者总是一个劲地谈“我”：“我”的文凭、“我”的才能、“我”的抱负、“我”的要求等，而忽视了对方的要求、岗位等。这是以自我为中心，缺少服务意识，未从对方的角度说话。而拥有服务意识，以对方为中心，重视对方的一切，从对方角度说话，在求职的自我推销中是很重要的。

【训练二】　特区某跨国公司的电视机显像管生产厂招聘员工时，明确要求：

（1）高中以上任何学历者，到本企业工作均要从最苦最累的活干起。

（2）应聘者身体健康，年龄在18~30岁之间。

（3）懂外语，尤其是日语或英语的听说读写能力较强。

（4）必须参加面试。

你结合自身情况，以应聘者身份，从对方角度，设计一段自我推销时说的话。

三、不逆向说话

不逆向说话就是不逆着对方说话，不与之顶撞。在对方说话时，不打断、不争论。争论的结果往往是即使你驳倒了对方，也未必能使之接受你的推销，因为其内心会有一种不服气的感觉。最好是尽可能使对方多说话，从中了解对方的需求，把握主动，在适当时加以引导，强调双方的共同点，使对方尽可能不说“不”。

【范例】　顾客购物时，总是要追求两个目的：既想廉价、又求物美，当两者不能统一时，他就可能提出看法。这时售货员不要去争论、去反驳，和顾客形成对立。而应当先倾听顾客的意见，然后再舍一端，取另一端，加以说明。顾客说：“哎呀，怎么这样薄，恐怕不结实。”这时不要说：“谁说的！怎么不结实？您难道连这点眼力都没有？”而不妨先接纳顾客的意见，然后舍去“物美”不谈，只在“价廉”上做文章：“是呀。薄是薄了点，但便宜呀；再说现在穿衣服，只要穿一两年，就要换新样式，用不着太结实。”这样说，表示尊重顾客的意见，显得可信。同样，如果顾客对“价廉”提出质问，售货员就应舍弃“价廉”而只谈“物美”。例如顾客问：“怎么这样贵？”如果答：“嫌贵就别买。”“这还贵呀，那种更贵呢！”这样就会引起顾客的反感，打消购买的念头。要是说：“贵是贵了一些，但您看这质量、这样式，一等品。花钱还不就是买个地道货，您说是不是？”这样就使顾客感到此物确实值得买。

【训练三】　某公司所属机械加工厂，由于生产、经营状况欠佳，董事会决定面向社会招聘厂长。小韦已报名应聘，董事会也已与他约定时间面谈。请根据以下材料，为小韦设计自我推销的应聘谈话。

1. 机械加工厂现状。

（1）设备极其普通而且均较陈旧。

（2）由于机械加工厂长期“等米下锅”，现基本停产，工厂靠经营机电产品维持。

（3）由于没有自己的产品，经营中玩“空手道”，目前尚有近100万元的“三角债”未能了断。

（4）工厂现有员工40人，公司从长远利益出发，依旧扶持工厂，但公司只保证工厂员工最低限度生活费，工厂若想增加职工收入，只能进一步减员和搞好生产经营。

2. 小韦情况。

（1）10年前毕业于师范大学物理系后，一直认真负责地在中学教书。

（2）工作之余，小韦勤于研究，搞小发明，目前，已有多项发明获国家专利。据他所作的调查和预测显示，其中几项发明如果生产出专利产品将有较好的市场前景，而生产这些产品只需一般的加工设备。

（3）小韦正申报的另几项专利也有极高的开发价值和市场拓展价值。

3. 董事会对小韦的顾虑。

（1）小韦对工厂不熟悉。

（2）不是机电专业人员。

（3）如果专利产品没有市场怎么办？

四、巧说应变话

推销被许多人认为丰富多彩又充满挑战性，其中一个重要原因便是推销的对象和实际所碰到的情况的多变性。酝酿成熟的既定方案，在推销过程中往往会遇到突如其来的变化，把原来构思的方案全部打乱了。这就要求推销者有较强的应变能力，有高超的口才。

【范例】 一位推销员当着一大群顾客推销一种钢化玻璃酒杯。他先是向顾客进行商品介绍，接着开始示范表演，就是把一只钢化酒杯扔在地上而不碎，以此来说明杯子的经久耐用。可是他碰巧拿了一只质量没过关的杯子，猛地一扔，酒杯“砰”地一下碎了，这样的异常情况在他的推销生涯中从未碰见过，真是出乎意料，他自己也感到吃惊。而顾客更是目瞪口呆，因为他们信服他的说明，只不过是想再验证一下。面对如此尴尬的局面，推销员急中生智，他压住内心的惊慌，反而对顾客笑笑，用沉着而富于幽默的语气说：“你们看，像这样的杯子我是不会卖给你们的。”大家一听，都轻松地笑起来，场内的气氛变得活跃多了。推销员乘机又扔了五六个杯子，都取得了成功，一下子博得了顾客的信任，销出了几十打酒杯。

酒杯摔碎完全打破了原来的方案，在这种情况下只要稍有迟疑，顾客就会拂袖而去。机智的推销员来了个顺水推舟，把失误变成了推销中的一个环节，只用一句话就消除了顾客的迟疑，又显得幽默、风趣。顾客以为这都是事先想好的，摔碎杯子只是“卖关子”，吊吊大家的胃口。

总之，推销者除了推销术外，要在竞争中立于不败之地，千万不可忽视语言在推销中的作用。

【训练四】 假如你在推销自己时出现下面情况，请设计你将说的应变话。

1. 用人单位希望聘用男性，而你是女性，或与此相反（实际此职位并不受性别限制）。

2. 企业招聘营销人员，招聘者要求应聘者回答这样一个问题：一天你正在山下徘徊，半山腰的公路上行驶着一辆汽车。突然，车内人对着山下大喊一声，此时你会怎么办？为什么？

3. 你认为对企业而言，员工、老板，谁是真正的上帝？

4. 招聘方问你以下三个问题：

（1）如果聘用你，你对我们有什么要求？

（2）本企业对所招聘员工不承担转户口和企业所处城市的上户口义务，你是否愿意受聘？

（3）本企业不负责解决住房问题，员工只能自己租购住房，且其他生活问题大都需自行解决，你对此能接受吗？

【课后练习】

1. 课后练习前，请学生到图书馆借阅《把信送给加西亚》《细节决定成败》等相关书籍。

2. 下面是几例推销片段，请指出得当与否。

（1）一位推销员对货柜前的一位老顾客推销羊毛衫，他说：“现在一些年轻人手里的钱来得容易，只顾赶新潮，一见是时髦玩艺，也不管是真是假，实用与否，掏钱就买。像您这样的老前辈，讲究物美价廉，朴素大方，优质耐用，这才是真正有眼光哩!”

（2）“我们上次帮了您的忙，关照您买了一批上等品，这些次等品得反过来请老先生多多关照了。”“老主顾了，虽然这批货较差，但你们的订单对我们这个小公司事关重大，高抬贵手吧!”

（3）“购买我们的产品，请您放心，绝对超值，领导时代新潮流。”

（4）一位推销员到某公司向其负责人推销，可是那负责人却对他说：“这种机器太贵了。”“对，的确是贵了一些，难怪你会这么说。可是这种机器可以节省能源，性能又好，故障又少，而且还有完美的售后服务。”

（5）顾客：“我买这布料做一身套装，该买多少?”营业员：“二米四。”顾客：“刚才你好像跟那位说二米二。”营业员：“人跟人不一样，没看你长得那么胖！还想二米二?”

3. 一位女青年走进一间时装店，对一件新款时装打量了很久却又沉默不语。你作为营业员该怎么办?

4. 有一位顾客选中一只高压锅刚付过款，忽然变卦要退货，理由是这种锅看来容易爆裂而发生事故。为此年轻的推销员与他争辩起来。如果你是营业部主任，你该怎样处理这件事?

5. 分别向一位中年女士、一位年轻男士推销一种商品。请设计一下推销语言，并在练习后将实际应用的语言与预先设计的语言作比较。

6. 以班级为单位，举办一次模拟的“毕业生就业双向选择洽谈会”。

要求：

（1）向一家用人单位推销自己。

（2）设计一份在本次洽谈会中的自我推销方案，下次课上，由教师主持，学生对方案进行口头交流、评价。

第六节　公务交流

公务交流是人们在处理工作事务时为实现透明、民主、科学、和谐而进行的交流。本节选取上下级交流、同事交流、公众交流、对外交流和网络视频语音交流5种最常用的形式来训练交际口才。

一、上下级交流

处理好上下级关系，有利于团结稳定，提高工作效率，促进事业的发展。上下级交流总的要求是：尊重体谅，讲原则也重情谊。在具体工作中，领导者和被领导者都有各自应注意的地方。

（一）下级与上级交流的5种方法与技巧

1. 留意上级的领导风格，“对症下药”。

【训练一】　挑选四名同学，一名扮演应聘者，另三名扮演招聘人员，职位是销售员。第一阶段，应聘者向三位招聘人员介绍自己的情况，三位招聘人员分别提问，根据自己的感受写下相应的分数（百分制），并指出应聘者在表达方式上存在的问题。第二阶段，根据三位招聘人员的不同要求，调整自己的表达方式，三位招聘人员再次根据自己的感受写下相应的分数（百分制），观察两次的分值是否有所变化。

2. 提出问题更应解决问题。

【训练二】　日常在与教师和辅导员交流时，我们往往会有这样那样的抱怨，遇到这种情况，请平心静气地分析事情的原委，并向相关教师提出解决相关问题的若干方法。

3. 勤作工作汇报，得到上级指导与重视。

【训练三】　在日常生活和学习中，你经常向你的辅导员或教师汇报自己的思想和学习情况吗？你是如何汇报的呢？能否举出一两个例子加以说明，由教师进行点评。

4. 绵里藏针重谦逊。

【训练四】　公司一位平时很随和的主管，下属有什么建议都可以直接提出来。最近几天，不知什么原因，主管的心情一直不太好。再过几天就是年末，如果你是下属，如何跟主管进行交流呢？

5. 巧用曲径通幽之法。

【训练五】　你的班主任在处理某些事情时做得不够公正，经常帮他做私事的学生在年终评选优秀时得分就高，不少学生都有意见，你如果要向班主任反映自己的意见，你会如何表述？

（二）上级与下级交流的五种方法与技巧

1. 决策时尊重下级的想法。

【训练六】　请依据此范例，讨论该公司市场销售业绩下降的原因，并为王先生的补救工作提些建议。

2. 原则问题上要以理服人。

【训练七】　美国心理学家亚佛斯德教授说："当你使对方说出了'不'后，再想使他收回就不容易了。当对方说出'不'后，再要否定'不'就有损他的自尊心了。说出了'不'后，有时他也可能会觉得后悔，即使如此，他也不会为了更改意见而伤害自己的自尊心。因此，一旦说出了'不'后，无论在任何情况下，都会坚持己见。如何利用技巧，引导对方说出'是'，是非常重要的一课。"结合范例，如何理解上面一段话的含义？

3. 引导说服时要刚柔相济，言之有威。

【训练八】　甲同学本质不坏，但他有爱占小便宜的毛病，最近又把代收的其他同学的班费拿去买了双高档球鞋，引起大家的强烈不满，班主任出差，你作为班干部，该如何严肃地批评他？

4. 劝导讲理时要以诚相待，言之有情，有时还要诉苦示弱。

【训练九】　面对一位来自农村的同学，他外语基础比较差，每次考试成绩都不好，有了放弃学习外语的念头。假如你是班干部兼英语学科学生助教，该如何开导他？

【训练十】　很多学生对学生干部不理解，老觉得当学生干部就是拍老师的马屁、拍学校领导的马屁。如果你是学生干部，如何给同学们做一些解释工作，争取他们在工作上的支持？

5. 批评缺点时要客观准确，言之有理，注意方式。

【训练十一】　假如你是一名班干部，有位同学平时成绩很好，但期末考试由于紧张，没有考好，不仅影响了得奖学金，而且影响了评先进，心里有情绪，闷闷不乐，老师安排你去劝导，你会如何做呢？

【范例】　某公司职员小李，一次主管他的副经理因他一份报告上的数字差错，在公司业务会议上把他狠狠地训了一顿，连辩驳的机会都不给他，令他十分恼火。其实，那个数据是另一位同事搞错的。晚上下班时，副经理把他请到自己家里，十分诚恳地说："小李啊，我了解了一下情况，是我工作的失误，批错了对象。请你原谅吧！"接着，副经理一声吆喝，其夫人端上了热气腾腾的饭菜。小李的一肚子怒气被副经理的话和香喷喷的饭菜挤到爪哇国去了。

二、同事交流

同事之间常常存在利益关系，如果不能正确对待一些小事，极易形成沟壑，甚至将可以化解的工作矛盾转化为很难化解的私人矛盾。交往中，我们不妨注意把握以下5种方法与技巧，从而建立起融洽的同事关系。

1. 换位思考以理解同事。

2. 关爱他人以赢得同事。

【训练十二】　假设你在一所学校工作，你准备去图书馆借阅一些书籍，刚走到电梯口，正赶上同事抱了一摞书也准备乘电梯去图书馆还书，你当时会如何说，如何做？

3. 低调处事以利人利己。

4. 宽容大度以化解分歧。

【训练十三】　回想一下，在你日常的学习和生活中是否存在对同学、朋友不够宽容的问题？当时你是如何想的、说的和做的？上述范例对你有什么启发？

5. 对事无情对人有情。

【训练十四】 你在平时遇到过类似钱冰这样的情况吗？你是如何进行交流的？

三、公众交流

当今社会，个人及所在企业与公众的交流日益频繁，各种危机爆发的几率也越来越大。企业和个人必须在危机发生前后加强与公众的沟通和联系，进行“危机公关”，只有这样，才有可能使企业和个人渡过难关。

1. 以诚相待是原则。

【训练十五】 在你的日常学习和工作中，有没有由于自身考虑不够细致而造成同学和老师误会的地方？如果有，你将如何避免这种误会？

2. 信誉责任是基础。

3. 幽默诙谐是方法。

【训练十六】 如果有人问你：“先生，您能否谈谈10年前的您和10年后的您有什么相同点和不同点吗？”你如何学习范例的回答方式幽默地回答？类似的情况你还能举出哪些？

4. 委婉隐遁是技巧。

【训练十七】 假设你是班干部，负责把同学的考试成绩通知到本人，一名同学期末考试没有考好，而你这次考试名列前茅，如果他询问你自己的考试情况，你如何善意和委婉地回答他？

5. 模糊不定是艺术。

【范例】 身居北京的现代文学大师钱钟书先生是个自甘寂寞的人。居家耕读，闭门谢客，最怕被人宣传，尤其不愿在报刊、电视中抛头露面。他的《围城》再版后又拍成了电视剧，在国内外引起轰动。不少新闻界的记者都想采访他，均被钱老执意谢绝了。一天一位英国女士好不容易打通了钱老家的电话，恳请让她登门拜见钱老。钱老一再谢绝没有效果，但一句妙语却把洋女士说服了。钱老说：“假如你看了《围城》，像吃了一只鸡蛋，觉得不错，何必要认识那个下蛋的母鸡呢？”

【训练十八】 依此范例，请同学们讨论钱钟书先生为什么这样回答，从中归纳出模糊法适用的范围和场合。

6. 激将刺激是妙招。

【训练十九】 有些客户购买产品时思考再三、犹豫不决，你如何应用激将法促使他们早些拿定主意？

7. 暗示语言是传递。

【训练二十】 假设你到银行取钱，后面的人不知道银行的规则，站到了一米线内，你如何用暗示法提醒他注意，又不伤他人自尊？

四、对外交流

对外交流主要是指国际交流。在国际舞台上我们不仅要树立大国国民的形象，表现诚实守信的企业风范，彰显热情好客的民族传统，同时要及时回应恶毒的攻击和谩骂，掌握以下10种方法和技巧是十分必要的。

1. 用空话回避圈套。

【训练二十一】 假设你是一家跨国企业的总经理，有记者问你：“贵公司的新产品何时投放市场？”而这又是你们企业现在还未确定的事情，学习陈毅外长的回答方式回答记者的提问。

2. 用玩笑化解敏感。

【训练二十二】 一位记者在中国奥运代表团抵达雅典后的首次新闻发布会上问副团长崔大林：“如果不出意外，中国的奥运会金牌总数将在本届超过100枚，第100枚金牌有可能出现在哪个项目上？”崔大林答：“我刚才脑子里过了一遍电影，但没有查到有关资料。”“我认为中国的第 100 枚金牌可能会在乒乓球、羽毛球、跳水、射击、体操、举重等项目上产生。”依据上述回答，讨论崔团长的回答有什么特点，从中归纳开玩笑回答法应用的场合。

3. 用概念转换回避矛盾。

【训练二十三】 假如一位美国留学生问你：你们所说的“普通话”与台湾地区的“国语”是不是同一种语言？要求你既要坚持原则又巧妙回避矛盾，你将如何回答？

4. 用模糊语言留有余地。

【训练二十四】 一位 30 多岁的美国妇女在宴会上突然要她邻座的一位中国男子猜她的年龄。男子深感为难，只好说：“以您年轻的样子，应该减去十岁；但以您的智慧，又应该加上十岁。”如果你是那位男士，你会如何应付上面的情况？

5. 用以攻为守巧妙周旋。

【训练二十五】 四川某高校的欧阳老师接受院方安排的对外普通话教学任务。一次课上，美国学生突然要求欧阳教他们说四川话，同时提出不能教他们说“脏话”，而按院方的教学要求，在普通话教学过程中是不允许教方言的。假如你是欧阳老师，你会如何利用“以攻为守”巧妙回避？

6. 用“不回答”面对假设性问题。

【训练二十六】 外籍甲同学平时总是旷课，快要到期末考试了，他问任课的中国老师：“老师，如果这次我考不及格，你能让我及格吗？”老师回答道：“按学校的规定办，该及格就及格。”如果采用范例所举的方法，你是这位老师，你该如何回答呢？

7. 用归谬法使被动变主动。

【训练二十七】 某位领导同志一次去香港地区，一位外国记者问：“您在讲话中强调了团结的重要性，这是不是指香港人不够团结？”领导同志答：“如果我祝你身体健康，是不是指你身体不健康呢”？请问，如果你面对这样的提问，你会如何回答？

8. 用顺水推舟巧妙应对。

【训练二十八】 有个外籍学生问中国老师：“为什么我的分数总是考不过邻桌的王生？”老师回答道：“因为你时间都花在考虑为什么考不过王生上面了。”请问有无更好的回答方式？

9. 用釜底抽薪法化解“二难”。

【训练二十九】 一位记者问外交部发言人：中国政府现在是否以牺牲人民民主自由作为社会稳定的代价？如果你是外交部的发言人，你如何回答上述记者的提问？

10. 用步步进逼迫使对方依从。

【训练三十】 2001 年中美发生撞机事件后，中国驻美大使杨洁篪接受 CNN 记者采访时，记者问：美方只是要求中方返还 24 名机组人员，但中方在道歉问题上纠缠到底意味着什么？杨大使答：这一事件完全是美方造成的，美方应负完全责任，应向中国人民解释并道歉。接着，杨大使作了一番比喻和阐述。如果你是大使先生，你如何进行相应的阐述？

五、网络视频语音交流

科技的发展使廉价甚至免费的网络视频与语音交流成为人们交流的重要手段。

【训练三十一】 你与亲友联系使用频率最高的网络即时通交流工具有哪些？

总之，在各种工作事务交流中，一切口才沟通交流都必须恪守以下原则：尊重上级是天职，尊重同级是艺术，尊重下级是美德，尊重外宾是品位，尊重民众是方向。

【课后练习】

1. 将班上学生分为几个小组，以小组为单位，由学生分别扮演经理、员工，按【训练七】的内容进行模拟沟通。

2. 在一个班集体里，同学们来自五湖四海，性格特点各不一样，特别是同宿舍里的几个同学，更是朝夕相处。请你描述一下你宿舍同学的不同性格和特点，你又是如何和他们相处的。

3. 将班上学生分为几个小组，以小组为单位设计主题与场景，由学生分别扮演不同性格的同事，进行模拟沟通。

4. （1）情景：某公司发生了危机，公司决定通过召开新闻发布会的方式向外界说明事实真相。因该事件发生、发展的过程比较曲折复杂，选择何种新闻媒体作为传播手段最合适呢？（公关部的小张、小李和小王之间意见不统一。）

（2）规则：将班上的学生分为几组，以组为单位，其中三名学生分别扮演小张、小李和小王，阐述你选择该媒体的理由，同时阐述要开好这样一个新闻发布会，你认为应做好哪些会前准备工作，由教师选择本组其他几名学生作为裁判，总分数高者胜。

5. 针对当前“热门”的国际时事问题，选 6 名学生扮演新闻发言人，其他学生则扮演来自不同媒体的记者。要求新闻发言人在 8 分钟的时间内回答记者提出的 3 个问题，教师进行点评。

6. 在自己联网的 PC 上或网吧里，学生们可以用刚学到的方法和技巧与人交流，看是否会改善沟通效果，同时总结仍然不足的地方。写一份总结发到教师的邮箱里。

7. 我们无论选用什么方式交流，都要在海纳百川的同时，特别注意保持汉语口语表达的规范性与纯洁性，既不拒绝使交流语言生动活泼与时俱进的词汇与语法现象，也不能丢失汉语最基本的词汇和语法规范。下列语句是否有问题，如有请修改。

（1）某公司有 130 多年的历史，是世界最知名的食品公司之一。

（2）梁小姐，一家知名房地产公司主管对外关系的主管。

（3）王先生，某高科技产品公司销售经理，管理着一个由 30 多名业务代表组成的团队。作为上司，王先生做事果断、雷厉风行。

（4）MM，偶想对你说：5201314。

（5）>>-（哇！他真的要杀人了，你千万别再惹他了。

第七章 训练实务

训练口才常用搞活动的方式，而搞活动的创意、策划、组织、宣传、实施等，本身也贯穿了口才应用能力、协作精神等综合素质训练。此项训练，就是要在教师的指导下，学生通过运用已获得的思维、听说、阅读、写作、书写、运筹等语言文字、管理、心理、美学知识和能力，培养其解决生活、工作中的实际问题能力。

本章选用“业余节目主持人竞赛”为例，以活动一般要经过的策划、实施和延伸三个阶段为线索，对常用口才实训活动做范例展示，并进行介绍和训练。

第一节 活动的创意策划

一、活动策划必须有一个好的创意

创意是一种创造性思维活动，是创意者在了解人们期待的基础上，运用联想、想象、幻想、通感等创造思维方式，发挥创造力、直觉力和想象力，激发灵感，组织和加工已有知识和材料形成的具有新颖性的意念。它实际上是一种“心智大比拼”。好的创意能产生奇特的效果，而任何策划都要有新颖独特的创意，以其独特的诉求引起人们的注意。

【范例】 广西黑五类食品集团的南方黑芝麻糊的广告创意——悠远的暖色麻石小巷，挑担卖黑芝麻糊的母女缓缓走来，香气四溢的黑芝麻糊诱得一个男孩拨开樘栊，挤门而出。小姑娘在瓦钵里碾芝麻，大嫂热情地照顾食客。此时淳厚的男中音旁白起：“小时候，一听到芝麻糊的叫卖声，我就再也坐不住……”电视画面上小男孩搓着小手，迫不及待地接过黑芝麻糊埋头狼吞虎咽，吃完后还意犹未尽，将碗舔得干干净净。看着小男孩这贪食的样子，小姑娘捂嘴讪笑起来。大嫂也被这场面感动，格外“恩赐”小男孩一勺，并轻轻抹去他脸上的残糊。小男孩默默地抬起头露出感情复杂的目光：似羞涩、似感激、似怀想，意味深长，含蓄隽永。旁白：“一股浓香，一缕温暖，南方黑芝麻糊。”此创意朴实敦厚、微妙传神，具有强烈的人情味、乡土情。串巷的小担，孩童的贪食，大嫂的体贴温情，小姑娘的好奇，莫不形神毕现，莫不和谐温馨，莫不召唤着中国人的传统美德和真挚怀旧感恩的情感。

由此可知，任何策划都要有新颖独特的创意，必须以其独特的诉求引起人们的注意。

【训练一】 为本学期你班本课程的活动课作总体创意。

二、活动策划阶段主要包括选题、构思和宣传三个步骤

1. 选题。选题即活动项目的选择，它要求策划者在了解现有活动项目情况的基础上，发挥创造性思维，创设新颖独特的活动项目。选题创意的方法主要有以下几种。

（1）欲求法。欲求法就是通过了解人们的欲望需求心理进行活动项目创意设计的方法。

【范例】 每年的11月11日，都被各种媒体炒作为单身人士的尴尬节日——光棍节。以让光棍节的光棍们不再孤独为由头，淘宝商城自2009年起强力推出“双11”全场5折活动，自活动页面推出后几年间就受到众多真假“光棍”的关注与追捧。许多本有意在11日

之前购买商品的人，为了买到价廉物美的心仪商品，都特意等到11号当天网购。2011年11月11日淘宝的光棍特卖，让淘宝商城销售额突破了33.6亿元，淘宝网与淘宝商城总交易额为52亿元，此数字是“购物天堂”香港一天零售总额的6倍。

(2) 综合法。综合法是指将若干单项活动形式融合起来，以创设出一种新的集合形式的选题创意的方法。

【范例】 央视“挑战主持人”活动就是将自我介绍、即兴演讲、模拟主持、对口辩论、连线交流组合起来进行的。

(3) 变异法。变异法就是通过改变某项活动原有形式来设计创意的方法。

【范例】 “辩论竞赛”不同的模式，实际就是开篇陈词、自由辩论和总结陈词三个段式的变异。

【训练二】 为你班最近将要进行的口才训练活动选题。

2. 构思。构思就是对未来的活动主题、内容和形式进行的观念性的构建绘制。要设想活动的全过程，设计出活动的概貌，为活动全面实施打下基础。最有效的活动构思方法是情景策划法，即从活动的每一个细节出发，假设活动的具体情景，设想活动的未来状态，形成较为具体的活动流程文案。

【范例】

中国经济论坛

主题：天津滨海新区开发开放与环渤海区域经济和谐增长

时间：2007年1月18~19日 地点：中国·天津万丽泰达酒店

一、论坛背景

2006年6月6日，国务院发布了《国务院推进天津滨海新区开发开放有关问题的意见》，要求天津滨海新区依托京津冀、服务环渤海、辐射“三北”、面向东北亚，努力建设成为我国北方对外开放的门户。众所周知，经过近30年的改革开放，中国经济社会已发生深刻的变化。目前，党中央、国务院决定，在新世纪、新阶段将天津滨海新区的开发开放与综合改革视为我国经济与社会全面发展的重大战略部署来抓，这将对中国的强盛和中华民族的伟大复兴产生重大而深远的影响。

二、组织机构

论坛组织架构：中国经济论坛会员大会、理事会、秘书处

主办单位：国际金融家协会 天津市人民政府

支持单位：亚洲开发银行（ADB） 联合国工业发展组织（UNIDO）
联合国全球契约办公室（U. N. Global Compact Office）

承办单位：国务院发展研究中心金融研究所 天津滨海综合发展研究院
中经国研经济咨询中心

三、论坛规模

约100人，全部会议均为内部会员式会议，所有参会代表须特别邀请才能参加。（略）

四、论坛形式

本次会议旨在提供一个有利的形式，包括全体会议、封闭顾问会议、专题座谈会议、主题餐会、宴会等，使商界和政界领导以及公众人物聚在一起进行脑力激荡，产生新思路。

1月17日（星期三）全天，报到注册

18:00~19:30　欢迎晚宴，会议中心一层4号宴会厅

欢迎致辞：×××　天津市副市长

19:30~21:30　议程一、天津滨海新区金融创新与产业发展国际顾问会议（封闭会议）

会议中心三层万丽宴会厅（每位嘉宾15分钟发言时间，然后讨论与提问）

主持人：天津市人民政府领导

1月18日（星期四）

07:00~08:00　早餐，酒店一楼咖啡厅

08:00~08:30　议程二、领导会见与会国内外贵宾及合影，会议中心三层万丽宴会厅

08:30~12:30　议程三、开幕式暨环渤海区域经济合作发展与中国经济和谐增长主题报告会（全体会议），会议中心三层泰达宴会厅2号厅

主持人：×××

08:30~09:00　开幕致辞

×××

×××

联合国环境规划署官员宣读贺信

09:00~12:30　主旨演讲（每位嘉宾15分钟演讲时间）

12:30~13:30　午餐会，会议中心一层4号宴会厅

1月18日下午　平行会议（1号厅：议程四、议程五；3号厅：议程六、议程七）

13:30~14:00　嘉宾会晤交流，会议中心三层万丽宴会厅

14:00~18:15　平行会议1，政府管理、投资环境与产业发展——投资环渤海，分享新机会，三层泰达宴会厅1号厅

14:00~16:00　议程四、环渤海地区现代制造业发展：研发转化基地、技术创新与产业发展（每位嘉宾15分钟演讲时间，然后嘉宾互相提问与观众提问）

主持人：×××

16:00~16:15　茶歇

16:15~18:15　议程五、环渤海地区现代服务业发展：国际航运和现代物流、生态城市（每位嘉宾15分钟演讲时间，然后嘉宾互相提问与观众提问）

主持人：×××

平行会议2，天津滨海新区金融创新与中国金融业改革发展座谈会

14:00~15:30　议程六，全面开放后的民营金融与农村金融，三层泰达宴会厅3号厅（每位嘉宾12分钟演讲时间，然后嘉宾互相提问与观众提问）

主持人：×××

15:30~15:45　茶歇

15:45~18:15　议程七，多层次资本市场与直接融资，三层泰达宴会厅3号厅

主持人：×××

18:30~20:30　议程八、闭幕晚宴（全体会议）

会议中心一层4号宴会厅（每位嘉宾10分钟演讲时间，然后嘉宾互相提问与观众提问）

主持人：×××

1月19日（星期五）　参观天津滨海新区

08:30～12:00　参观滨海新区，规划建设展馆、天津港、滨海金融街、天津保税区汽车城等

12:00～13:30　招待午餐会，会议中心一层4号宴会厅

下午：会议结束，代表返程。

【训练三】　分组讨论策划你班最近将要进行的一次口才训练活动，然后写出策划文案。

3. 宣传。宣传就是为活动实施营造声势以形成影响，争取最大限度的支持和广泛的参与而进行的舆论工作。要求充分利用媒体传递活动信息，争取广泛支持。宣传的一个主要内容是撰写活动宣言并利用网络、电台、电视、报纸及各种宣传栏广为传播，以造成较大范围的影响。

【范例】

（1）北京奥运会："体验北京，走近奥运"被确立为2007年北京旅游宣传的主题宣言。而"体验北京，感受奥运""体验北京，回味奥运"分别成为2008和2009的主题宣言。这是北京市旅游局全面规划和分步实施"营销北京"的旅游宣传战略。

（2）上海世博会："城市，让生活更美好"。上海世博局副局长、世博集团董事长戴柳表示，特许产品的设计，应融合时尚、科技和生态三大元素，体现上海世博会的主题宣言。

（3）2013年国家推普周："推广普通话，共筑中国梦"是2013年的推普周主题宣言。

【训练四】　分组讨论你班最近将要进行的一次口才训练活动，然后确定活动的宣言与宣传方式。

【课后练习】　阅读下面这篇策划文案结构例文，依据实际需要删减项目，整理、撰写、修改成你班最近将要进行的口才训练活动策划文案并准备实施。

大型策划案的写作结构（展览）

1. 基本事项

（1）展览会名称或展览项目名称。

（2）展览的宗旨、主题。

（3）展览内容。

（4）展览性质。

（5）展览日期。

（6）开馆时间。

（7）会场地点。

（8）会场使用时期。

（9）观众性质与入场方式。

（10）展出者数量。

（11）展出目的。

（12）展出面积、展出规模。

（13）主办者。

（14）协办者、赞助者、支持者。

（15）承办者。

2. 总体安排

（1）成立筹备组，筹备人员分工。

（2）制订工作方案。

（3）制定工作日程。

（4）制定费用预算。

（5）确定合作者，商量分工、落实方案、签订协议。

（6）召开筹备人员会议。

3. 展览设计

（1）确定整体要求、风格、标志、色调等。

（2）选择或委托设计人员或设计公司，并提出设计要求。

（3）场地或施工设计：平面设计、单元设计、施工设计或道具设计。

（4）宣传设计：广告、海报、资料袋、信封、信纸等。

（5）特殊设计：大门、装饰、问询台等。

（6）内部审查、外部审查。

（7）修改设计。

4. 展品运输

（1）安排运输日程。

（2）选择运输公司和代理。

（3）集中展品、理货。

（4）租用运输工具。

5. 宣传与推广

（1）宣传内容。

1）展览概要。

2）展览指南：公司介绍、展台号、会场地图等。

3）信封、信纸、资料袋。

（2）宣传对象。

（3）宣传渠道。

（4）宣传方式。

1）新闻：新闻招待会、记者招待会、新闻稿发布。

2）平面媒体：报纸、杂志、内部刊物上刊登的广告、消息。

3）海报招牌。

4）直接发函。

5）电波媒体：电视、电台。

6）互联网媒体：大型商业网站。

7）摄像、摄影、视频。

6. 展台工作及相关贸易活动

（1）布置展台。

（2）展台管理。

（3）相关贸易活动：准备货单、价单、合同等。

（4）撤展相关安排。

第二节 活动的组织实施

一、围绕活动主题和预期目标，按照预定程序按部就班地进行活动

活动的创意策划完成后，就全面进入实施阶段。在实施过程中，虽然可以根据具体运作情况随时调整、修正创意策划中不符合实际的设计，但一般来说，应该围绕活动主题和预期目标，按照预定程序开展活动以求达到最理想的效果。

二、活动实施的基本流程

1. 撰写发布活动通知。

【范例】

共青团××××学院委员会文件

×××团［2013］03号

★

××××××

关于举行“业余节目主持人竞赛”的通知

各系部团总支、各班团支部：（略）

【训练一】 为你班最近将要举行的一次口才训练活动撰写制发一则通知。

2. 撰写发布活动规程。

【范例】 ×××××学院“业余节目主持人竞赛”规程（参见本章第一节【范例】“中国经济论坛”与该节【课后练习】“大型策划案的写作结构”）

（略）

【训练二】 为你班最近将要举行的一次口才训练活动撰写制作并发布规程。

3. 设计制作活动标志。活动标志是指代表活动形象、特征的一种特定符号。它包括会标和徽标两种标志。会标设计要求以特定的明确的字体、字体造型来作为活动标志，要醒目、新颖，有一定的艺术性。徽标设计要求通过象形图案或几何图案来表示活动特色，善于利用丰富的图形结构及其结构组合规律来表达一定的含义，并可在充分研究几何图形的点、线、面等变化中，设计出具有较高意境、寓意无穷的标志。活动标志设计应做到既是活动的象征，又是一种艺术品，必须造型优美精致，适应人们的审美心理，给人以美的享受。

【范例】

（1）奥运会会标（略）。

（2）2008年北京奥运会徽标（略）。

【训练三】 为你班最近将要举行的一次口才训练活动设计标志。

4. 编写印制活动资料。活动资料主要是指活动培训教材和竞赛题等。培训教材要围绕活动所需来编写。竞赛题的设计要结合活动实际情况来设计，做到新颖有趣。

【范例】 ××××学院“业余节目主持人”竞赛参考题

1. 美文朗诵篇目（略）
2. 节目主持题目（略）
3. 节目评论话题（略）
4. 即兴演讲题目（略）
5. 现场采访话题（略）

6. 对手辩论题目（略）

【训练四】 为你班最近将要举行的一次口才训练活动编撰印制相关资料。

5. 制作活动海报和请柬。活动海报的设计要做到主旨鲜明、突出，文字简洁、醒目，再配上鲜艳的色彩和精巧的构图。图案或图画必须与海报的内容相一致，且色彩和构图应简洁明快，协调大方，具有新颖的形式美和装饰美，使人一目了然，望而生情。

制作活动请柬在纸质、书写、款式和装帧设计上要慎加选择，格外讲究。它应是一帧漂亮的美术画片，一份珍贵的纪念品。其封面设计要把握总体格调，讲求美观，讲究艺术性，并与活动内容相宜。内容表达文字要典雅，语言要婉转，充分表现出热情和诚意。

【训练五】 为你班最近将要举行的一次口才训练活动分别设计海报和请柬。

6. 设计活动有关表格。活动表格主要有参与活动的报名表、竞赛活动的评分表和统分表。表格设计要规范，项目内容要齐全。

【范例】 有关活动的报名表和评分表。（略）

【训练六】 为你班最近将要举行的一次口才训练活动设计有关表格。

7. 准备活动场地与设备：①活动场地布置要求适合活动开展，同时根据参加活动的人数确定空间大小；②依据活动或有关人员的需要，做好器材准备。

8. 安排活动服务。活动是最能够培养学生的团队合作精神的，而这种精神首先表现在服务上。一般来说，活动需要安排以下几方面的工作人员：会场布置、迎宾接待、现场服务、安全保卫、灯光音响、监督协调等。

【范例】 “业余节目主持人竞赛”活动方案。（略）

【训练七】 为你班最近将要举行的一次口才训练活动作好场地布置和服务安排。

【课后练习】

根据本节所学，自行设计某一活动的整个流程。

第三节 活动的推广延伸

活动的推广延伸是活动效果的延续和扩大。活动结束后要善于扩大活动的影响，总结活动的经验和教训，为以后的活动提供借鉴。推广、扩大活动的影响，主要应做好下列工作。

一、撰写新闻，报道活动盛况

【范例】 朗诵情系人心，主持异彩纷呈，评论独具慧眼，采访别有洞天，演讲声情并茂，辩论扣人心弦。

“业余节目主持人大赛”获得圆满成功（文略）

【训练一】 为你班最近已举行的一次口才训练活动撰写一则新闻。

二、编辑简报，交流活动信息

【范例】

学生会简报

第 6 期

××××学院学生会编　　　　2013 年×月×日

有计划、有组织地筹备“首届业余节目主持人大赛”（文略）

【训练二】 为你班最近已经举行的一次口才训练活动编辑一份简报。

三、撰写总结，提供经验教训

【范例】

我们是怎么组织“首届业余节目主持人大赛”活动的（文略）

【训练三】 为你班最近已经举行的一次口才训练活动撰写总结。

四、撰写评论，评判活动价值

【范例】

形式新颖 意义深远

——评××××学院“首届业余节目主持人大赛”（文略）

【训练四】 请为你班最近已经举行的一次口才训练活动撰写一份评论。

【课后练习】 请按照能力训练中给出的模式，组成策划小组，在教师的指导下，结合本课程教学与课外活动，以新的创意策划各项针对本课程的活动。

第四节 常用实训活动

常见的口才实训活动包括读诵会、演讲会、谈话会、辩论会和面试招聘会，要求在教师的指导下，学生运用所学知识和技能依次进行，并在每项实训前后，按本章前三节所讲，做好策划、实施和推广延伸工作。

一、读诵会

提示：请根据本书第三章朗读训练、朗诵训练所讲，列出评分标准。

二、演讲会

提示：请根据本书第四章命题演讲、即兴演讲所讲，列出评分标准。

三、谈话会

提示：请根据本书第六章交谈与谈判所讲，并参看电视“脱口秀”（Talk Show）节目（如央视“对话”、凤凰卫视“铿锵三人行”等），设计谈话流程，并列出评分标准。

四、辩论会

提示：请根据本书第五章论辩训练所讲，设计辩论模式并列出评分标准。

五、面试招聘会

提示：根据本书第六章第二节，拟出招聘面试的流程。

【课后练习】

请根据本书面试内容所讲，结合实际，组织一次模拟大学生就业招聘面试会，注意设计中应有“单独面试”与“群体面试”。

附　　录

附录A　礼仪常识

人的社会性决定了谁也离不开社会交际，而彬彬有礼的交际要求人们遵从约定俗成的礼仪规范。有无礼仪是人的素质高低的重要标志。下面介绍的礼仪常识包括礼貌语言、仪表风度、社交礼仪和打造良好的第一印象4个方面。

一、礼貌语言

礼貌语言是和谐、融洽人际关系的手段。在长期的社会交往中，我国已形成了礼貌语言规范体系。我们应当继承这个传统，在社会交往中树立自己完美的形象。

（一）称呼

招呼对方要合乎礼节，就需恰当得体地使用称呼。称呼既要适合特定情境，又要适应社会习惯与时代变迁。

【范例】　20世纪40年代末期，我们曾广泛使用的“同志”本是革命队伍中具有政治属性的一种称呼，新中国成立后推广到整个社会，广泛应用于不同年龄、性别、职业之间，反映了社会主义人际间平等融洽的关系，既严肃又礼貌。

20世纪60年代起，“师傅”称呼又大行其道，它本是部分行业对具有某种技能的人的称呼，但逢人即称“师傅”，又显太滥。总之，称呼“同志”“师傅”等都应区别对象，注意分寸。

20世纪80年代至今，称呼又由“老板”——“先生”（“小姐”）——“帅哥”（“美女”）一路走来。

在姓前加“老”或“小”，变成“老×”“小×”，这种称呼使用得当，就会产生一种亲切感。但应注意彼此间的年龄、辈分的差异。长辈称小辈“小×”、同辈互称“小×”，都是可以的。同辈互称“老×”，有亲切感。同辈与小辈称呼德高望重的人时，如果在姓后加“老”，称“×老”，则显尊敬。

一些特殊职业的名称可作为称呼使用，如大夫、教师（称呼时改老师）、律师等；一些专业职称如教授、博士、工程师等也可作为称呼使用；甚至一些职务如书记、经理、校长等都可以用做称呼。规范的用法是在姓后加职业或职称或职务名称。

改革开放后，国外流行的称呼，如夫人、太太、小姐、女士、先生、阁下等，也风行全国。这些称呼适应性较广，在涉外场合，应恰当运用。例如“阁下”这个称呼，欧洲人使用，美国人则只用“先生”。

（二）尊称

若要在称呼上表示对人的尊敬，就需使用尊称。

【范例】

尊驾（大驾）——称对方。

尊夫人——称对方的妻子。

令尊——称对方的父亲。

令堂——称对方的母亲。

令郎——称对方的儿子。

令爱——称对方的女儿。

（三）敬辞

含恭敬口吻的用语即敬辞。

【范例】

问老人的年纪：高寿。

称赞他人的见解：高见、高论。

夸奖别人又就任较高的职位：高就。

问人姓氏：贵姓。

问人年龄：贵庚。

问人做什么：贵干。

称说对方的病：贵恙。

读了对方的文章、著作：拜读。

访问别人：拜访。

看望别人：拜望、拜会。

托人办事：拜托。

收人赠品：拜领。

客人到来：驾临、光临、莅临。

请对方指教：赐教。

称对方的指导：雅教。

把自己的诗文书画给他人看，请对方指正：雅正。

（四）谦称

在人际交往中，对人要用尊称，对己则用谦称。

【范例】 对人谦称自己，常选用贬词“鄙人”“敝人”“愚”；有时用低辈分表示：“小弟”“小侄”；还有时直呼自己的名字。对人谦称自己的长辈（包括兄、姐），常在称谓前加一个“家”字，称父亲用“家父”（“家严”），称母亲用“家母”（“家慈”），称哥哥用“家兄”。对人谦称自己的弟弟、侄子或亲戚，常在称谓前加“舍”字。对人谦称自己的儿子、女儿用“小儿”“小女”“犬子”。

谦称应当结合交际的情境和双方的实际情况恰当选用。

（五）谦词

谦词即表示谦虚的词语，凡是称与自己有关的事物都可冠以谦词。

【范例】 称自己的意见为“鄙见”或“愚见”；称自己的家为“寒舍”或“蜗居”；称对方对自己的关照、爱护用“抬爱”；称对方的表扬、夸奖用“过奖”；用来指称自己时还有一个谦词“贱”，如对话中对方问“贵姓”，己方回答：“贱姓张”（有时也说成“免贵姓张”）。

（六）客气话

人际交往中，适时、适度的客气话有时能融洽交际环境、活跃交际气氛。

【范例】

有请——用于主人请客人相见。

有劳——用于拜托或答谢他人代自己做事。

失敬——向对方表示歉意，责备自己礼貌不周。

失陪——表示中途退出，不能陪伴对方。

失迎——因没有亲自迎接，向客人表示歉意。

久违——好久没见。

久仰——仰慕已久（初次见面时说）。

包涵——请人原谅。

留步——主人送客时，客人请主人不要再送。

打扰——麻烦了别人，请人批评指教。

二、仪表风度

这部分介绍服饰和仪态方面的知识。

（一）服饰

服饰即服装、饰物。

着装的原则：协调、得体。选择服装既要根据自身条件（体型、肤色、年龄等），又要顾及服装的面料、款式和色彩。

【范例】 西服是国际性的礼仪服装。着西服应注意以下要求：①穿新西服前应将袖上的商标取掉。②西服上面的口袋只起装饰作用，不宜插放他物；下面两个口袋也不宜放置较大型物品。现在西服上衣口袋一般不拆线，西裤上的两个口袋也是如此。物品一般放在内衣的上口袋中。西服的重要配件有提包，这是放置物品的重要之地。③单排扣西服，如果是三粒扣子的只系中间一粒；如果两粒扣子只系上面一粒，下面的扣不系，或全部不系。一般认为，只系上面扣子是庄重，只系下面扣子是流气，所有的扣子都系是土气，全都不系是帅气。双排扣西服，则所有衣扣都须扣好。④衬衫是西服的重要配件，其作用是衬托。衬衫袖口应比西服袖长出 2 厘米左右，衬衫领应高出西服领半厘米左右，使衬衫领露出一线。衬衫下摆必须穿在裤内，同时必须系好袖扣和领扣。⑤领带对西服至关重要，应与服装及衬衫搭配适当。正式场合穿西服须打好领带，这既是装饰的需要，更是礼仪的需要。非正式场合穿西服可以不打领带，但衬衫领扣应解开。⑥穿西服须穿皮鞋，鞋的式样和颜色应与服装配套。⑦女式西服应与西裤或裙子配套，其款式变化多，可配各种衬衫或内衣。职业女性出入正规场合，下身应该配套裙。

着装是否得体还与选择饰物有关。

【范例】 西服的饰物主要有领带夹、领饰。其他配饰如提包等也应精心选择，以烘托出西服的整体美。佩戴首饰也有规矩，如戒指应戴在左手上，已婚或已订婚的戴在无名指上；未婚但正在热恋的戴在中指上；戴在食指上的表示求爱、求婚；戴在小指上的则表示“我是独身”。在我国，已婚或已订婚的男子，一般戴在无名指或中指上。女性戴戒指还另有注意事项，因为女性主要是为了求美，所以特别要注意依据手指的形态来选戴。手镯和手链的戴法也有讲究。戴在右腕，表示“我是自由的”，戴在左腕表示已婚。中国女性戴手镯，单只的戴在右手；成对的就戴在双手。

（二）仪态举止

仪态举止指人的仪表姿态和风度，是展示一个人礼仪教养的重要外在形态。

1. 站姿。站姿应给人庄重大方、信心十足的印象。因而一要挺拔，二要轻松自然。

【范例】 正确的姿势：抬头，双目平视，嘴唇微闭，面带微笑；双肩放松，双臂自然下垂；挺胸收腹，直立站好，双腿可稍微分开，身体重心放于两腿中间。与人正式交谈时，身体直立并微微前倾。若在非正式场合，男士可双臂抱胸或双手插兜。站立时双腿不要弯曲，双手不要叉腰。女性可以一只脚略前，一只脚略后。

2. 坐姿。坐姿应给人安详、庄重的印象，因而一要优雅，二要气派。

【范例】 正确的坐姿：走到座位前，转身后轻稳地从椅子左边入座。女子穿裙装入座时，应用手将裙稍稍拢一下，不要坐下后再站起来整理。双目平视，面带笑容，微收下颌。双肩平正放松；双臂弯曲放在膝上，或放在沙发扶手上，掌心向下；双膝自然并拢，以一拳距离为好；双腿平行或前后稍错开；双脚并拢或交叠（男士可略分开）。起立时，右脚向后收半步，从椅子左边站起。谈话时可以有所侧重，此时上体与腿可同时转向一侧。久坐时男士可叠腿，但勿抖动。如果在长辈或上级面前，上身应微向前倾。坐时切忌大腿分叉、瘫坐在椅子上摆弄手指或其他东西。

3. 步态。步态属动态美，因而要轻松敏捷、和谐稳健。正确的步态是：①双目平视，微收下颌；双肩平稳，双臂自然摆动；②挺胸收腹，重心稍前倾；③步履自然有力，步幅适当，起脚要有节奏感。

【范例】 走路要讲究的礼节——两人同行，尊者在右；三人同行，尊者在中；男女同行，男在左，女在右。因为礼仪以右为尊，且右侧者更安全。上楼男在后，下楼女在后。与上级、长辈同行，不应超越，若须超越应致歉。若在狭窄通道、走廊与长辈或女士相遇，应站住侧身让路。

4. 其他。

（1）进门。进门前须敲门，这是除了在商业和服务行业营业房间的门之外必须做到的。开关门须轻缓，与长辈或女士一同进门，如果门朝外开，打开后应请他们先进；如果门朝里开，自己应先开门进去，扶住门再请长辈或女士进门。

（2）乘车。乘坐小客车（包括出租车）时，如果同行者有长辈或女士，应先打开右边后排车门，待其上车后关门，自己再从车后绕到左边上车。因为四座车，司机后右为上座，司机后为中座（客右主左），司机旁为陪员座。进坐小车，应先将一只脚伸进车里，侧身坐在车座上，然后把另一只脚收好。

三、社交礼仪

（一）几种通行的社交礼节

1. 握手礼。在各种场合轻松自如地与陌生人握手，是每个人都应该学会的一种礼节。

【范例】 一般在见面、道别、感谢、祝贺、慰问等情况下都使用握手礼。握手的姿势：右臂自然向前伸出，与身体呈 50°～60°的角度；手掌朝左，掌心微向上，拇指与掌分开，其余四指并拢微向内曲；以手指稍稍用力握对方的手掌，手掌应与地面垂直；双目注视对方，面带微笑，上身略微前倾，头微低。握手时应注意下面几条。第一，伸手的前后。迎客时主人先伸手，客人再伸手；告辞时则客人先伸手。上下级、长幼之间，上级、长辈先伸手；下级、晚辈先问候，然后趋前握手，态度要谦敬。如果上下级之间是主宾关系，而下级是主人，则不受此限。男女之间，女士先伸手，如果女士无握手之意，男士点头致意即可。若一个人与许多人握手，顺序应是先上级后下级，先长辈后晚辈，先主人后客人，先女士后男士。祝贺、安慰、谅解对方应主动伸手。朋友间握手则应争取主动。同级、平辈见面时双方伸手不分先后。第二，握手力度。初识应轻，熟人用力可稍大以示亲切和尊重。第三，握手时间。以3秒钟左右为宜，但老友重逢或会见嘉宾，握手时间可稍长。男士与女士握手，用力要轻些，一般应握女士的手指；长久握异性的手是不礼貌的。第四，握手三忌：一忌男士戴帽子（军人除外）、戴手套同他人握手；二忌握手时目光他顾；三忌坐着与人握手。

几种握手姿势及其含义。①平等式：即标准的握手方式，是礼节性的、表示友好的握手姿势。②手套式：双手握住对方的手，并上下摇动，这往往表示热烈欢迎、感激或有求于对方。下级对上级，晚辈对长辈用这种方式，更表示谦恭。③控制式：握手时掌心向下，显出傲气，也暗示想取得支配地位。④乞讨式：握手时掌心向上，显出谦恭，也是处于受支配地位的表示。⑤抓指尖式：握手时，轻轻触一下对方的指尖，这给人一种冷冰冰的感觉。有的女士自视清高，常采用这种方式，也隐含着与对方保持一定距离的意思。

2. 招手礼。这种礼节在打招呼、送行、朋友相遇时常用。

【范例】 招呼对方，右臂应伸直过头，掌心朝向对方，轻轻摆动几下，同时以目光示意，被招呼者依样相答。送别，右手应高举过头，掌心向前，左右摇动，配以目光。答礼者手势同。老友相遇且与对方有段距离，右手应举过肩，但不过头，掌心朝向对方，面带微笑，以目光示意。

3. 鞠躬礼。这表示对他人敬重的礼节，适用于下级对上级，晚辈对长辈，服务员对客人以及同级之间。行此礼要注意两点：一是戴帽者要脱帽用右手拿着；二是鞠躬时目光下看，礼节完毕双目注视对方。

【范例】 立正，面带微笑，目光注视受礼者。鞠躬时，以腰部为轴，上身向前弯，同时问候；表示谢意时弯15°；表示歉意弯30°；表示悔过、谢罪、追悼等弯90°。

4. 拱手礼。在宴会、晚会见面或亲朋好友相聚时，彼此祝贺使用这一礼节。

【范例】 左手握空拳，右手抱左拳，举至下颏外前后摇动，目视对方，面带微笑，伴以寒暄。

5. 拥抱礼。这是欧美国家的习惯礼节，也是一种外交礼节。

【范例】 两人相对而立，右臂偏上，左臂偏下，右手放在对方左后肩，左手放在对方后腰，头伏在对方肩头，两颊相贴。两人头部及上身向左拥抱，然后向右拥抱，最后向左拥抱。

6. 接吻礼。这是以唇（或面颊）接触他人以致意的礼节，主要是欧美国家的习俗。

【范例】 长辈吻小辈，只吻前额；反之，则吻下颌；至亲好友、兄弟、姐妹，只是脸颊相贴；男性一般只吻女性手背。

（二）打电话

1. 接电话应及时、迅速。

【范例】 电话接通后先说“您好?”再报出自家姓名；如果是公事电话，还应通报自己单位的名称。然后再告诉对方自己找谁，如“请帮忙叫×××先生接电话，谢谢”。如果要找的人不在，应致谢。电话完毕后须讲致谢话，最后说“再见”。

2. 勿用查问语气。

【范例】 如果需要了解对方姓名时应说：“我能打电话找您吗?”或“对不起，请问您能告诉我姓名吗?”如果涉及数字、约会时间或重要内容，应复述一遍，请对方确认。打电话时嘴里含着食物是失礼行为。如果对方拨错了电话号码，应先通报自己的号码，然后说：“对不起，您拨错号了。”对方致歉后，应说“没关系”，再挂断。若遇骚扰电话，应从容作技术处理，以便取证。

3. 打电话时语调应自然、柔和，吐字清楚，语速应比平时对话慢些。

【范例】 通话时忌高声，或声音过低。通话务求简明、扼要。用公用电话聊天是缺乏公德的表现。

（三）送花

社交中，有时馈赠是很重要的，而用送花来表达情感则越来越普遍，但应懂得送花的礼节。

送花时，一要注意花所包含的生活含义，即花语；二要注意花束深含的意蕴和表达的心意。

【范例】

1. 勉励他人，常赠鸟不宿（慎重）、红丁香（勤勉）和菟丝子（战胜困难）组成的花束。

花束意蕴：愿君勤奋，必能成功。

2. 送别亲友，常赠柳枝（依依惜别）、香罗勒（美好祝愿）和胭脂花（勿忘友情）组成的花束。

花束意蕴：祝您一切如意，勿忘友情长存。

3. 祝人婚姻，赠送五爪龙（羁绊）、常青藤（良缘）、麦藁（幸福结合）组成的花束。

花束意蕴：同心结良缘，幸福共一生。

4. 探望病人，常赠红罂粟（安慰）和野百合（幸福将至）组成的花束。

花束意蕴：您会早日恢复健康的。

（四）待客与做客

1. 待客。没有客人的家是主人的坟墓，所以人们一向重视客人的来访，让客人有宾至如归的感觉。

【范例】 若知客人将来访，应备好水果、饮料、茶具等，服饰仪表稍加装饰；若客人突然临门，室内来不及清理，应向客人致歉（不宜急忙打扫）；若客人首次上门，主人应将客人和家人介绍给对方。正规做法是应该先将家人介绍给客人，先将小辈介绍给长辈，家人和客人要互相致意，然后陪客交谈。客人来到，主人开门迎接，握手寒暄后应侧立一旁，做出请进的手势。如果客人手提物品，应主动接过来。客人入室，主人让于上座。客人坐好后，先泡茶，再斟茶。中国有个习俗是“满酒浅茶”，所以斟茶时不宜注满，半杯即可。敬茶时用双手奉上，茶杯放在客人右手上方。由于吸烟既有害于己，更有害于人，当代人已逐渐将吸烟列为不健康、不文明的行为，因此，我们既略去敬烟之道，更提出基于真诚与礼貌，待客时不要敬烟。有客在家，不可打骂小孩，家人不可争吵。如果留客人用餐，主人陪吃应有始有终。客人告辞时应热情相留。客人告辞后起身，主人再起身相送。送客出门，主人应为客人开门让客人先行。送客应送到大门口或街巷口，然后握手道别。

2. 做客。客人要尊重主人的习惯与安排，即客随主便。应邀做客应注意服饰，讲究仪容与行为举止。

【范例】 按习俗，参加喜庆寿宴要送贺礼，所送礼物在进门或告辞时交给主人。准时到达是做客的基本礼节，准确地说，应比约定时间稍微早一点。到达主人门前要以指关节有节奏地轻轻叩门或轻按门铃。不可过长、过急地揿门铃。若主人的门开着，也要等主人说“请进”之后再进门。进门后，向主人问候、寒暄，向家属和其他客人招呼。如果你不认识他们同时主人还未介绍，也应点头致意。要待主人安排或指定座位后再坐下。对主人端茶送烟要起身道谢，双手接取。在主人家，不能东看西瞧，不能对主人的家事探根究底。若带有小孩，应防止小孩弄乱主人的东西。若遇主人有事要办，应当略事寒暄，将要讲的话简要讲完，即行告辞。我国有留客用饭的习俗，如非深交，又未约定，做客最好掌握时间，不要等到接近用饭时间才去。去朋友家做客，如果不是常去之家，一般应带点适宜礼品。如果是逢年过节去做客，或是应邀做客，所带礼品应比平常丰厚些。做客时递物、接物（如名片）用双手，递接后点头示意或道谢，然后可仔细看一遍。若是名片，还可有意读一下，并就名片上某一问题请教，忌接后看也不看就装入衣袋。

（五）介绍和自我介绍

1. 介绍者。介绍者的一般规则是把他人向尊者介绍。例如，把己方介绍给对方，把年轻者介绍给年长者，把地位低者介绍给地位高者，把男士介绍给女士等。介绍者应该把手掌伸开，手心向上，指尖对着被介绍一方，同时使用尊称和敬辞。介绍时，应先提到尊者的名字。若是非正规场合介绍，特别是年轻人之间，可以自然轻松些，不必拘泥于规则。

【范例】 “张小姐，请允许我向您介绍一下，这位是王先生。”如把客人介绍给父母，应该先介绍给母亲。若是丈夫向客人介绍妻子，按规矩应先将对方介绍给妻子，而不是先把妻子介绍给对方。若是集体介绍，主人可按座位次序进行，也可从年长者或职务高者开始。

2. 被介绍者。作为被介绍者，要正面对着对方，站起来表示敬意，同时双目注视对方，不可心不在焉、东张西望、羞羞答答。被介绍的双方，在介绍之后应相互握手。被介绍时，女士和长者可以不站起来。如果在宴会等场合介绍，也不必起身，欠身致意即可（也有的起身鞠躬或双手合十轻摇）。

3. 自我介绍。自我介绍一般介绍自己的姓名、身份、单位。若对方有兴趣，还可以介绍学历、专长、简历等。自我介绍一般应适时、清楚，并做到举止大方。讲到自己时，可将右手放在胸上，表情也应坦然，眼睛望着对方（或大家），不要不知所措，也不要满不在乎。

（六）宴会

1. 中餐。就座时，把椅子拉出来从左侧入座。主人两旁的座位一般是主宾或贵宾，没有主人邀请不能贸然入座，同时席位亲疏以离主人座位远近而定。就座后等待上菜的间隙应与邻座客人点头致意或寒暄应酬，不能东张西望、乱动餐具、玩弄筷子。上菜后，“主不请，客不尝”，主人或祝辞或敬酒或宣布开宴，招呼后再动手进食。一道菜上桌后，待主人或长辈或身份高的人夹菜后再动手。应等菜肴转到自己面前时再动手夹菜。夹菜只夹靠近自己的，一次夹菜不宜过多；夹菜时不能在盘内上下乱翻；已夹的菜不能放下再选；掉在桌上的菜不能重新夹回菜盘，可以夹来自己用，或者放在残渣碟中。进食时，物就口，不可伸颈向前以口就食。吃时闭嘴咀嚼，不应使邻座听到咀嚼声。嘴里有鱼刺、骨头时不要直接外吐，应用毛巾或手掩口，用另手取出，放在残渣碟中。舀汤时汤匙不能在碗底搅动或“海底捞月”。喝汤不要啜吸，以免发出声响，如果汤热可自然放凉，勿用嘴吹。席间应与其他人互相谦让，可适当谈笑。主宾致辞，要暂停进食和交谈。主宾祝酒时应该起立，但动作幅度不宜太大。主宾敬酒后须回敬，举起酒杯待对方饮时才可跟着饮。祝酒、敬酒、回敬酒都应碰杯；祝酒的人先举杯，杯口与双目齐平，其余人举杯，祝酒者之杯向被敬酒者之杯轻碰即可。碰杯时目视对方。如果和长辈或上级碰杯，杯子应略低于对方的杯子，以示尊敬。我国习惯“上酒在左，斟酒在右”，斟酒时从主宾右侧按顺时针方向依次斟酒。受酒者应起身或俯身，以手扶杯或作欲扶状，以示谢意。离席应等大家放下筷子，主人示意离席才可离席。由于当代中国人生活节奏加快，大多数情形下，已简化了过于烦琐的礼节。

2. 西餐。

（1）赴宴会前应注意服饰仪表，女士应化妆，男士应修饰。到达会晤地点，先与女主人握手（如果有的话），后与男主人握手。

（2）宴会开始，主人拿起餐巾，这是准备进餐的信号，客人随之拿起餐巾。餐巾要铺在大腿上，较大的餐巾只打开一半，对折摊开使用。有事临时离席，应将餐巾对折放在椅子上，若放在桌子上，意味着不想再吃。不能用餐巾擦杯盘刀叉。餐罢离席，应将餐巾折好放在座位的右上角桌上。

（3）吃西餐的最大特点是用刀叉取食。正规西餐每道菜配一套刀叉，用过的刀叉放在盘子里，换菜随换刀叉。便餐每人只配一套刀叉，换菜不换刀叉。摆放刀叉时，刀在与座位对应的餐桌右面，刃朝里；叉放在左边，尖朝上。有汤匙和小勺时，交叉放在座位前面上方。吃大块食物如牛排时，左手执叉，按住食物，右手执刀，从叉背往下切。应该切一块吃一块，吃完再切。肉骨、鱼刺不能吐在桌上，应用叉接住放在盘里。每逢只用叉时，才可用右手执叉。席间如果打手势，必须放下刀叉。吃完一道菜，应将刀叉并排放在盘里示意。若中途离席，应将刀叉成八字形搁在盘的两边，刀刃朝里，表示还未吃完。

（4）西餐实行分食，每人一份，而且一道一道上菜。上菜顺序是冷盘、汤、热菜（荤）、蔬菜，然后是甜点、水果、咖啡。

（5）上汤后用汤匙舀汤，应由内向外舀，再将匙举起，匙尖转向自己，送入口中，不能吹气或啜吸出声。

（6）汤后吃面包。吃面包时左手拿面包，右手执刀抹黄油或果酱，应该吃一块掰一块抹一块，不能同时把面包全抹满。

（7）喝咖啡时，可以用糖夹夹方糖放入杯中，用茶匙轻轻搅动，放下茶匙，再端起来喝。不能用茶匙舀喝或连匙带杯端起来喝。

（七）应注意的小节

1. 打喷嚏。打喷嚏时不能对着人，更不能喷在他人的脸上。当感到要打喷嚏时，应该用纸巾或手帕捂住口鼻，转头背向他人。打完之后要向他人致歉。

2. 咳嗽。咳嗽时用纸巾或手帕掩住嘴巴，脸转向一边。咳嗽后一定要向他人道歉。也可以离开房间或者坐席，找个僻静处，这样不打扰他人。

3. 擤鼻涕。首先要尽量避免当着他人擤鼻涕，实在避免不了最好是不要引起他人的注意。如果是在席间，最好是向他人致歉离开餐桌，找个僻静之处，或者把脸转向桌外，用手帕或纸巾擤鼻涕。

4. 其他禁忌。当众用梳子梳头，抠鼻子，掏耳朵，剪指甲，清嗓子，打呵欠，脱鞋袜等。

四、打造自己良好的第一印象

（一）第一印象有时能决定一切

陌生人在第一次接触时相互形成的判断叫第一印象。在充满挑战的现代社会中，创业者是否能成功把握住机遇，往往取决于其交流的成功与否，而交流成功的关键往往又在于是否能塑造好良好的第一印象。构成第一印象的主要元素有：外表（相貌、态势、气质、服饰、界域等）、口才（语言、音调、语气、语速、节奏等）和言语的内容。第一印象决定了他人对你的感觉，尤其是第一次约会时，几乎已经决定了你是否能与对方见第二次面。著名设计大师 De Lucchi 先生说过一句名言："一个人永远不会有第二次机会给人以第一印象。"因此，我们创造的每一个第一印象都有可能成为永远的深刻印象，我们没有第二次机会去创造美好的第一印象。

在现实生活中，人们常依据第一印象先入为主的作用来决定自己第二次以至接下来的交往行为。初次交流，至多在 4 秒钟之内，交往的双方已经开始留下彼此的印象，并下意识地为接下来的沟通定下方向。应聘时短短几秒钟内，你留给主考官的印象或许就已经决定了你的成功与否。那么，我们要从哪里入手打造自己给人良好的第一印象呢？当然是从交往礼仪开始。

（二）8 种可以给第一印象锦上添花的方法元素

1. 仪容。个人的仪容首先会引起交往对象的关注，所以要注意修饰自己时常裸露在外的以下三处身体部位。

（1）发型。要有适合个人条件与身份的干净的和色彩、长短适宜的，张扬个性的发型，在发型的选择上，最好听听专业美发师的建议。

（2）脸面。脸面中依次引人注目的是眼睛、鼻子和嘴。眼睛无论大小，一定要干净、有神，尤其要及时清除眼部的分泌物。如果戴近视眼镜，镜框和镜片不能有破损，一般不要戴墨镜。鼻子的清洁非常重要，要提前清除分泌物、修剪长到鼻孔外的鼻毛。嘴的修饰要做到牙齿清洁、口腔无异味。嘴角的清洁非常重要，这一点容易被人忽略，吃完东西后，勿忘擦拭嘴角留下的残渣。初次见面前不要吃大蒜、葱等气味刺鼻的东西，如果吃了，一定要想办法尽快去除，如嚼口香糖等。女性面部的化妆应适度，要分场合，不能太夸张；男性应剃净胡须，如想突出个性保留胡须，一定要修剪整洁。始终保持微笑这种最佳的面部表情，脸面护理最好听听专业美容师的建议。

（3）手。手在肢体语言的表达方面起着举足轻重的作用。初次见面，最先接触的部位就是手。因此要保持手的清洁，勿留长指甲，无论手势如何变化，手的形状一般是不变的，但手形男女有别，男性绝不能使用兰花指。交流中最具亲和力的手势往往是双手在胸前做出的。

2. 服饰。服饰是人的"第二肌肤""第二张脸"，着装要做到时间、场合、目的三统一，遵循着装的"三色原则"。从着装就可以看出一个人的自身修养、个性特点等，掌握必要的着装技巧能让人光彩夺目。男士穿西装时，袜子跟皮鞋的最佳搭配是一个颜色，或相近的颜色。一般说来，深色西服是正装，配穿黑色皮鞋是基本要求，但勿同时配穿白袜子，否则被称为"驴蹄子"。女士穿裙子时，裙子的下摆要遮掩住所穿丝袜的袜口。此外，男士的腰部最好不挂任何东西，如钥匙、手机等。看时间应该用手腕上的手表，手表带的颜色应与皮带、皮鞋颜色相同，不宜用手机看时间。在其他服饰的选择与搭配上，最好听听专业服装师的建议。

3. 举止。在所有的举止中，坐姿是最常见的、也是采用最多的身体姿态。要注意就座的顺序：跟他人一起入座时，一般应该等他人坐下之后再坐，特别是有位尊者在场时，一定要等到位尊者入座之后再坐下，不能抢先坐下，并且一般不坐满整个座位，落座与离座都尽量不弄出声响。上身的姿势：头部端正，挺直上身，目视交谈对象。上身勿靠在座位的背部，否则会给人以拒人千里之外的感觉，而上身太前倾或左歪右斜也不雅，稍稍倾向交谈对象即可。双手的姿势：有人坐下之后，双手不知放在哪里，显得局促不安。双手一般掌心向下，放在大腿上。双手放在屁股下或夹在大腿中间都是很不雅观的姿态。双腿的姿势：一条腿紧靠着另一条腿，双膝并拢，这是优雅的坐姿，既节制又端庄，表现出礼貌、顺从，而且有利于随时站起来向对方致敬，这种坐姿有时也会显得拘谨，所以男士可以稍稍张开，但不要宽过双肩；女士双腿一定要并拢，否则，有挑逗的嫌疑。双腿交叉是一种无拘无束、不拘小节的姿势，带有非正式的性质。切忌高跷二郎腿，也不能反复抖动。站姿要注意：抬头、平视、正颈、舒肩、挺胸、收腹、提臀、腿直、脚与肩齐。行姿须注意：抬头、挺胸、闭口、双目前视、步履稳重、精神饱满、仪态端雅，不东张西望，不吃东西，不嬉戏，不勾肩搭背。多人同行，前面和右面为尊。下车时男士先下，以便为他人服务。此外，还要注意根据需要选择人际交往的界域，美国人类学家霍丁把人际交往的距离分为 4 个区域：亲密区（0 ~ 0.5m）、熟人区（0.5 ~ 1m）、社交区（1 ~ 1.5m）和演讲区（1.5m 以上）。距离选择的正确与否往往让人对你形成是否有教养的第一印象。

4. 佩饰。佩戴精巧的饰物能彰显个人风采。佩饰是一种无声的语言，起着暗示的作用，从某个人所戴佩饰中，可以看出他的地位、身份、知识阅历、个性特点等。当今社会，工作压力大，节奏快，为保证自己不至于丢三落四，往往会随身携带一个挎包，但是一定要注意挎包形状、色彩、背法，注意依据职业与工作岗位的不同，安排挎包内应该装的物件。商务人员的挎包内一般应有：手机，微型手写电话本，笔记本，U 盘，相关工作资料等；梳子，香水，香口胶，风油精，雨伞，卫生纸等；皮夹子（若未放入上衣内袋），微型收音机等。

5. 握手。手是人体最敏感的部位之一。在人际交往中，身体接触是最敏感的，也是最容易给人留下深刻印象的，而握手是交往双方最近的一次身体接触。这次亲密接触会给双方留下最初的印象。

6. 交换名片。在人际交往中，无名片者一般会被视为没有地位。所以应该设计制作好名片，并要随身携带。名片不能乱放。名片上不要印超过两个的头衔。私人住宅电话不宜出现在名片上，切不可涂改名片。交换名片时，一般是地位低者先递。要用双手或右手接送名片，接到名片后一定要认真地看一遍，也可以读出其中重要的部分，以示对对方的尊重。递出自己的名片时，应将名片正面的字正对对方，方便对方阅读。切不可随意放置对方名片，也不可贸然向对方索要名片。

7. 赠礼。赠送礼品是人际沟通的润滑剂，选择什么礼品、送给什么人、如何送出，这些细节，往往能传达非常重要的含义，也常常会决定交流的成败。要注意赠礼禁忌，不可乱送。初次见面，因为不了解对方，一般选择一些中性的、体积不大的礼品赠送，很多时候也可不赠送礼品。赠礼的时机要把握好，如首次会面一般在会谈结束之时送出，这样不至于太唐突。礼品的包装非常重要，无论多么名贵的礼品都要精心包装，以示尊重和特别用心。接受礼品时一般要当面打开，无论喜欢与否，都要表示非常喜欢，否则会让对方觉得你不喜欢。赠礼的价值要注意国际与国家通行规则，不要有行贿之嫌。

8. 口才。口才是一个人内在综合素质的外化，它包括拥有健康的表达心理，专注的听话态度，敏捷的说思同步能力，准确优雅的伴随语言，一口字正腔圆的标准语，优秀的读诵技巧，绘声绘色的演讲能力，不卑不亢的交谈态度，逻辑严明和彬彬有礼的唇枪舌剑。

尽管第一印象形成的判断主要以感性信息为主，还不是理性的判断，但绝不能忽视它的影响力，尤其在人际交流非常频繁的现代社会，更应充分把握每一次展示自己的机会，策划与管理好自己的整体形象，这样才能给人留下美好的第一印象。

我国是举世公认的“礼仪之邦”，作为新世纪的国民，既要继承和弘扬华夏五千年的礼仪文明，又要学习国际交往的礼仪，做到懂礼有礼而不拘礼。

附录B　第二章第五节训练习题参考答案

一、敏捷、应变思维

限时反应练习：

【训练一】　6、12、26、256。

【训练二】　斜着倒快。因为斜着，外面空气比较容易从瓶口进入瓶里，水便容易流出来。

【训练三】　小明放学回家后，见妈妈还没回来，他估计妈妈可能又是为急诊患者做手术了。他想到妈妈一定很累，就急忙去厨房给妈妈做好了饭。做完饭，小明抬头看看时钟，已经是7点一刻了，妈妈还没回来。他想妈妈一定是又渴又饿了，于是又烧了一壶开水冲进热水瓶，放好水杯想让妈妈回来就喝上热水。这时他看妈妈还不回来，就决定一边做作业一边等妈妈。于是他拉开椅子拿出钢笔、笔记本、书，坐到桌子前开始做作业了。

时钟指到8点时小明的妈妈终于回来了，她一见小明已做好了饭，又自觉地做作业，高兴极了。顿时忘掉了自己的疲劳，一边吃饭一边夸赞着小明，小明心里甜滋滋的。

【训练四】　可以顺序点名，故意漏下那位同学的名字，点完名后问一下有没有没点到的，那位同学一定告诉你，他叫什么名字、没点到。

【训练五】　他可能将容器装满水，然后将水倒入一个规则的长方体或正方体的玻璃容器里，这样很快就可以得出那个容器的容积了。

二、发散思维

辐射联想训练：

【训练九】　渔网、蜘蛛网、网络、互联网、关系网、网虫、网吧、网通、电网、灌溉网、信息网、交通网……

【训练十一】　“扩招利于提高国民素质”“扩招是延缓就业压力的权宜之策”“扩招降低了大学的档次”

【训练十三】　我希望能达到小李所达到的水平。

我怎么就没想到这一点呢？

为什么幸运之神总是降临到他头上？

我怎么就这么笨？

我已经没有办法赶上他了，气死我了。

小李怎么总是超过我！

【训练十四】

（1）上本地书店去买。

（2）上朋友那借，不还。

（3）托人到外地去买。

（4）写信跟书店联系函购。

（5）亲自到外地买。

（6）跟拥有这本书的人商量，把书让给你。

（7）跟出版社联系函购。

（8）跟书的作者联系，希望得到这本书。

（9）从图书馆借书，假装丢了，愿赔款。

创新性发散思维训练：

【训练十五】

（1）扩大牙膏的口径。

（2）直销。

【训练十六】　让圆珠笔刚好写到20000字左右就没油了。

借题反击思维训练：

【训练十八】　孔融说："看来你小时候是很聪明的。"

【训练十九】　小和尚反击说："你干嘛老念经，连佛主都烦了。"

【训练二十】　老大爷转过身啪啪就照着驴脸打三巴掌，说："早晨问你这儿有没有朋友，你说没有，没有人家怎么给你烟抽?"接着又照驴的屁股抽了两鞭说："你再胡说我就抽死你。"

三、聚敛思维

【训练二十一】　（1）小李昨日在车上丢了钱包，才发现他的提包拉锁根本拉不上了，今天找人去修了。

（2）某大酒店前几天夜里突然起火，烧死30多个旅客，事后经理被制裁时才痛苦不堪地说："我应该注意防火呀!"两个小故事可用"亡羊补牢"这一成语归纳。

【训练二十二】　小杨笑了笑说："其实吃完晚饭出去走走，放松一下，对恢复疲劳很有好处，同时也可以感受一下我们美好的生活。"

四、延伸思维

【训练二十四】　农民先带猫过河，空手回来；第二次把狗带过河回来又把猫带过来；第三次猫留下，把鱼带过河去空手回来；最后再把猫带过去。这样三样东西都过了河，一样也没损失。

【训练二十五】　尽量将书借出，然后请读者按时把书还到迁至新址的图书馆。

附录C　国家公务员录用考试面试技巧

一、概念

公务员录用考试面试是指在特定场景下，经过主考方精心设计，通过考官对面试者直接进行面对面的观察、提问等方式，由表及里测评应试者的知识、能力、经验等相关素质的一种考试活动。

公务员录用考试面试是一种针对性较强的面试，它以为国家机关选拔优秀人才为最终目的。这种面试是在笔试的基础上进行的，按招录人数的一定比例（一般是1:3）决定进入面试的人员。考生最后得分一般是笔试和面试成绩的简单相加或者各占一定权重来确定。也有一些地区或部门把面试成绩作为是否录取的决定因素，所以面试成绩的优劣直接关系到公务员考试最终的成败。

二、程序

考生提前15分钟到达面试的地点集合，以抽签的方式确定面试的顺序，以确保考试的公平性。考试开始的时候由引导员带领考生进入考场，并通知下一个考生作准备。每次面试一个人。一般来说，评委由5~7位考官组成，由主考官来宣读面试的导入语，主持面试提问。根据应试者的情况，其他考官也可以适度地提问。各位考官独立地在结构化面试的评分表上按不同的评分要素给考生打分，这个结构化面试的评分表上可能会有逻辑思维、综合分析、言语表达、情绪控制、个人影响力、团队意识等要素，但是面试第一道题一般是导入题。每个测评要素里面有评分的要点，如言语表达能力的评分要点有口齿清晰、流畅，内容有条理，具有一定的说服力，用词准确、恰当，有分寸。每个要素给一定的权重，如逻辑思维20分，言语表达20分，一般按百分制，满分是100分，其中仪表仪态也占一定权重的分数（广东占20分）。

一般来说，每一个考生应回答 3 ~ 5 个问题，时间是 10 ~ 30 分钟。面试结束的时候，主考官会宣布考生退席，由工作人员把每位考官手里的评分表收上来，交给统计员。统计员会在监督员的监督之下统计面试的成绩。面试成绩的统计有几种方法，比较常用的是体操比赛计分的方法，每一个要素去掉一个最高分，去掉一个最低分，进行成绩的加权。还有一种可能是根据面试考官的结构来计分，如司局领导占多大比例，人事司的领导占多大比例，专家占多大比例，用这种加权的方法统计出考生的面试成绩。

三、特点

公务员岗位的特殊性决定了公务员录用考试面试的特殊性，下面分别从面试的程序、面试的纪律、面试的形式、面试的内容和面试的题型 5 个方面介绍公务员录用考试面试的特点。

（一）程序规范

公务员录用考试面试的操作过程正逐步规范。以往的面试，考官提问内容、设问方式的随意性较大，而现在，面试分为起始——核心阶段——收尾阶段，考官要问些什么、要注意些什么，事先一般都有一个具体的方案。面试的过程，基本如下所述，而且是固定的：

到达面试地点——抽签（决定考生入场的先后顺序）——在工作人员指引下考生进考场、坐下——考官读面试规则（读导入语）——考官提问——考生回答问题——考官现场打分（去掉一个最高分，去掉一个最低分）——当场向考生公布成绩——考生退场。

（二）纪律严明

1. 对考生的要求。

（1）参与面试的考生全部到达面试地点。在此期间，考生们现场抽签，临时决定考试顺序，并佩戴上标有序号的胸牌，在面试中，考生将被禁止表述自己或父母的姓名，以及其他可能会“暴露身份”的个人信息。

（2）考生现场抽签决定参加面试的顺序后，立即进入考场外的指定候考室。在候考室内等待面试的时候，不允许打开通任何通信工具。一旦有电话打入或打出，即被视为违纪。建议考生在进入考场后到考试前最好将手机关机，这样做既可以防违规，又可以防干扰。

2. 对考官的要求。在考生抽签决定面试顺序的同时，考前临时由纪检部门抽签决定的考官也通过抽签分为两组，确定具体的考场。面试考官进入指定的集中地后，不得会客，不得擅自外出，一律关闭通信工具并暂时交给监督人员保管。有的甚至对面试考官实行异地监考、属地回避制度。

进入考场后，考官们并排坐在主席台，旁边坐着一名记分员、一名核分员。所有的人都不得交头接耳，不得随意走动，不得中途离开考场，更不得拿出手机来用。这样做是为了杜绝“走后门”“关系户”。

（三）形式丰富

公务员录用考试面试突破了传统面试中招聘者和应聘者一问一答的模式，包括了更多元的形式。例如，从一对一面试到集体面试；从常规面试到角色扮演、案例分析、无领导小组讨论等情景面试。

（四）内容全面

面试测评要素的规范全面，决定了面试内容的全面化，传统的固定单一的面试测评内容，已发展到对应试者思维能力、反应能力、心理素质、求职动机、进取精神、身体素质，甚至仪容仪表等全方位的测评。

（五）题型灵活

公务员面试的考题早已突破了原来面试固定模式中的自我介绍、表决心，面试测评内容也不仅仅局限于考核应试者的仪表举止、口头表达能力等，而是从多方面、多角度考查考生的心理素质、行政能力、语言表达能力、基本知识储备、人际交往能力、逻辑思维能力以及性格特点等。

【范例】

（1）自我发挥题。某单位面试的题目中就出现了关于“五词”讲故事的题型，就是用五个单词，让考生在有限的时间内连成一个故事。这是考查考生随机应变的能力、逻辑思维和语言即兴表达能力。考生对这道题的反映是很新奇、很灵活。

（2）场景假设题。如果你和你的竞争对手一起完成一项工作，你会如何合作？某地区遭遇大水，灾民都拥挤在帐篷之中。这时市里拨款修建被洪水冲垮的庙宇，你如何看待这种做法？

从上文可以看出，一般单位的招聘面试和公务员录用面试相比，在考官人数、程序、透明度、公平公正、题型上都没有那么规范、严格，随意性较大，因此有些考生在面试前参看不是针对公务员面试编写出版的书籍，效果就没有那么理想了。

四、样卷

导入语：

你好，首先祝贺你顺利通过了笔试。今天的面试是希望通过我们的交谈，增进对你的了解。我们会问你一些问题，要求你发表你自己的见解，希望你认真和实事求是地回答，尽量反映自己的实际情况和真实想法，充分展示你的才华。面谈的时间约为20分钟。回答每个问题前，你可以先考虑一下，不必紧张。现在开始。

第一个问题是：

据报道，为了培养学生的实践能力和创新能力，广东省将电器维修、做家务等生活常识纳入中小学的教学内容，并作为招生录取的依据或参考指标。对此，你怎么看？

【测评要素】

综合分析能力。

【出题思路】

智能性问题。考查考生综合分析能力。通过对复杂、矛盾的社会现象的评价，考查考生能否辩证地、全面地分析问题。分析问题要有一定的广度和深度，论证具有逻辑性，有观点、有见解，论证合理，有说服力。

【观测要点】

1. 透过纷繁复杂的现象把握事物主流的能力。

2. 对问题分析透彻，说理充分。

3. 阐述问题表现出的基本理论素养。

【评分参考】

［优］（8～10分）能结合实际准确地把握问题的实质，论述问题清晰，有独到见解，表现出较强的理论修养，说理性强，令人信服。

［中］（4～7分）对问题的实质有一定了解，能结合个人观点；论述清晰，有一定见解。

［差］（0～3分）对问题的认识简单僵化，简单地加以肯定或否定；论述无条理。

第二个问题是：

近年来，由于研究生招生规模不断扩大，以致有的高校中一个教授要带十几个甚至几十个研究生，在一定程度上影响了研究生的培养质量。请谈谈如何解决这一问题。

【测评要素】

判断和解决问题能力。

【出题思路】

智能性问题。考查考生的判断、分析和解决问题的能力。通过对常见社会现象的评价，考查考生能否辩证、客观地分析判断问题，以及解决问题的基本思路是否可行、可操作、符合实际。

【观测要点】

1. 分析问题的辩证性、客观性和全面性。

2. 思维的广度和深度，判断和解决问题的逻辑性。

3. 解决问题的有效性、可行性和操作性。

【评分参考】

[优]（8~10分）观察问题全面，观测点多；思路开阔；抓住主要矛盾解决问题；措施独到、有效。

[中]（4~7分）观察问题较为全面，解决问题的措施基本可行。

[差]（0~3分）拘泥于某一方面问题，思路狭窄，无独到见解，或工作方法简单、武断。

第三个问题是：

某高校在学生毕业时，准备邀请几位校友为毕业生传授走上社会的经验。假如由你负责组织策划此项工作，请谈谈具体措施。请注意，措施越具体越好。

【测评要素】

计划组织协调能力。

【出题思路】

情境性问题。考查考生计划组织协调能力。此题通过为考生创设一种特定任务情境，意在考查其在完成任务以及在完成任务过程中考虑问题的全面性、原则性和灵活性；能否根据特定问题的性质和主次安排好工作，避免顾此失彼，进而推断其计划组织协调能力的水平。

【观测要点】

1. 对所给情境把握的准确度，提出目标、制定规划的可行性。

2. 组织工作的条理性，措施与任务、情境的匹配性，充分利用资源。

3. 有效控制、激励、协调群体活动。

【评分参考】

[优]（8~10分）方案详细具体，对工作要素考虑周全，组织严谨，安排有序，能抓住问题的关键，具有较强的计划组织协调能力。

[中]（4~7分）方案具体，准备比较充分，有一定计划组织协调能力。

[差]（0~3分）方案过于简单，考虑问题不细，缺乏可操作性，计划组织协调能力较差。

第四个问题是连词编故事：

用你拿到的题签上的5个词编个故事。要求把这5个词全部用上，词的顺序可以打乱，给你2分钟时间准备。现在开始。

题签上的词是：武断　升级　意向　联系　交通

【提示】

1. 将此题的题签交给考生。

2. 考官要注意计时。

【出题思路】

情境性问题。测查考生应变能力。在压力状况下，思维是否敏捷、情绪是否稳定、考虑问题是否周到，是判断应变能力强弱的主要标志。该题通过给考生设定一个在规定时间内，用5个关联度较小的词编故事所形成的压力，意在观察其应变能力，从而推断考生在其他压力情境下的应变能力。

【观测要点】

1. 情绪稳定，思维敏捷，反应迅速。

2. 随机应变，但不丧失原则，不违反法律、道德。

3. 处理问题方法灵活，周到得体。

【评分参考】

［优］（8～10分）用上这5个词，反应能力强；故事完整，情节合理；思路清晰，语言表达能力较好。

［中］（4～7分）用上这5个词，但个别词用得牵强，反应能力一般；故事基本完整，情节比较合理；思路比较清晰，语言表达能力一般。

［差］（0～3分）用上这5个词但词不达意或5个词用不全，反应较慢；故事不完整，情节不合理；思路不清晰，语言表达能力差。

五、（不单独设题）

【观测要点】

1. 口齿清晰，用词准确，比较流畅。

2. 内容有条理，逻辑性强。

3. 语言有说服力和感染力。

【评分参考】

［优］（8～10分）善于倾听、理解，口齿清晰、语言流畅，内容有条理、逻辑性强，用词准确，有说服力。

［中］（4～7分）表达通顺，条理基本分明，有一定的逻辑性和说服力。

［差］（0～3分）不善于理解，表达不通顺，内容无条理，不具说服力。

六、（不单独设题）

【观测要点】

1. 穿着打扮是否端庄得体。

2. 言行举止是否符合一般礼节。

3. 身体和精神状态。

【评分参考】

［优］（8～10分）穿着打扮得体，举止大方，无多余动作。

［中］（4～7分）穿着打扮得体，举止基本自然，少有多余动作。

［差］（0～3分）穿着打扮过分夸张，举止不自然，过分紧张或心不在焉，多余动作多。

参考文献

[1] 胡大奎，金锦英．社交口语学练指导［M］．北京：高等教育出版社，1994.
[2] 吴佩琨．实用口语教程［M］．昆明：云南美术出版社，1995.
[3] 郝军，焦宏昌．大众礼仪全书［M］．北京：中国国际广播出版社，1991.
[4] 北京东城区教育局．大众礼仪常识［M］．北京：燕山出版社，1992.
[5] 邵守义．演讲学教程［M］．北京：高等教育出版社，1994.
[6] 欧阳周．实用文秘语言艺术［M］．长沙：中南工业大学出版社，1995.
[7] 李建南．口语交际的艺术［M］．北京：中国青年出版社，1994.
[8] 高捍东．有效演讲口才技能［M］．长沙：中南工业大学出版社，1995.
[9] 王敏学．师范生实用口语训练［M］．北京：华夏出版社，1990.
[10] 四川省中专语文研究会成都分会．实用口语训练教程［M］．成都：电子科技大学出版社，1993.
[11] 教育部推广普通话办公室　中央人民广播电台．中央人民广播电台汉语拼音讲座讲稿［M］．北京：文字改革出版社，1988.
[12] C A 列因别尔格．怎样写医学学位论文［M］．赵微，朱藤，译．北京：人民卫生出版社，1958.
[13] 吴宗铭．毕业论文指南［M］．北京：中国展望出版社，1986.
[14] 明山．卡奈基口才训练大全［M］．北京：华龄出版社，1997.
[15] 高振远，谢盛圻，邵守义，等．演讲学教程［M］．北京：高等教育出版社，1997.
[16] 李建南，黄询安，王强，等．口才交际艺术［M］．北京：中国青年出版社，1992.
[17] 王杰，高永华，等．口才艺术·基础口才学［M］．北京：光明日报出版社，1994.
[18] 朱弘文．口才宝典［M］．北京：学苑出版社，1994.
[19] 李晓华．实用口语技能［M］．郑州：河南人民出版社，1991.
[20] 武传涛．著名演讲辞鉴赏［M］．济南：山东人民出版社，1992.
[21] 张紫晨．中国语文百科全书（中学卷）［M］．沈阳：沈阳出版社，1992.
[22] 陈宗煜．语文［M］．重庆：重庆大学出版社，2000.
[23] 张波．大学读写训练教程［M］．北京：机械工业出版社，2001.
[24] 张文光，梁志红．实用语文听说教程［M］．上海：复旦大学出版社，2007.
[25] 河北省语言文字培训测试中心．普通话水平测试指导用书（河北版）［M］．北京：商务印书馆，2012.
[26] 程在伦．演讲与口才［M］．北京：高等教育出版社，1997.

后　记

口才（口语表达能力）是现代人必备的一种生存和发展能力。口语表达在基本语文能力中跨越听、说、读、写、查等，联系了全部的语文能力。因此，口语教学必然是语文教学的基本组成部分。而随着后知识经济时代来临，普通高等教育已全面推向市场，学生就业也完全市场化。走向市场的前提是自我完善，口语交流能力是自我完善的最明显体现之一。各级各类院校为保证所培养的人才能找到“饭碗”并可持续发展，均先后开设口才课，学生为了自己的生存与发展，也十分注重锻炼自己的口才。但真正适合进行口才训练的教材却不多。本书正是为解决这种学习需要而编写修订的。

本书既适合各类院校通用，也适合企事业单位做员工沟通交流培训教材，还适合做对外汉语口语教材。它既可以是整个语文等综合人文管理商务类课程教学中的一个分项，也可以单独设课使用。本书坚持能力本位，以能力贯穿始终，所设计的训练题大都是编者从多年教学实践中归纳出来的、过去只在教案和教参中才出现、卓有成效的训练方法的总结。本书对每一能力点均按训练目标——训练方法——训练范例展示（教师示范或多媒体）——设题学生自练等程序编写。教程中对有的能力训练，还附有检验方案。这样做，既便于组织教学，又便于学生自学。

本书是在教育部普通高等教育“十一五”国家级规划教材基础上修订重编的，我们努力保持了原书的编写体例、特色，对各章节做了增删移留换，总体保持了教材原有的风格。种种原因，少数原编写者未参加本书编写，本书第1版由张波（四川工程职业技术学院）主编（编写前言、概述、朗读）。王陇梅（包头职业技术学院）编写普通话与方言辨正、态势语言；李海彦（沈阳机电职业技术学院）编写朗诵训练、推销与自我推销；刘梅琴（西安理工大学）编写听力训练、面试与答辩；张文光（河北机电职业技术学院）编写口语表达方式；赵智君（哈尔滨机电职业技术学院）编写思维与表达、心理训练和思维与表达训练部分习题答案；张平（山东建筑大学）编写演讲的一般知识、演讲的一般技巧、命题演讲训练、即兴演讲训练；王社增（安徽省汽车工业学校）编写演讲撰稿训练、交谈；胡正奎（湖南工业职业技术学院）编写论辩前的准备、论辩技巧、采访与主持；孙伟（厦门工业学校）编写演讲会、谈话会、辩论会的组织；王一知（北京机械工业学校）编写礼仪常识；张波、严冰（福建工程学院）合编读诵综合练习；张波、林中（福建工程学院）合编借鉴演讲评介；张平、张文光合编普通话的发音技巧；林中、胡正奎合编三种赛制模式介绍；孙伟、张波合编朗诵会的组织。本书第2版由张波主编（编写前言、概述、第二章、第三章第三节、第四章、第七章第一～三节、附录A、B、C和后记）；谌黔萍（四川商务职业学院）任副主编（编写第一章第四～六节以及第三章第一节）；李海彦（编写第三章第二节、第六章第五节）；严冰编写第五章；王社增编写第六章第一节；刘梅琴编写第六章第二节；张文光编写第六章第三、四节；张戈（四川师范大学）编写第六章第六节；赵玲玲（广东技术师范学院）编写附录D；谌黔萍、杨丽彬（北京电子科技职业学院）编写第一章第一～三节；第七章第四节由张波、刘梅琴编写。在此，我们对第1、第2版编者们表示由衷感谢！对原编者中已故同志表示最诚挚哀悼！对已退休的同志表示深深祝愿！对未能参加本次教材编写的其他原编者表示最真诚的问候！

本书由张波担任主编（编写前言、概述、第四章、第七章、附录A、B、D和后记）。张文玲（西安理工大学）任副主编（编写第五章）；刘凯（四川工程职业技术学院）编写第一章第一、二节；廖庆（四川工程职业技术学院）编写第一章第三、四节；张倩（四川工程职业技术学院）编写第一章第五、六节；蒋祖国、廖善维（广西工业技师学院）编写第二章、附录C；王燕（河北机电职业技术学院）编写第三章；张文光（河北机电职业技术学院）编写第六章。

在全书统稿过程中，四川工程职业技术学院的王晓康、李强、刘永军、陈友、唐荧、罗磊、唐红梅、宿永强、邓维冲等学生助教协助主编进行资料整理和编辑录入工作，在此，一一深表感谢。

本书由王晓峰担任主审。参加本书编写提纲德阳研讨会与成都审稿会的同志还有西安理工大学樊秀娟；成都理工大学梁虹；湖南机电职业技术学院马国平；北京电子科技职业学院杨丽彬；辽宁机电职业技术学院梅敬；大连职业技术学院沙聪颖；广西机电职业技术学院付瑶；安徽国防科技职业学院邱瑞宏；武汉市仪表电子学校余文龙；贵州省机械工业学校郝青娜、周智美；武汉机电工程学校容丽芬；嘉兴技师学院杜林平、王智杰；四川工程职业技术学院赵远春、赵明隽等同志。

成都审稿会后，主编据会议精神与主审意见再次修改书稿并对部分章节内容进行调整。

本书最后由张波定稿。